44

新世纪心理与心理健康教育文库
Xinshiji Xinli Yu Xinlijiankangjiaoyu Wenku

学校心理咨询

Xuexiao Xinli Zixun

陈永胜 郑日昌 ◆ 主编
Chen Yongsheng Zheng Richang

开明出版社

新世纪心理与心理健康教育文库

编　委　会

总 序

Sequence

早在上个世纪70年代就有专家预言：21世纪是心理学的世纪。21世纪人类所面临的最大挑战，不是其他，而是心理困惑和心理问题。

进入新世纪，我国社会主义物质文明、政治文明、精神文明建设不断加强，综合国力大幅度提高，人民生活显著改善。同时，我们也要看到，我国已进入改革发展的关键时期，经济体制深刻变革，社会结构深刻变动，利益格局深刻调整，思想观念深刻变化。这种空前的社会变革，给我国发展进步带来巨大活力，也必然带来这样那样的矛盾和问题。如：城乡、区域、经济社会发展很不平衡；就业、收入分配、社会保障、教育、医疗、住房等方面关系群众切身利益的问题比较突出；一些社会成员诚信缺失、道德失范；一些领域的腐败现象比较严重等。这些矛盾和问题让人们感到心理困惑，时刻冲击着人们的心理承受能力。

2006年，中共中央《关于构建社会主义和谐社会若干重大问题的决定》明确指出：我们必须坚持以人为本。要注重促进人的心理和谐，加强人文关怀和心理疏导，引导人们正确对待自己、他人和社会，正确对待困难、挫折和荣誉。要加强心理健康教育和保健，塑造自尊自信、理性平和、积极向上的社会心态。心理和谐是构建和谐社会的心理基础和重要标志。胡锦涛指出："科学发展观，第一要义是发展，核心是以人为本"。以人为本就必须重视人、尊重人、关心人、爱护人，就必须重视人的心理发展。加强心理健康教育和心理保健，不断提高人们的心理素质，帮助人们形成积极心理品质，为和谐社会建设奠定和谐的心理基础已经成为举国上下的共识。

促进人的心理和谐需要有科学心理学指引，加强心理健康教育需要有合适的教材。近年来，国内虽然也陆续出版了一些心理学或心理健康教育方面的图书，但不够系统，缺乏总体规划。正因为如此，我们组织了一批心理学专家、学者，编写了这套反映我国心理学发展及心理健康教育理论成果的"新世纪心理与心理健康教育文库"。

"新世纪心理与心理健康教育文库"具有系统性。文库参照心理学学科体系和我国现实需要，分为基础理论、应用理论和研究方法三个系列。

“新世纪心理与心理健康教育文库”具有权威性。文库是国家出版基金资助项目；文库撰稿人的选择面向全国，每一本图书都由该领域的专家学者撰稿；文库的统稿工作由国内权威心理学家和心理健康教育专家负责完成。

“新世纪心理与心理健康教育文库”具有前沿性。文库在全国范围选聘心理学和心理健康教育领域的专家学者撰稿，既可以吸收心理学与心理健康教育的权威理论和最新研究成果，也可以保证所选内容资料贴近时代、贴近生活、贴近实际。

“新世纪心理与心理健康教育文库”具有实用性。文库在强调系统性、理论性、科学性的同时，更加强调实用性。力求做到理论联系实际，给出的理论实用，给出的技术可行，给出的方法可操作。

“新世纪心理与心理健康教育文库”理论性、实用性、资料性、工具性兼备，是心理学与心理健康教育的“百科全书”。可以做从事心理与心理健康教育工作的管理者和研究者的参考书、工具书；可以做心理健康教育教师继续学习、自我提高的自修图书；可以做心理健康教育教师培训用书；可以做师范院校心理与心理健康教育专业的教材或参考书。

我们相信，“新世纪心理与心理健康教育文库”对于从事心理与心理健康教育工作的人士会有所帮助；对于我国的心理与心理健康教育工作会起到推动促进作用；对于促进人的心理和谐、促进社会心理和谐会发挥一定作用。

我们希望，这套文库能够得到广大心理与心理健康教育工作者的认可、接纳。

郑日昌

于京师园

前言

Preface

心理咨询是指由专业人员即心理咨询师运用心理学以及相关知识，遵循心理学原则，通过各种技术和方法，帮助求助者解决心理问题的过程。心理咨询作为保证国家全民心理素质的一个重要措施，在发达国家已经成为人们生活和工作中不可缺少的一部分。心理咨询已经成为发达国家社会矛盾和冲突在微观个人层面的一个比较系统完善的“安全阀”。随着我国社会经济的飞速发展，竞争日益激烈，人们的心理问题日益引起全社会的广泛关注。面对社会激烈竞争的压力，广大中小学生在学习、生活、人际交往、升学、就业和自我意识发展等方面，可能或已经遇到各种各样的心理困惑或心理问题，因此，开展学校心理咨询刻不容缓。它有利于预防学生心理疾病，维护学生心理健康；有利于促进学生社会化和人格的健全发展；有利于贯彻全面提高学生素质的教育思想；有利于推进社会主义精神文明建设。

然而，在现实生活中，很多学校对于开展学校心理咨询仍然存在着很多认识上的误区，没有真正理解学校心理咨询的本意和作用。为了更好地普及学校心理咨询的意义和作用，我们以近年来对学校心理咨询的探索和实证研究为基础，密切联系国内外大、中、小学心理辅导现状，并参考国内外有关精神障碍的诊断与分类标准，编写了这本《学校心理咨询》。本书的特点是：既注意到学科体系的完整勾勒和基本原理的重点阐述，又考虑到咨询实践中的基本技能训练与职业素质提升，力求反映国内外学校心理咨询的最新进展，铸理论与实践于一体，熔科学性、新颖性、实用性于一炉，突出发展性咨询的主导地位，兼顾大、中、小学心理咨询的多样化需求，以便读者真正了解和掌握学校心理咨询。全书分为三个部分，共计 12 章：第一部分主要概述了学校心理咨询的界定和性质，开展学校心理咨询的意义，以及开展学校心理咨询的过程和原则；第二部分主要介绍了开展学校心理咨询需要的各种咨询技术；第三部分主要讲述了在学校心理咨询中可能碰到的各种实际问题的解决方法，如学习问题、青春期问题以及各种病征的诊断与干预。

本书编写前由郑日昌提出总体构想，由陈永胜拟定编写大纲初稿，在参编者充分讨论的基础上确定翔实的写作提纲。参与各章撰稿工作的人员有：陈永胜，黄小忠，李伟健，梁恒豪，刘盛敏，刘瑶，牟丽霞，尚艳娜，沈洋，宋海燕，王琪，汪艺晴，余如英，郑日昌。温州大学余如英协助主编做了大量工作，在此深表感谢！

在本书编写过程中，我们广泛参考了国内外的相关著作，吸收了有关研究成果，在此致以诚挚的谢意和敬意。由于写作时间和编者水平所限，书中难免存在不足和错误之处，敬请广大读者批评、指正，以待修改和完善。

陈永胜　郑日昌

目 录

Contents

第一章　学校心理咨询概述

【本章提要】

学校心理咨询是由专业咨询人员运用心理学的原理与方法，对普通全日制在校学生的学习、生活、交往、择业等问题给予直接或间接帮助，并对轻微心理障碍进行诊断、干预和预防，以促进其适应和发展的过程。它的基本任务是围绕学校的培养目标，充分发挥学校心理咨询人员的主动性和专业技能，为提高学生的心理健康水平、增强学生的心理素质、改善学校的心理社会环境服务，并积极承担心理偏常学生的干预或转介工作，以最大限度促进全体学生的健康发展。

本章还阐述了学校心理咨询的形式以及与相关领域的关系，强调了学校心理咨询在提高学生的心理健康水平、增进心理素质和构建和谐社会中的重要作用，揭示了现代学校心理咨询的发展脉络与发展前景。

【学习重点】

1. 明确学校心理咨询的定义与学科性质。
2. 认清学校心理咨询的任务和意义。
3. 了解学校心理咨询的内容及形式。
4. 理解学校心理咨询与心理卫生等相关领域的关系。
5. 把握学校心理咨询从重指导、重治疗转向重发展、重预防的演化趋势。

【重要术语】

学校心理咨询　学科性质　基本任务　现实意义　咨询内容　咨询形式　发展脉络

第一节　学校心理咨询的界定与性质

一、学校心理咨询的界定

学校心理咨询（school counseling）是由专业咨询人员运用心理学的原理与方法，对普通全日制在校学生的学习、生活、交往、择业等问题给予直接或间接帮助，并对学生的轻微心理障碍进行诊断、干预和预防，以促进其适应和发展的过程。

在我们对学校心理咨询所下的定义中，着重强调了以下三点。

第一，学校心理咨询的对象。学校心理咨询包括三种对象：一是心理正常的大、中、小学生。当这些学生在学校、家庭和社会遇到诸如学习、生活、交往、择业等方面的问题时，便可找学校心理咨询人员寻求帮助。二是心理偏常的大、中、小学生。这些学生往往处在正常心理与心理疾病的过渡阶段，他们迫切希望在自己痛苦时得到学校心理咨询人员的关心与帮助。三是学校的教师、职员和学生家长，其中尤以中小学阶段的教师和家长为多。这些人员在教育学生或子女的过程中，有时十分需要学校心理咨询人员在专业上提供帮助。在上述三种对象中，第一种和第三种是学校心理咨询的重点，因为对正常学生及其教育者提供的咨询服务，体现了当代学校心理咨询的本质特征，即提高学生的心理健康水平、增强学生的心理素质、促进学生的良好适应和全面发展。而对心理偏常学生的个别帮助是在预防无效情况下的补救措施，虽然这种补救是非常必要的，但它毕竟不是学校心理咨询的工作重点。

第二，学校心理咨询的直接性与间接性。学校心理咨询是由咨询人员与求询者进行特定交往的一种过程。求询的学生是咨询过程中的主体，这是对学校心理咨询的一种形式——直接咨询——而言的；求询的对象也有可能是教师、学校职员或学生家长，这反映了间接咨询在学校心理咨询中的特殊意义，虽然间接咨询的最终目的仍然是为当事学生提供帮助，但这种帮助具有了中转性质。因此，我们称学校心理咨询是对在校学生给予“直接”或“间接”帮助的过程。

第三，学校心理咨询的适用范围。我们这里所说的学校心理咨询，其范围仅限于普通全日制初等学校、中等学校和高等学校，用通俗的说法，也就是限于小学生、中学生（含中专生和中职生）、大学生的心理咨询。基于这一考虑，我们在定义中特意使用了“普通全日制在校学生”这一术语，以便和广义的各级各类学校学生，特别是多种形式的成人教育学生加以区分。

二、学校心理咨询的性质

就学科性质来看，学校心理咨询应当属于哪一门心理学分支呢？

在传统上，人们认为学校心理咨询应当属于咨询心理学，它是咨询心理学原理在学校领域的具体应用。这种说法是不无道理的。因为从咨询心理学的发展来看，其最初的起源——职业指导——便植根于学校心理咨询的实践之中。但是，随着咨询心理学向社会各方面的渗透与扩展，学校心理咨询的内容在咨询心理学中的比重逐渐下降，有关学校心理咨询的工作逐步由在学校从事心理服务的学校心理学工作者所接替。因此，现在学校心理咨询与咨询心理学的联系，已远远不如20世纪上半叶那样紧密了。不过，我们仍可把学校心理咨询看做咨询心理学的传统工作领域之一。

此外，我们还可把学校心理咨询视为学校心理学这门独立的心理学分支的重要工作领域。“学校心理学是通过学校心理学家的直接或间接服务，来研究和解决教育过程（主要是中小学教育）中的心理学问题的一门应用学科。”① 学校心理学工作者的基本角色功能是心理评估、心理咨询、心理干预、心理服务协调和参与学校的管理与决策。从当前学校心理咨询的发展趋势来看，散布于社会上的学校心理咨询人员也有逐步纳入学校心理学组织体系的倾向。从这样一个角度来理解学校心理咨询的学科性质，也是持之有据并具有一定前瞻性的。

总之，关于学校心理咨询的学科性质，我们认为可以这样表述：学校心理咨询是介于学校心理学和咨询心理学之间的一门交叉性、边缘性应用学科。

第二节 学校心理咨询的任务与意义

一、学校心理咨询的任务

学校心理咨询的基本任务是围绕学校的培养目标，充分发挥学校心理咨询人员的主动性和专业技能，为提高学生的心理健康水平、增强学生的心理素质、改善学校的心理社会环境服务，并积极承担心理偏常学生的干预或转介工作，以最大限度地促进全体学生的健康发展。

具体来说，学校心理咨询的任务包括以下四个方面：

第一，贯彻预防为主的方针，努力在咨询过程中推进心理健康教育，深入了解求询学生在学校生活和社会适应上遇到的困难、冲突和挫折，帮助他们树立正确的自我意识，形成良好的人际关系，提高情绪的自我调控与环境适应能力，增进积极的个性品质和活动效能。

第二，向求询的教师、学校职员和学生家长提供心理学的知识，帮助他们明确学生在不同年龄阶段的心理特点、发展任务和应对策略，积极创设有利于学生最佳发展的心理社会环境，促进学生健康成长。

第三，运用有关专业或职业信息及测量工具，向求询的学生提供科学的职业定向和生涯辅导，帮助学生确立合理的升学意识和就业理念，努力按照市场经济的要求和社会的实际需要实现个人的人生价值。

第四，对心理偏常学生进行诊断和鉴别，针对他们在认知、情绪、行为、人格、性心理和人际交往等方面表现出来的心理偏移或心理危机进行干预，并积极做好疑有严重心理问题或心理疾病学生的转介工作。

二、学校心理咨询的意义

学校心理咨询的意义主要体现在以下三个方面：

第一，学校心理咨询在心理健康教育中占有特殊位置。学校心理咨询是由专

---

① 陈永胜．美国的学校心理学［J］．心理学报，1989，22（4）：70-77.

兼职人员在学校开展的一种专业性很强的助人工作。这一工作依托的阵地是心理咨询场所，以及相关的网站、宣传专栏、电话咨询热线、学生互助小组、家庭治疗团体等工作平台。通过学校心理咨询的具体工作，一方面可起到向不同类型的求助者普及心理健康知识、预防心理疾病的作用，另一方面可为那些存在这样那样心理困扰的学生提供有针对性的帮助。因此，学校心理咨询工作开展得如何，既是衡量学校心理健康教育成效的重要指标之一，也是促使学校心理健康教育沿着专业化、规范化、长效化方向健康发展的可靠保证。

第二，学校心理咨询对推进素质教育有重要帮助。随着发展性咨询在学校心理咨询中的地位不断加强，学校心理咨询与素质教育的关系越来越密切。就学校心理咨询的本质来看，是为培养高素质的后备人才提供全方位的心理学服务。这种服务实际上是在弥补传统课堂教学与德育工作的不足，力求从情感、人格、社会性发展和升学就业指导等多种维度，使学生的心理素质不断优化，进而为学生思想道德素质、科学文化素质和身体素质的整体提高奠定良好的心理基础。由此可以看出，以发展性咨询为主导的学校心理咨询，在推进素质教育的进程中将会愈益凸显出其存在的价值。

第三，学校心理咨询有助于和谐校园与和谐社会建设。构建和谐社会是中国共产党在新世纪提出的一项带有根本性的宏大战略任务。和谐社会是由一个一个具体的社会实体构成的，其中建设和谐校园是落实和谐社会战略举措的当务之急。从学校心理咨询的实践来看，这项工作不仅可以在化解校园心理冲突、减少校园人际摩擦、保证师生身心安全等方面发挥积极作用，而且可以把服务的触角延伸至家庭和社区，从而可为家庭的和睦、社区的祥和乃至整个社会的协调发展作出自己独特的贡献。从这样一个全新的视角深刻审视学校心理咨询的时代价值，每一位学校心理咨询的从业者将从中感受到无尚的光荣与历史的重托。

第三节　学校心理咨询的内容与形式

一、学校心理咨询的内容

学校心理咨询的内容非常广泛。如果按照学校心理咨询的任务加以归纳，大体包括以下四个方面。

（一）以心理健康为中心的咨询内容

这方面的咨询内容主要包括：心理健康的标准；不同应激源对学生心理健康的影响；个体应对能力在心理健康中的作用；社会支持对学生心理健康的意义；问题行为的早期发现和早期预防；学习过程与学生的心理健康；性格特征与学生的心理健康；生活方式与学生的心理健康；人际交往与学生的心理健康；青春期性知识与学生的心理健康；等等。

（二）以身心发展为中心的咨询内容

这方面的咨询内容主要包括：不同年龄阶段学生的身心特点与发展规律；童

年期、青春期、青年初期的发展目标与影响因素；家庭、学校、同辈群体和社会环境在发展中的作用；促进学生最佳发展的教育教学方式及其途径；认知发展、情绪发展、人格发展和社会性发展的心理结构与相互关系；等等。

（三）以升学就业为中心的咨询内容

这方面的咨询内容主要包括：应考技能的锻炼与考试焦虑的调整；职业兴趣、职业价值观、职业技能的早期培养与生涯规划；专业选择与职业定向的相互关系；职业需求与个人志趣的合理匹配；就业政策分析与求职技巧训练；在校职前实习与把握就业机会；等等。

（四）以心理干预为中心的咨询内容

这方面的咨询内容主要包括：焦虑症、抑郁症、恐惧症等神经症的诊断与干预；偏执性人格、反社会性人格、边缘性人格等人格障碍的诊断与干预；口吃、遗尿、神经性厌食等特殊障碍和性心理障碍的诊断与干预；常见心理危机的预防与干预；重性精神疾病的诊断与转介；等等。

二、学校心理咨询的形式

学校心理咨询的形式按照不同的标准可有多种分法。按照咨询的对象可以分为直接咨询和间接咨询，个别咨询和团体咨询；按照咨询的途径可以分为通讯咨询、现场咨询、专栏咨询、门诊咨询等。下面，便对上述咨询形式分别加以介绍。

（一）直接咨询与间接咨询

直接咨询是咨询人员与求询对象直接接触的咨询形式。直接咨询又可根据咨询人员和咨询对象是否处于同一时间或空间，具体划分为面对面的咨询和远距离的咨询。例如，咨询人员与求询学生的当面会谈属于直接咨询，咨询人员通过电话、网络等方式与求询学生进行的沟通交流也属于直接咨询。直接咨询的基本特点是不需要第三者介入咨询过程，但是直接咨询对咨询对象的条件有一定限制，这种情况在对小学生的心理咨询中表现得十分明显。

间接咨询是咨询人员借助中介人对求询对象加以指导的咨询形式。间接咨询的出现具有多种原因。例如，小学中低年级学生由于年龄较小、缺乏自我反思能力，无法有效地与咨询人员进行直接接触，这时就需要由中介人（家长、教师或其他成人）出面进行间接咨询。在间接咨询的过程中，如何正确处理好咨询人员与中介人的关系，使咨询人员的意见易于为中介人接受并合理实施，是关系间接咨询效果的一个十分重要的问题。

（二）个别咨询与团体咨询

个别咨询是咨询人员与求询对象进行一对一交流的咨询形式。个别咨询的优点是：针对性强，避免了团体咨询时注重一般性问题而忽略或照顾不到个别差异的缺陷；咨询对象顾虑较少，能够比较深入地诉说个人的问题；咨询人员可以耐心细致地提供指导帮助，并可较完整地进行案例积累。个别咨询的缺点是：咨询对象少，花费精力大，无法满足面向全体学生进行发展性咨询的要求。

团体咨询是由一名或几名咨询人员，对若干小组成员或规模较大的团体进行集中指导的咨询形式。团体咨询是针对个别咨询的不足，在学校心理咨询领域迅速发展起来的。团体咨询的种类很多，总体上可以划分为两大类。一类是把重点放在集中的教育训练上，另一类是把重点放在团体成员的相互作用上。前一类团体咨询有助于某种心理问题的集中解决，后一类团体咨询则有助于团体成员个性与社会技能的发展。团体咨询的优点是：团体成员之间进行多向交流、相互作用，可以形成较强的感染效应和支持效应；扩大咨询对象的数量，提高咨询工作的效率，有效地解决学校心理咨询人员严重不足的突出矛盾；对克服害羞、孤僻等人际交往障碍和个性缺陷，具有较好的帮助作用。团体咨询的不足之处是：有些成员不愿意在团体活动中暴露自己；保密的要求较难保证；咨询人员难以对个体进行深入研究；对团体咨询效果的评估也存在一定困难。

（三）现场咨询

现场咨询是咨询人员深入学校、家庭等活动场所，对求询对象提出的心理问题进行现场解答的咨询形式。现场咨询可深入了解咨询对象的实际环境和背景因素，便于对咨询对象提出准确、中肯而有效的指导意见，此外咨询过程也显得较为亲切和自然。如果咨询对象数量较多且地点较集中，可以考虑采用现场咨询这一形式。在国外，现场咨询通常与巡回咨询结合进行。例如，北欧一些国家的学校心理咨询人员在对学校进行巡回咨询时，往往针对学生的校园适应问题进行现场咨询；美国、澳大利亚、日本的学校心理服务人员，也注意在巡回咨询中针对学生的特殊需要提供现场评估，这些做法都受到基层教师和学生家长的欢迎。

（四）通迅咨询

通迅咨询是咨询人员以信件、电话、网络等通讯方式，与咨询对象进行心理交流或问题指导的咨询形式。通迅咨询的优点在于：不受空间距离和居住条件限制，具有心理问题的学生及其家长、教师，都可通过通迅方式获得帮助；咨询人员在进行答疑解惑时有较大的选择余地；对于那些不善口头表达和较为拘谨的求询者来说，通迅咨询显得更为实用。通迅咨询的不足之处在于：通迅咨询的效果受到求询者书面表达能力、理解能力的制约；咨询双方的非言语交流无法进行；咨询帮助容易浮于表层，难以解决深层次的心理问题。在通讯咨询中，以通话方式进行的咨询具有特殊意义。这种咨询方式简便迅捷，有了心理问题可以及时获得帮助，特别是对于学生突发事件的处置，有其他咨询方式不可替代的优点。例如，某个学生由于极度紧张恐惧或孤独抑郁而产生轻生心理，这时就可利用电话咨询首先稳住当事学生的情绪，然后指导家长或教师做好当事学生的监护工作，接着再根据事态的进展选择进一步的调处措施。由于电话咨询对于心理危机的学生具有巨大的心理支持作用，因而不少人将这种咨询方式称为“生命救助”或者“希望热线”。然而亦应指出，电话咨询无法对学生进行深入细致的诊断评估，而且不太适合小学中低年级学生，这是在运用该方式时应注意的一点。

（五）宣传咨询

宣传咨询是咨询人员通过大众传播媒介，对咨询对象提出的心理问题给予解答的咨询形式。这种咨询形式目前在我国比较普遍。如许多报刊、电视台、电台甚至网站都设有心理健康咨询专栏，征求包括大中小学生在内的心理问题，从中挑选出典型的问题，请心理咨询专家提供帮助。在一些条件较好的学校，办有心理咨询报纸或在校刊、校广播节目中辟有心理咨询专栏，为学生服务。利用墙报、壁报等方式开办心理咨询专栏，更是对学生进行心理咨询的常见形式。实践证明，采用宣传形式对学生进行心理问题咨询，覆盖面广，声势大，容易形成较强的团体气氛，因而应当加以很好利用。但在进行宣传咨询时，也易形成“一阵风”、雷同化、表面化的偏颇，难以触及学生深层次的心理问题，因而在进行宣传咨询时，应当考虑同其他形式的咨询活动结合起来加以运用，这样才能收到更好的效果。

（六）门诊咨询

门诊咨询是由医疗机构的专业咨询人员，对咨询对象的心理问题或心理疾病给予诊断、解释和矫治的咨询形式。门诊咨询可以是综合性的，也可以是专门性的，其工作程序与临床各科的门诊程序基本相仿。这种咨询的专业性较强，通常有一套严密的操作程序，如接诊、交谈、检查、测量、分析、诊断、解释、说明、提出指导建议等。门诊咨询对学生心理问题的性质确定和早期干预具有积极作用，尤其有助于心理疾病的早期防范。我国高等学校的医疗机构大多具备了门诊咨询的条件，应当充分加以利用。年龄较小的学生在接受门诊咨询的时候，应当由家长或其他成人陪同。

第四节　学校心理咨询与相关领域的关系

一、学校心理咨询与心理卫生

心理卫生（mental health）具有三层含义。第一是指心理健康状态，因为在英语中“卫生”一词本身就有保持健康的意思；第二是指心理卫生工作，包括各行各业维护与增进人的心理健康的种种活动和措施；第三是指心理卫生学，这是一门以心理健康为研究对象的综合性边缘学科，着重探讨不同条件下个体与群体心理保健的一般规律。在日常生活中，心理卫生的第二种含义使用最多。无论从理论还是实践的角度来看，都可把学校心理咨询看做心理卫生工作的重要组成部分。然而，从世界各国的实际情况来看，心理卫生不仅包括维护与增进人的心理健康的积极方面的内容，而且还包括对精神疾病的诊断、治疗、预后等消极方面的内容，这是由历史的原因造成的。由于现代心理卫生运动起源于20世纪初对精神病人的人道主义治疗和护理，所以在现有的心理卫生工作中，还保留着相当一部分精神疾病的治疗内容。作为心理卫生工作重要组成部分的学校心理咨询，担负着从积极角度维护和增进人的心理健康的迫切任务。学校心理咨询面对的更多是正常学生，它所采用的方法主要是发展性的方法、教育性的方法或预防性的方法。因此，在心理卫生的框架下准确地把握学校心理咨询的工作对象和工作重点，对于维护学校心理咨询的职业地位具有重要意义。

二、学校心理咨询与心理诊断

心理诊断（psychological diagnosis）是用心理学的方法和工具，对个体或群体的心理状态、心理特质、心理发展水平、心理障碍所进行的描述、分类、鉴别与评估。心理诊断内容广泛。从学校教育的实际情况看，主要包括学习诊断、智能诊断、人格诊断、行为诊断、心理健康诊断、升学就业综合诊断。由于心理诊断学是以诊断过程中的心理学方法、技术、工具或使用程序为主要研究任务，因而这门学科具有明显的方法学、技术学的色彩。心理诊断是学校心理咨询的基础，也是学校心理咨询的基本构成要素。缺乏必要的诊断程序，学校心理咨询就会陷入模糊甚至盲目状态，不仅心理咨询的具体成效无法进行科学评估，而且也不能对学生的心理问题或升学就业指导提供有效帮助。所以，一个合格的心理咨询人员必须熟练地掌握心理诊断的技术；心理诊断的信度、效度越高，心理咨询的效果也就会越好。

三、学校心理咨询与心理治疗

心理治疗（psychotherapy）是由心理医师为有心理障碍或心理疾病的患者所提供的心理学的帮助。将学校心理咨询与心理治疗加以比较，可以发现二者具有三个方面的明显区别：第一，学校心理咨询的对象立足于正常人群，心理治疗的对象则是具有神经症、精神病、人格障碍、心身疾病的患者而不是正常人，这是学校心理咨询与心理治疗的基本区别；第二，学校心理咨询的工作场所设于学校，心理治疗的场所通常设在精神病院、精神卫生中心和综合医院的心理治疗机构；第三，学校心理咨询中所涉及的心理问题程度较轻，对从业者的教育背景和社会经验比较看重，而对从事心理治疗人员的临床要求较高，缺乏临床实践的人员往往不宜从事心理治疗工作。虽然学校心理咨询与心理治疗具有上述明显区别，但是从事学校心理咨询的人员仍然需要掌握一定的心理治疗知识，因为这些知识是在咨询工作中进行预防、早期干预或转介的基础，对此必须加以明确。

四、学校心理咨询与心理辅导

心理辅导（psychological guidance）是由心理学专业人员和具有较高心理学

素养的人员，运用心理学的理论、方法和技术，对具有现实或潜在发展需求、求助需求的个体乃至群体所提供的心理学帮助和引导。在西方国家，心理辅导通常被视为学校心理咨询的同义词；有些学者则强调，使用心理辅导一词很容易与教育情境中各种各样的辅导活动混为一谈，因而应尽量少用或不用。然而在我国港澳台地区，咨询（counseling）一词被译为“咨商”或“辅导”，在专业组织、政策推行等方面则大都冠以“辅导”之名。受海峡两岸学术交流的影响，最近十几年来内地以心理辅导为名的论著明显增多。在教育部门颁发的心理健康教育文件中，也在交替使用心理咨询与心理辅导这两个术语。我们认为，如果为了海峡两岸学术交流的方便，把心理辅导作为学校心理咨询的同义词抑或一个更宽泛、更通俗的术语来使用是可以理解的，然而从更严谨的角度加以考虑，我们主张在国际化要求较高的场合，宜统一使用学校心理咨询这一术语，这与劳动部门把“心理咨询员”、“心理咨询师”确定为国家职业资格认证的名称具有同样的道理。

五、学校心理咨询与思想政治教育

学校心理咨询与思想政治教育的关系是多年来学术界探讨的一个热门话题。在我们看来，学校心理咨询与思想政治教育既有区别又有联系。其区别在于：第一，二者的侧重点不同。学校心理咨询侧重于对正常学生心理疑难或心理困扰的排解与帮助；思想政治教育侧重于政治思想和道德观点的灌输与教化。第二，二者的工作手段和方式不同。学校心理咨询是由接受过专业培训的心理咨询人员，运用心理学的理论、方法和技术，对具有求询需求的人提供的心理层面的帮助；思想政治教育是由政工干部和有关人员，根据党的路线、方针和政策，针对学生在政治思想和道德建设方面存在的问题，有的放矢地进行的教育。其联系在于：第一，二者的工作目标就本质来说是一致的。学校心理咨询通过咨询服务这一特定方式，提高求询者的心理健康水平，增强求询者的心理素质，为精神文明与和谐社会建设提供素质保障和心理支持；思想政治教育则通过有组织的学习和相关活动，直接为精神文明与和谐社会建设服务。第二，二者在工作方法上可以互相借鉴，相互补充。如学校心理咨询所采用的个别咨询、团体咨询的方法与技术，可以在思想政治教育中移植或借用；而思想政治教育中的一些成功经验和做法，如正面引导、典型示范、舆论导向等，也是值得学校心理咨询人员思考或借鉴的。

第五节　学校心理咨询的历史演变

一、学校心理咨询的古代源头

科西尼（R. J. Corsini）主编的《心理学百科全书》提出，学校心理咨询的古代源头应当到古希腊先哲对学生提供的劝导或帮助中去寻找。我们认为，在古希腊先哲那里确实可以找到学校心理咨询的古代源头，但那不是古代学校心理咨询的最早源头。最早的源头应当到2 000多年前中国著名教育家、思想家孔子的教育实践中去寻找。

生活于公元前551年到公元前479年的孔子，在长期的教育实践中不仅积累了丰富的教育心理思想，而且还直接进行了大量的学校心理咨询活动。例如，孔子告诫其学生子路说：“不得中行而与之，必也狂狷乎？狂者进取，狷者有所不为也”①。孔子这里所说的“狂”与“狷”，相当于今天我们所说的性格上的外倾与内倾。可见，这是孔子就性格问题对学生进行心理咨询的一个生动例证。孔子对学生的个别差异进行咨询指导的例子，在《论语》中还有很多记载。孔子关于“知之者不如好之者，好之者不如乐之者”②，“学而时习之，不亦说乎”③，“学而不思则罔，思而不学则殆”④，“博学而笃志，切问而近思”⑤ 等论述，体现出孔子对学生学习问题所进行的精心指导。孔子所说的“益者三友，损者三友。友直，友谅，友多闻，益矣。友便辟，友善柔，友便佞，损矣”⑥ 这一番话，是孔子就人际交往和交友问题对学生所作的劝导和帮助。孔子关于“由也，千乘之国，可使治其赋也”、“求也，千室之邑，百乘之家，可使为之宰也”。“赤也，束带立于朝，可使与宾客言也”⑦、“雍也可使南面”⑧ 的论述，乃是世界上第一例以日常观察经验为根据对学生前途所进行的职业指导。关于孔子从事学校心理咨询活动的记载，还可以举出一些。总之，我们认为，学校心理咨询在中国源远流长，我国是世界上有据可考的从事学校心理咨询活动最早的国家。

当然，在古希腊先哲、教育家的著述和活动中，也可以找到学校心理咨询的古代源头。例如，苏格拉底（Sokrates，前469—前399）的“助产术”，不仅是一种启发、引导的教学方法，其中也含有“面谈”的性质，这同现代学校心理咨询常用的“面谈法”有着一定的历史渊源。不过，苏格拉底的“助产术”比起孔子的学校心理咨询活动毕竟要晚大半个世纪。

虽然学校心理咨询的古代源头可以追溯到我国的孔子和古希腊的苏格拉底，但无论是中国还是外国，古代学校心理咨询的思想和实践都还是零碎的、不系统的或不自觉的，更谈不上作为一门专门职业活动来对待和研究。现代学校心理咨询的历史，应以20世纪初美国职业指导运动的兴起为发端。

---

① 《论语·子路》
② 《论语·雍也》
③ 《论语·学而》
④ 《论语·为政》
⑤ 《论语·子张》
⑥ 《论语·季氏》
⑦ 《论语·公冶长》
⑧ 《论语·雍也》

二、现代学校心理咨询的形成与发展

19世纪末，随着大工业的发展，生产的专业化、社会化程度明显提高，对劳动者受教育水平和心理素质的要求也显著提升。同时由于社会的进步和人文主义思潮的影响，人们对社会公平的关注日益增长，对把人单纯作为机器附属品的雇佣行为深感不满。越来越多的有识之士要求尊重人的发展需求，有效地开发人的潜能，于是在20世纪初形成了一股对青年学生进行职业指导的浪潮。

戴维斯（J. B. Davis）是在美国公立学校实施职业指导的先驱者。从1898年到1907年，戴维斯在美国密歇根州底特律市的中心高中，对11年级（相当于我国高中二年级）的学生进行学业特别是职业方面的系统指导，从而开创了美国职业指导运动的先河。

在历史上被公认为“职业指导之父”的职业咨询者帕森斯（F. Parsons）于1908年在美国马萨诸塞州首府波士顿创立了一家具有公共服务和培训性质的职业介绍所，率先对公立学校的中学毕业生开展了职业指导活动。1909年，帕森斯的《选择职业》一书出版，这本书对当时的职业指导进行了较系统的理论阐述。帕森斯认为，职业选择必须与青年学生的兴趣、能力、个性特点和客观允许相适合。只有正确认识自身的素质、专长和潜在资源，同时对个人的局限和环境条件有客观评估，才能实现人与职业的合理匹配，作出恰当的职业选择。帕森斯的职业指导观对学校心理咨询的发展具有重要意义。一方面，它沟通了学校教育、心理咨询服务和社会发展的关系，为学校心理咨询的社会服务功能打下了基础；另一方面，它也为学校心理咨询的明尼苏达指导模式奠定了最初的理论基石。

第一次世界大战期间和之后心理测验的蓬勃发展，为当时以职业指导为中心的学校心理咨询提供了科学手段，注入了新的活力。以美国明尼苏达大学帕特森（C. H. Patterson）和威廉森（E. G. Williamson）为代表的学校心理咨询活动，无论在理论研究、指导范围和咨询效果上，都较先前有了很大进步，从而创立了颇负盛名的明尼苏达指导模式。明尼苏达指导模式注重的是职业信息的搜集和传递，个体特质要素的评价和分析，以及相应的问题解决技能训练，是一种将认知评价和行为训练结合起来，帮助个体作出理性职业选择的指导模式。1938年，帕特森与威廉森等合作出版了《学生指导技术》一书；1939年，威廉森又出版了《怎样对学生咨询》一书，对这一时期的学校心理咨询理论和实践作了较全面的概括。

20世纪30年代末40年代初，由于世界经济、政治形势的急剧变化给人们带来很多适应上的问题，尤其在情绪和人际交往方面，不少人渴望得到咨询心理学家的帮助，于是在心理咨询的发展过程中出现了所谓“心理治疗的年代”。这种咨询心理学发展中的大气候对学校心理咨询也产生了深刻影响。“心理治疗年代”最重要的代表人物是罗杰斯（C. Rogers）。他所提出的“非指导性咨询”概念和“来访者中心”的治疗模式，为学校心理咨询工作者普遍接受。罗杰斯所讲的“非指导性咨询”是针对传统的以咨询者为中心的助人理念提出来的，他所主张的“来访者中心”模式则强调了通情、尊重和真诚等人格特质在建立咨访关系中的作用，以及这种特殊的人际关系对个人成长的意义。在罗杰斯治疗模式的影响下，学校心理咨询的重点逐步从对学生的职业指导转到校园适应特别是情绪障碍的诊治上来。这一时期新的咨询理论大量涌现，精神分析、行为主义、认知学说等纷纷渗入咨询实践，使学校心理咨询呈现出咨询理论与方法百花齐放的新局面。

20 世纪 60 至 70 年代，在美国政府有关教育法案的推动下，学校心理咨询的工作范围得到多方扩展，以“帮助学生实现最佳发展，努力排除发展障碍”为目标的发展性咨询应运而生，并很快成为咨询的主流。发展性咨询的代表人物之一布洛克尔（D. Blocker）在《发展性咨询》一书中指出，发展性咨询关心的是正常个体在不同发展阶段的任务和应对策略，尤其重视智力潜能的开发和各种经验的运用，以及各种心理冲突、心理危机的早期预防和干预，以便帮助个体顺利完成不同发展阶段的任务。发展性咨询的提出标志着学校心理咨询发展史上一个新的转折，即从重指导、重治疗的咨询模式向重预防、重发展的咨询模式转变，这种转变对进一步拓宽学校心理咨询的范围、深化学校心理咨询的功能，显然具有深远意义。

三、当前发达国家学校心理咨询的发展趋向

综观发达国家学校心理咨询的发展趋向，主要具有以下几个显著特点。

（一）更加强调发展性咨询在咨询工作中的核心地位

学校是培养人才的场所，让所有学生都能平等地享有咨询服务，成为发达国家学校心理咨询的根本宗旨。为了满足学生在认知发展、人格发展、社会性发展、职业发展方面的实际需要，不少发达国家在学校建立了心理评估与定期咨询制度，聘用专职心理咨询员为学生提供直接服务，并通过与教师、学校职员和学生家长的沟通合作向学生提供间接服务。由于发展性咨询体现了学校教育的办学方向，所以受到教育决策部门和实际工作者的肯定和欢迎。目前，以“预防和成长”为基本目标的发展性咨询在学校心理咨询中的比重越来越突出，围绕吸毒、酗酒、网络成瘾、婚前性行为、校园暴力等教育难题所展开的心理干预工作也是基于发展性咨询的理念来具体实施的，这样就使得发达国家的学校心理咨询有了更坚实的生存基础。

（二）更加注重咨询理论、方法与技术的综合性应用

当代心理科学发展的一个重要特点就是重视整体与综合，这一特点在美国、英国、法国、日本等发达国家的学校心理咨询中也得到具体体现。例如，学校心

理咨询人员在开展工作中已不再局限于单一的理论取向，而是注意多种理论的交叉渗透、取长补短、彼此兼容或适当整合，以充分发挥心理学理论对咨询实践的指导作用。在咨询方法与技术的应用方面，则更多地考虑求询者的实际需求、咨询目标与教育实践的有机结合以及咨询环境特别是家庭、社区等多元文化背景对咨询过程的深刻影响。“焦点解决短期咨询”（solution focused brief counseling，简称 SFBC）以目标为导向、通过综合利用资源来促进问题解决的心理咨询技术，正是在这种背景下形成的。这种整体化或综合性的发展趋势，对于更好地理解学校心理咨询过程的本质与规律，进一步提高学校心理咨询的质量，显然具有不可低估的意义。

（三）更加关心学校心理咨询的职业化、规范化建设

学校心理咨询作为一种专业性很强的助人工作，从其创立伊始就在围绕其职业地位问题进行不懈努力，如今对学校心理咨询职业地位的关注达到前所未有的高度。以美国为例，在美国咨询协会（American Counseling Association，简称 ACA）大约 6 万名成员中，隶属于 ACA 的美国学校咨询员协会（American School Counselor Association，简称 ASCA）会员超过 1.3 万人。美国学校咨询员协会的会员大多持有国家咨询员职业认证委员会（National Board for Certified Councelors，简称 NBCC）颁发的资格证书，但由于各州对学校咨询员的从业要求不同，有些州规定在学校从事心理咨询的人员必须具有硕士以上学位，有些州则希望学校心理咨询的从业人员应当具备一定的教学或管理经验，这样就使得美国学校心理咨询人员的从业标准在各州存在明显差异。1997 年，美国学校咨询员协会制定了一份适用于中小学的全国性学校咨询规划标准，然而按照施米特和西查尔斯基（Schmidt & Ciechalski，2001）的看法，依然需要制定额外的标准，才能有效地规范学校咨询员的从业基础和具体实践。

（四）更加注意高科技手段在咨询中的实效与道德问题

随着计算机和互联网的快速发展，高科技手段在学校心理咨询中的应用越来越普遍。目前，在发达国家的学校心理咨询机构已建立起众多专业化的网络数据库，数百种智力、人格、心理健康和职业指导用的测量工具，可以借助计算机进行个别施测或团体施测，并通过交互式程序对施测对象提供帮助。利用专家系统对学生的心理问题进行在线指导的学校日益增多，采用即时视听（real time video）或即时交谈（real time chat）方式对学生进行个别干预的工作也已取得一定成效。为了有效地监督在虚拟条件下心理咨询的实际效果特别是职业道德问题，美国国家咨询员职业认证委员会曾组织力量对这一问题进行研究，并于 1998 年公布了“网络咨询道德实践准则”。由于青少年是网络心理咨询的主要对象，所以这份网络心理咨询的职业道德准则已在学校心理咨询领域引起高度关注。

四、我国学校心理咨询的现状与前景

我国内地的学校心理咨询最初也起步于职业指导。1916 年，在清华学校校长周诒春的倡导下，我国的职业指导工作开始纳入学校的议事日程。1917 年，中华职业教育社正式成立，它标志着我国的职业指导逐步走向专业化的道路。在以后的十几年间，南京、上海、武昌、济南等地相继开展了一些职业指导活动，但由于时局影响特别是抗日战争爆发，职业指导方面的理论研究和实际工作被迫中断。

新中国成立后，在计划经济体制等社会、政治、经济环境的影响下，职业指导的理论研究和实际工作都没有得到应有恢复。直到改革开放以后，随着心理学的复苏特别是心理健康教育的逐步普及，学校心理咨询的重要作用才重新被人们所认识。

最近十几年来，我国内地的学校心理咨询工作发展很快。许多学校建立了专兼职相结合的心理咨询中心、心理咨询室，不少学校设立了心理咨询电话热线或专用网站，一些地区性乃至全国性的学校心理咨询学术组织相继成立，有关学校心理咨询的专著、教材、普及读物、专业期刊也先后出版。以浙江师范大学为例，在学生工作部门的直接领导下，学校成立了大学生心理咨询中心，按照 1∶5 000 人的比例配备了专职心理咨询员，并且整合心理学系、心理研究所的专业资源，利用面谈、电话热线、网络咨询、团体咨询等多种形式，向学生提供专兼职相结合的心理咨询服务；心理咨询中心为全校学生建立了心理健康档案，将每年 11 月定为心理健康教育活动月；各学院在班干部建制中增设了心理委员职位，定期对心理委员进行专业培训。由于浙江师范大学以心理咨询为切入点，深入扎实地推进心理健康教育工作，成效显著，深受学生欢迎，因而于 2006 年被浙江省教育厅评定为“浙江省高校心理健康教育示范单位”。

以上这些成绩，标志着学校心理咨询工作在我国内地已经达到一定水平。但是与发达国家相比，我国内地的学校心理咨询工作还存在很大差距，即使与港澳等地区相比，差距也比较明显。

我国港澳台地区的学校心理咨询工作是以“教育辅导”的形式推行的。以台湾地区的教育辅导制度为例，台湾于 20 世纪 50 年代成立了专业性的教育辅导组织，并且从 60 年代开始，台湾的教育主管部门便有计划地在各级学校逐步推行教育辅导制度。其中，小学教育辅导的目标是：1. 协助儿童认识自己，适应环境，使其由自我成就达到社会性发展；2. 了解儿童各种能力、性向、兴趣和人格特质，发现特殊儿童，施以适当教育，以充分发展其创造和学习的潜能；3. 协助儿童树立正确的学习态度，增进学习效果，实现学习目标；4. 协助儿童养成良好的生活习惯，增进儿童的身心健康；5. 协助儿童培养健康的生活理想和乐观进取的人生态度，促进小学教育目标的实现。

中学的教育辅导目标分为初中、高中两个阶段。初中阶段的教育辅导目标是：1. 协助学生认识自己并适应环境，使其具有自我指导的能力；2. 了解学生各种能力、性向、兴趣和性格特点，发现特殊学生以及学生的个别问题，以便作为因材施教的依据；3. 协助学生培养优良的学习态度、方法和习惯，依据学生的个别才能，施以适当的教育，以发挥潜力，人尽其才；4. 协助学生培养正确的生活习惯和理想，促进青少年身心的正常发展；5. 协助学生增进职业技能，了解职业发展趋势，培养职业兴趣，帮助学生对未来职业进行正确的选择和适当的准备，以便毕业后能适应职业，充分发挥个人能力，促进社会进步。高中阶段的教育辅导目标是：1. 遵照高中的教育目标，促进高中各学科教学正常化，使学生获得完整的经验和系统的知识；2. 运用客观评量的方法，鉴定学生的各种能力和特质，发现学生的个别问题，作为因材施教的依据；3. 协助学生培养优良的学习态度、方法和习惯，发挥潜能，人尽其才；4. 协助学生培养正确的生活习惯和理想，形成自我指导的能力，促使身心正常发展；5. 协助学生正确地认识自己，了解环境，进而明智地选择升学和就业的方向；6. 提供升学学生的个别资料，以利于大学及专科学校新生入学考试的实施。

关于大专院校的教育辅导，我国台湾教育部门没有强求一律，制订统一的辅导目标，而是要求各校根据自己的实际情况，分别建立学生辅导中心或学生心理卫生中心，具体负责这方面的工作。学生辅导中心或心理卫生中心的编制一般为10—20人。学生辅导中心的任务包括：1. 研究导师制度实施的有关问题，加强学生的生活和道德教育；2. 辅导学生特殊才能的发展，促进其智能的提高；3. 促进学生体质的增强；4. 辅导学生社团活动，以便培养学生奋发进取和乐群的精神；5. 对与学生实际生活有关的学习、社交、家庭、婚姻及职业选择和就业问题进行辅导。学生心理卫生中心的任务包括：1. 对学生进行心理测验，并对特殊学生进行个案调查；2. 研究一般学生的行为困扰问题；3. 对学生的不正常心理与行为进行诊断和矫治；4. 举办学生心理卫生讲座或进行有关的座谈、讨论；5. 出版有关心理卫生的研究报告、论文、丛书或手册。目前，在我国台湾的一些大学（如台湾师范大学）中，还设立起培养专职辅导人员的系科或专业，专门培养教育辅导的人才。

总之，我国台湾地区的学校心理咨询工作已经形成一定的体系，在队伍管理、教材建设、本土化测量工具的开发等方面积累了不少成功的经验，这些经验是值得我们重视的。

展望未来，我国的学校心理咨询事业前程似锦，大有可为。这是因为，学校心理咨询是伴随着我国改革开放和社会主义现代化建设的时代脉搏复苏发展的。这项工作是维护学生的心理健康、促进学生全面发展的需要，是心理学服务于现实生活、直接为教育改革贡献力量的必然趋势。从长远来看，也是提高全民族的心理素质、促进和谐社会建设的一个有机组成部分。学校心理咨询不仅在我国有着现实的实践需求，而且在国际上也有着共同的理论源流和职业根基。因此可以预料，我国的学校心理咨询事业在21世纪一定能得到更快更好的发展。全国的学校心理咨询服务体系将进一步完善，学校心理咨询人员的培训与管理将逐步纳入规范化的轨道，学校心理咨询的理论研究、工作手段和服务质量也必将会有新的提高。只要学校心理咨询工作真正得到各级教育主管部门的重视与支持，有着灿烂古代源头的我国学校心理咨询事业就一定能够大踏步前进，逐步赶上甚至超过世界发达国家的水平。

【建议参考资料】

1. 郑日昌．中学生心理咨询［M］．济南：山东教育出版社，2000.

2. 施密德．学校心理咨询实用规划［M］．沈湘秦，译．4版．北京：中国轻工业出版社，2005.

【问题与思考】

1. 怎样理解学校心理咨询的定义与学科性质？
2. 结合当前的时代背景，学校心理咨询的任务与意义有哪些？
3. 你是如何看待学校心理咨询与思想政治教育的关系的？
4. 运用高科技手段进行学校心理咨询应当注意哪些问题？
5. 如何完善我国的学校心理咨询工作体系？

第二章　学校心理咨询的过程、原则与方法

【本章提要】

直接咨询与间接咨询过程的共同特点是：咨访双方相互依赖，咨询人员起着主导作用；是逐步深化、具有反复的解决问题过程；个体的心理品质和社会影响渗透于咨询的全过程。无论是直接咨询还是间接咨询过程，都需遵循五个一般步骤：咨访双方建立相互信赖的关系；搜集信息，搞清问题的大致范围和可能性质；检查评估，明确咨询目标；选定解决问题方案，实施具体的指导帮助或治疗；追踪反馈，巩固和发展咨询成效。

学校心理咨询人员在咨询实践中应当遵循的主要原则包括信赖性、整体性、发展性、异同性、支持性、艺术性、坚持性、保密性和预防性等。学校心理咨询的方法既包括面谈、团体活动、测量和治疗等咨询实践中常用的工作方法，也包括个案研究、相关研究、干预研究、实验研究等研究方法，其中以个案研究的使用最为普遍。

【学习重点】

1. 了解直接咨询与间接咨询过程的共同特点以及各自的特殊性。
2. 掌握心理咨询的一般步骤。
3. 掌握学校心理咨询人员必须遵循的基本要求。
4. 熟悉学校心理咨询常用的工作方法与研究方法。

【重要术语】

咨询过程　咨询原则　咨询方法

第一节　学校心理咨询的过程

学校心理咨询的过程包括两种类型：直接咨询过程和间接咨询过程。直接咨询和间接咨询的含义在第一章已经提到，这里不再赘述。下面着重考察两种咨询过程的共同特点、不同之处以及两种咨询过程所需遵循的一般步骤。

一、两种咨询过程的共同特点

（一）咨访双方相互依赖，咨询人员起着主导作用

咨询作为一种特殊的人际交往过程，咨访双方相互依赖，谁也离不开谁，这个道理是显而易见的。如果咨询人员自恃高明，听风是雨，口若悬河，求询者自然反感厌恶，不屑入耳；反之，若求询者懒于启口，顾虑重重，或对咨询人员抱有成见，咨询人员也同样会感到冷落、扫兴，使咨询过程陷于尴尬局面，难以进行。这种咨访双方相互依赖的关系，在直接咨询和间接咨询过程中都可以看到。

莱文格（G. Levinger）及其同事曾提出一个人际交往的相互依赖模型，这个模型对于理解学校心理咨询过程中咨访双方的依赖关系具有一定的启发意义。在两个陌生人之间的交往中，第一个阶段为零接触，实际上是指两名无关个体交往前的起始状态。交往的第二个阶段是觉察阶段。在这一阶段，交往中的一方或双方觉察到对方的外表和行为，由此形成第一印象，但双方的交往在情感和态度上仍保持一定的距离。交往的第三个阶段为表面接触阶段。在这一阶段，交往双方开始互动，既有言语上的沟通，也有非言语的交流，不过此时的沟通与交流通常是很肤浅的，接触的深度常常受到个人特定的社会角色的限制。有些人的人际交往到此阶段即行停止，因为通过表面接触，其中一方或双方都感到没有兴趣继续接触，从而终止了交往关系。交往的第四个阶段叫做共同关系阶段。莱文格等人把这一阶段称为从轻度相互依赖到中度相互依赖再到强烈相互依赖这样一个连续发展的过程。当交往双方的共同关系发展到最后一级水平时，一般将其称为亲密关系的形成。在亲密关系中，可以发现信任、关怀、无拘无束的交谈、深层隐私的披露等情绪和行为表现。

莱文格等人提出的人际交往相互依赖模型，虽然可一般地说明学校心理咨询过程中咨访双方的相互依赖关系，但这个模型却不能表明咨询过程中双方交往的独特性质。在咨询过程中，不论是直接咨询还是间接密询，咨询人员始终处于交往中的主导地位，这恰恰是咨询交往过程的独特之处。我们之所以把咨询人员看做交往中的主导因素，乃是因为咨询人员是经过专门训练的心理服务人员，他们通晓心理学的理论和技术，具备独自进行接谈、测量、指导或干预的资格与技能，因而可以比较客观、科学地帮助求询者解决问题。当然，求询者在咨询交往中也不是被动的个体。他们有思想、有情感、有疑惑，并且具有自己特定的观察事物的方式和习惯。因此，如果咨询人员一味强调自己的主导作用，而忽略求询者的主体作用，把求询者看成是消极的接受器，这不但在间接咨询过程中行不通，就是在直接咨询过程中也难以奏效。可见，在咨询过程中充分考虑咨访双方的相互依赖关系，既重视发挥咨询人员的主导作用，又注意调动求助主体的积极能动性，是成功咨询的必要条件。

（二）咨询是逐步深化、具有反复的解决问题过程

在咨询过程中，求询者总是带着问题进入咨询情境。求询者的问题多种多

样，既可能涉及发展问题，也可能涉及升学、就业方面的指导问题，还可能涉及心理偏常的矫治问题。但无论哪一种问题，对咨询人员来说，都有一个对问题逐步深化的认识过程。咨询人员要全面把握求询者的问题，提出正确的解决问题方案，就必须广泛搜集资料，详细了解求询者的问题背景、形成原因、主要表现、心理反应等方面的情况，在此基础上提出初步的解决问题建议或措施。咨询人员提出的建议或措施，对求询者来说，也有一个比较、分析、决定是否接受的思考过程。即使求询者基本接纳咨询人员的主张，仍然存在一个实践、验证、补充和完善的发展过程。由此可以看出，咨询这一解决问题的过程是逐步深化的，有时可能存在反复。

正确认识这一特点，对咨访双方都甚为重要。从咨询人员角度看，正确认识这一特点有助于培养咨询人员仔细、全面、热情、耐心的心理品质，促进咨询人员心理素质和业务水平的提高；从求询者这方面看，正确认识这一特点可以克服急躁情绪和一劳永逸等过高要求，促进情绪的稳定和自信心的增强，防止咨询过程的不必要间断或中止。

（三）个体的心理品质和社会影响渗透于咨询的全过程

由于咨询是一个人与人之间特殊的交往过程，因而咨访双方的知、情、意、行心理结构和个性品质在不断地进行相互作用，咨访双方各自的社会角色、性别差异、文化修养、价值观念等社会因素也对咨询过程具有影响。此外，心理咨询不是在封闭的情境中进行的，家庭、学校和社会的复杂因素对咨询过程亦有着潜移默化的影响。

1. 个体知、情、意、行心理结构和个性品质对咨询过程的影响

咨询过程既是咨访双方认识上的沟通和情感上的交流，又是咨访双方各自意志行为的表露和接触。就求询者来说，直接来求询的学生固然有其认识、情感、意志和行为方面的问题需要咨询人员帮助解决，为学生的问题而来间接求询的家长、教师和其他人员，一方面要反映当事学生的心理问题，另一方面也要用个人的认识、情感、意志和行为来与咨询人员相互作用，这说明，求询者心理结构的影响贯穿于咨询的全过程。就咨询人员来说，对求询者的了解和分析离不开咨询者个人的心理结构，对咨询对象的指导和干预亦同样如此。可见，咨询人员心理结构的影响也是贯穿于咨询全过程的。从一个完整的咨询过程来看，咨访双方心理结构的相互作用不可或缺，但就咨询的某一环节或某一时刻来说，则可以偏重于心理结构的某一方面。究竟在哪种情况下偏重于心理结构的哪一方面，通常由咨询过程的具体情况所决定。

咨访双方的个性品质对咨询过程也有重要影响。卡瓦那（M. E. Cavanagh）等人的研究表明，缺乏自信、冷漠、刻板、成见、支配欲、主观武断、好讥讽、情绪不稳定、优柔寡断等在咨询者身上表现出来的不良个性品质，是构成咨询阻

力的重要来源。同样道理，求询者的某些不良个性品质，如过分依赖、急躁、易自责、好夸大、掩饰、假托、回避、对抗等，也是构成咨询阻力的不可忽视的因素。当然，卡瓦那等人的上述分析是就直接咨询过程而言的。但在间接咨询过程中，这个问题也同样存在。因为在间接咨询中，咨访双方所讨论的乃是通常并不在场的当事学生的问题。这种间接的性质往往造成咨访双方在意见沟通和融合方面的距离，在这种情况下，咨访双方各自的个性特点如何，对咨询过程能否顺利进行，能否取得满意的咨询成效，也就有了更重要的意义。可见，正确认识咨访双方个性品质对咨询过程的影响，对于克服咨询过程的阻力、促进咨询的顺利进行至关重要。

2. 社会角色、性别差异、文化修养、价值观念等社会因素对咨询过程的影响

毫无疑问，咨访双方是各具一定的社会角色的。社会期待咨询人员具有良好的专业技能、人格完善、品德高尚、平易近人、富有涵养，期待求询者能够坦诚、接纳、合作、遵从，以使咨询过程能够顺利进行。这些惯常的角色期待对咨询过程具有深刻影响：或者因咨访双方的角色扮演符合期待而对咨询过程起到推动作用，或者由于咨访双方或一方的角色扮演不尽人意而对咨询过程产生干扰。咨访双方的性别差异对咨询过程亦有影响。一般来说，同性咨询较易揭露深层矛盾，但也有异性咨询效果更好者，这里应注意个别差异。咨访双方的文化修养对咨询过程的影响表现在：文化修养好、表达能力强的求询者，更容易获得咨询人员的理解和帮助；具有良好文化修养的咨询人员，则更容易得到求询者的信任和尊重。咨访双方的不同价值观念对咨询过程也有影响，如具有较高利他主义倾向的咨询人员，更容易关心求询者的问题和苦恼；过多考虑个人得失的咨询工作者，则有可能对求询者表现出淡漠和烦躁；持有截然不同价值观念的咨访双方，在咨询过程中更容易产生认识上的分歧和情绪上的抵触，以致影响咨询过程。在西方国家的心理咨询工作中，十分强调价值中立在咨询过程中的意义。但在我国的学校心理咨询过程中，恪守价值中立就很难使学校心理咨询发挥在素质教育特别是学校德育中的应有作用。总之，我们认为，咨访双方在各自社会化过程中所形成的一系列个人特点和倾向，对咨询过程有着多方面的影响。咨询人员必须对上述因素有清醒认识，扬长避短，化弊为利，这样才能取得较好的咨询成效；求询者如果对上述因素有所认识，积极配合，主动适应，那么便更有可能获得满意的咨询结果，期待而来，欢悦而去。

3. 家庭、学校和社会因素对咨询过程的影响

所谓家庭、学校和社会因素对咨询过程的影响，包括两层含义。其一是指，求询者的各种心理问题（在间接咨询中，求询者所反映的当事学生的心理问题）不是凭空产生的，而是在复杂的家庭生活、学校生活和社会环境中逐渐形成的。家庭中的矛盾、学校中的压力和冲突、社会环境的错综复杂和消极影响，是求询

者心理问题的客观来源。咨询人员如果对求询者心理问题的社会背景缺乏透彻了解，就不能准确揭示求询者心理问题的真正原因，从而也就不可能对求询者提供有效的帮助。其二是指，咨询人员在帮助求询者解决心理问题时，也必须考虑家庭、学校和社会因素对求询者的影响。因为仅仅依靠面对面的咨询过程本身对求询者提供帮助，其成效是有限的。咨询的效果更多地需要咨询人员合理利用家庭、学校和社会中的积极因素，帮助求询者在日常学习和生活中解决问题。只有把咨询过程同家庭、学校和社会环境有机结合起来，构成一个提供心理支持的大气候、大环境，才能最大限度地调动一切积极因素，促进求询者的心理调整和问题解决。

二、两种咨询过程的特殊性

（一）直接咨询过程的特殊性

1. 在直接咨询过程中，咨询人员直接接触具有各类心理问题、需要帮助的学生，了解问题真切，信息反馈迅速，心理交流全面，处理问题迅捷，因而可以较快地获得咨询结果。

2. 咨询人员的主导作用在直接咨询过程中较易发挥。由于直接咨询的对象主要是大中学校的在校学生，咨询人员在这些学生心目中的形象一般来说是比较好的，因而咨询人员的指导、帮助较易为学生所接受。

3. 学校心理咨询的干预功能在直接咨询过程中易于体现和实施。针对求询学生的自我陈述和外显症候，咨询人员可借助各种测量工具和经验进行比较客观的评估和诊断，并可利用言语、情感、体态以及适当的环境布置和行为技术，对求询学生的轻微心理障碍进行必要的干预治疗，这对及早发现和排除求询学生的心理困扰，显然具有更直接的助益。

（二）间接咨询过程的特殊性

1. 在间接咨询过程中，咨询人员面对的是有一定教学、指导和社会生活经验的教师、家长及其他人员，因而咨询人员要想发挥主导作用，必须千方百计争取对方的信任和支持，否则咨询过程很容易陷入不协调状态。

2. 咨询人员通过成人求询者间接了解当事学生的心理问题，其中必定会含有某些不可靠的成分，例如遗漏、中间人主观判断的误差等。因此，咨询人员在通过第二手资料判断当事学生的问题性质时，需格外小心和谨慎。

3. 由于间接咨询的中转性质，使得咨询过程拉长，咨访双方对此都容易产生急躁情绪，这就需要在咨询过程中及时加以调节和克服。

4. 间接咨询一般不承担治疗任务，咨询的重点通常放在适应、发展和预防问题上，这样便于教师和家长在咨询以后向学生提供帮助。对教师或家长认为确有心理障碍需要治疗的学生，咨询人员应要求教师或家长陪伴他们接受检查和治疗，这时，间接咨询过程便与直接咨询过程有机结合到一起而具有了共同的性质。

三、咨询过程的一般步骤

无论是直接咨询还是间接咨询，在咨询过程中都需遵循下列一般步骤。

(一) 咨访双方建立相互信赖的关系

这是咨询过程的第一步，也是贯穿整个咨询过程的一个极为重要的问题。正如拉斯（S. W. Russ）所言："咨询者和求询者之间建立一种坦率、信任的关系，是咨询过程中头等重要的事情，……是有效咨询的前提条件。"①

建立咨访双方的信赖关系，首先要求咨询人员不要把自己看成高人一等的专家，而应以平等的身份看待前来求询的人。卡普兰（G. Caplan）指出，建立咨访关系最重要的方面就是咨询者与求询者的平等地位。经验表明，咨询人员的等级地位观念将增加求询者的压抑感和不满情绪，从而将使咨询过程一开始即罩上一层不愉快的阴影。其次，咨询人员要努力给求询者以良好的第一印象。要使求询者感到，咨询人员是一位热情和蔼的人，是一位平易近人、可以信赖的人，同时又是一位风趣体贴、确有才能的人。有了这样一种第一印象，咨询工作自然会形成一个良好的开端。再次，咨询工作开始时，咨询人员要善于启发求询者提出问题，耐心倾听并细心观察求询者的言谈举止，不要轻易打断求询者的话题，更不要随意流露某种不耐烦的情绪，这些都有助于建立良好的咨访关系。

(二) 搜集信息，搞清问题的大致范围和可能性质

搜集信息是整个咨询工作的基础。在搜集信息的过程中，应着重了解以下三方面的情况。

1. 求询者的基本情况（在间接咨询中为求询者所掌握的当事学生的情况）

主要包括：姓名，性别，年龄，民族，所在学校和班级，家庭住址或联系地址，身体发育和健康状况，学习成绩，主要特长，兴趣爱好，品德和行为表现，人际交往情况，个人简历等。

2. 求询者的社会文化背景

主要包括：家庭背景（如父母的职业、文化程度、宗教信仰、兴趣爱好、健康状况、养育方式、对子女的期望，等等）；学校背景（如教师、班主任对学生的态度，学校教育追求的目标，班风校纪情况，学习负担和第二课堂活动情况，学校心理健康教育开展情况，等等）；社区背景（如学校和居住社区的社会治安情况、文化服务设施情况，等等）。

3. 求询者的心理问题

这是搜集信息的核心内容。根据学校生活的实际情况，学生的心理问题通常包括：学习和适应问题；智能发展问题；个性发展问题，情绪困扰问题；人际交

---

① REYNOLDS C R，Gutkin T B，Elliott S N，et al. School psychology：essentials of theory and practice［M］. New York：John Wiley & Sons，1984：79.

往和冲突问题；性心理健康和恋爱指导问题；问题行为或品德问题；升学或职业选择问题；心理困扰或障碍的治疗问题；等等。

通过搜集信息，咨询人员对求询者的主要问题、来龙去脉、相互关联及可能性质有了比较全面的认识，这就为下一步的详细诊断和确定咨询目标奠定了基础。

（三）检查评估，明确咨询目标

这是直接咨询的重要步骤。在间接咨询中，这一步则表现为对问题的详细分析和咨询目标的明确认定。

检查评估是一项细致的工作。在检查评估时，既要求求询者密切配合，又要求咨询人员熟练运用检测工具对求询者进行精心测查。在学校心理咨询中，最常用的检测工具是心理测验量表，在条件许可和必要的情况下，还可使用生化仪器进行生理测量。

检查评估的目的是在前述工作的基础上，对咨询人员初步判定的求询者的问题范围和可能性质作进一步验证和分析，以求准确把握问题症结及其本质，为咨询目标的确定创造条件。在这一过程中，有两个问题值得注意。

第一，要从总体上对求询者的问题性质作出准确判断。也就是说，要在求询者自诉、感性观察、系统了解和科学测查的基础上，对求询者反映的问题作出正常或异常的科学结论。当然，对求询者的心理问题作出正常、异常的准确结论是很不容易的，因为这个问题是当今变态心理学、医学心理学、咨询心理学的难题之一。虽然国外有人力主以主观经验、社会规范、有无症状和统计分布作为心理活动正常或异常的判别标准，但这些标准在使用中又都有其固有的局限。我国学者一般同意，应从下述三个方面对心理活动的正常或异常作出判断：1. 看心理、行为与环境是否统一。心理、行为符合环境，为常人理解，即为正常，反之则为异常。2. 看心理活动是否完整和协调。知、情、意、行心理活动完整协调，这是正常的反应，反之就是异常。3. 看个性心理特征是否稳定。经常保持稳定者即为正常，已经形成的稳定特征突然发生改变，这时便应考虑异常。上述标准显然值得咨询人员在实践中参考。

第二，要从细节上对求询者的问题性质予以确认并明确咨询的目标。当从总体上把握了求询者的问题性质以后，咨询人员还应根据检查评估的结果作出进一步的具体分析。例如，情绪异常是属于哪一类的问题？是过度焦虑反应，还是抑郁状态？人格偏常是属于偏执型人格，还是属于循环型人格？有了对心理异常具体性质的把握和咨询目标的确认，便为下一步的指导帮助或心理治疗奠定了基础。

当然，上面所谈的关于检查评估应注意的问题，主要是就心理障碍的诊断和鉴别问题而言的。如果咨询涉及的是适应、发展、升学指导和职业选择等方面的问题，则应根据具体情况和求询者的不同要求，确定咨询的不同目标。

（四）选定解决问题方案，实施具体的指导帮助或治疗

咨询的前几个步骤主要是围绕发现问题、分析问题、明确问题开展工作。从

本步骤开始，咨询即转入实际解决问题的阶段。

选定解决问题方案对实际解决问题具有重要作用。一般来说，解决问题的方案可有多种选择。例如，考试焦虑可以采用自信训练进行自我调整，也可以通过放松方法加以调控，还可考虑系统脱敏技术的使用，或者实行多种方法综合干预。究竟采用哪一种解决问题方案最为合适，咨询人员应认真进行比较筛选，并可适当征求求询者的意见，然后根据咨访双方的条件、兴趣和成功的可能性，作出最后决断。

解决问题的最佳方案选定之后，接下来就要依据方案予以实施。在实施过程中，既可以是指导性的建议，也可以是认识上的疏导，还可以是治疗措施的逐步落实。有些问题可以在咨询机构当场解决，有些问题可由求询者带回去自行解决，一些复杂心理问题的干预工作，则需求询者多次前来咨询机构检查、治疗，方能逐渐得到解决。由于心理现象的复杂性、多变性，某些心理问题在其解决的过程中出现反复或显效迟缓，这是正常的；问题的关键在于，咨访双方都应对咨询过程的这一特点具有足够的重视，相互合作，彼此信任，持之以恒，不懈努力，这样才有可能达到预期的目标。

（五）追踪反馈，巩固和发展咨询成效

这是咨询过程的最后一步，也是不可忽视的一个步骤。当然，咨询中一些简单问题的处理是无需进行专门追踪和反馈的，但对于那些重要的、复杂的咨询问题，例如职业指导中的典型案例、发展性咨询中的代表性人物、心理危机干预的重点对象，则必须进行追踪观察，以利于咨询效果的巩固、评价以及个案资料的积累。

追踪观察可采取多种方式进行。通信征询是最简单易行的方式，但这种方式受求询者多种因素的影响，有时不易获得可靠的信息。直接走访可给求询者带来方便，也容易获得真实可靠的信息，但此种方式受时间、地点和咨询人员自身条件的限制。邀集与求询者有关的人员进行座谈讨论，有时可获得比较全面的反馈信息，不过，这种方式也受到一些条件的制约。显然，根据条件与可能，灵活选择适当的追踪观察方法，或者将若干方法综合运用，是咨询人员所应注意的。

就追踪反馈的结果来说，一般可出现四种情况：1. 咨询效果十分显著，问题顺利解决，求询者对此表示满意；2. 咨询有较大成效，但问题并未完全解决，求询者喜忧兼具，并且抱有新的期待；3. 咨询效果不大，问题解决不明显，求询者存有疑虑和不悦；4. 咨询无效，问题如故，求询者感到失望和沮丧。

毫无疑问，追踪反馈的第一种情况将给咨询人员带来巨大的鼓舞和鞭策，对以后的咨询工作也必将起到指导和激励作用。第二种情况则向咨询人员提出了新的任务和要求，需要咨询人员认真总结经验，适当调整咨询目标和解决问题策略，以促进求询者更好地解决问题。对第三种情况，要冷静地分析问题的原因，看一看效果不显著到底是由于什么原因造成的。如果是因为求询者的原因，如主观努力不够，方法掌握不好，未能坚持自我训练，应在肯定成绩的基础上动员求询者继续坚持咨询、治疗，力争取得较明显的成效。如果是咨询人员自身的问题，则应向求询者进行必要的解释，帮助求询者打消顾虑，增强信心，在调整、改进咨询人员自身工作的基础上，努力求得咨询工作的更好的成效。第四种情况出现的原因可能与第三种情况有相似之处，但也可能存在一些其他因素。如咨访双方没有真正建立起信赖、合作的关系，咨询人员的经验与能力不能满足此项咨询工作的要求。在这种情况下，应及时终止咨询关系，或在求询者许可的条件下，改由新的咨询人员开始新的咨询过程。

第二节　学校心理咨询的原则

学校心理咨询的原则是学校心理咨询人员在工作中必须遵守的基本要求，它是咨询工作者在长期的咨询实践中不断认识并逐步累积提炼的结晶。学校心理咨询的原则可以列出很多。例如，科学性原则，自愿性原则，交友性原则，信赖性原则，启发性原则，教育性原则，整体性原则，发展性原则，异同性原则，支持性原则，艺术性原则，坚持性原则，保密性原则，预防性原则。这里，根据我们在咨询工作中的切身体会，着重提出以下九项原则予以讨论。

一、信赖性原则

这一原则是指在咨询过程中，咨询人员一定要从尊重信任的立场出发，与咨询对象建立坦诚友好的信赖关系，以确保咨询工作顺利进行。

在讨论咨询过程的第一个步骤时，我们曾指出平等的地位、良好的第一印象、善于启发和耐心倾听是与咨询对象建立友好信赖关系的重要条件。除此之外，下述两个问题对建立信赖关系也有重要意义。

第一，关于如何看待求询者提供信息的可靠性问题。这个问题对咨访双方能否建立信赖关系至关重要。一般来说，抱着积极解决问题的态度前来求询的人，其提供信息的可靠性较大。但由于语言表达的疏忽、遗忘与误记的影响或其他一些主客观因素，咨询人员可能会发现，有些求询者提供的信息含有矛盾或不实之处。对这种情况的出现，咨询人员不应大惊小怪，更不应表露出不信任的情绪或态度，而应投以信任的目光，委婉地提醒求询者注意自己的言语表达和回忆中的疏漏，以便在不损害咨访双方信赖关系的前提下尽量获得准确的信息。那些抱着疑虑、观望和试试看心理前来求询的人，其提供的信息往往比较含混或失真。对这种情况，咨询人员也不应责怪或不悦，而应看准求询者的心思和顾虑，进行真诚的交流与排解。只要打消这些求询者的顾虑，求得他们的信任，获得可靠的信息并不存在很大困难。

第二，关于对求询者一视同仁的问题。学校心理咨询的对象有学生、教师、家长，而这些求询者的情况又是千差万别的。有的求询者温文尔雅，彬彬有礼，有的则衣帽不整，语粗情急；有的求询者谈吐自若，微露傲气；有的却词不达意，畏缩自卑。无论对什么样的求询者，咨询人员都应满怀交友的热望，以诚相待，一视同仁，而绝不应该厚此薄彼。这对于和求询者建立友好信赖关系是十分重要的。

二、整体性原则

这一原则是指在咨询过程中，咨询人员要对求询者的心理问题进行全面考察、系统分析，既应重视心理活动诸要素的内在联系，又需考虑心理、生理和社会因素的相互影响，努力防止或克服咨询工作中的片面性。

整体性原则是系统观的体现和要求。按照系统的观点，人的心理是一个有机整体。知、情、意、行是密切联系在一起的，心理过程、心理状态和个性心理特征交互影响，心理因素与生理因素也相互作用，密不可分。就个体身心因素与外部环境特别是社会环境的关系来看，也存在着彼此制约、互为因果的错综复杂的联系。因此，作为探查人的心理奥秘、帮助学生更好地适应环境和求得发展的学校心理咨询工作来说，绝不能“头痛医头，脚痛医脚”、“只见树木，不见森林”，而应从个体心理的完整性和统一性，个体身心因素与外部环境的制约性、协调性，来全面考察和分析学生心理问题的形成原因及其咨询对策和措施。例如，在职业指导咨询中，不仅要考虑求询者的兴趣、能力、气质、性格等心理因素，也要考虑求询者的身体适应力与家庭条件，特别是应当考虑市场的发展和社会的需要，积极鼓励求询者在个人条件允许的情况下，努力选择那些社会急需的就业方向。在心理健康咨询中，要判断一个人的情绪是否偏离常态以及问题的成因，除了要对情绪表现进行外部观察，对情绪的特异性和非特异性进行专门评量外，还应结合个体的认识过程、意志过程、个性特征、生理因素和应激环境进行综合考察与分析，特别是对家庭、学校和社会交往中诱发学生不良情绪的主要应激源，咨询人员更应具有清醒的认识和准确的把握，这样才能从整体上深刻认识求询者情绪异常的表现及其成因，才能对求询者的情绪困扰、问题症结作出恰当判断。

三、发展性原则

这一原则是指在咨询过程中，咨询人员应以动态变化的思想看待求询者的问题，不仅在问题的分析和本质的把握中需要具备发展的眼光，而且在对问题的解决和咨询结果的预测上也要具有发展的观点。

运动、变化、发展是自然界和社会的普遍规律，人的心理问题也不例外。就学校心理咨询来说，求询者所反映的心理问题总有一个发生、发展的历史过程。以学生的考试焦虑问题为例：有些学生的考试焦虑可能最初是由于父母恐吓与过高要求所形成的，以后又由于升学或就业的压力而逐步加剧；有些学生的考试焦虑一开始可能是因为渴望在学校取得较高分数，以受到教师和家长的赞扬而引起的，这种自我期待的逐步升级与间或遇到的挫折，增强了其内心冲突，因而导致较高的考试焦虑水平。弗洛伊德在对精神病患者的心理治疗中，曾十分重视早期创伤经验在个体人格发展中的作用。虽然弗洛伊德的发展观中在对发展动力的解释上存有根本缺陷，但他关于深层心理动态考察的主张却在心理学界获得了高度评价，这一基本思路对于学校心理咨询也是适用的。

在各种内容的学校心理咨询中，遵循发展性原则都是极为重要的。特别是在以发展性咨询为主导的心理咨询过程中，对这一原则更有其特殊的要求。发展性咨询的目的不仅在于了解个体已有的发展历程和发展结果，更重要的还在于揭示个体今后发展的可能性和发展方向，这就要求咨询人员必须具有较高的洞察能力和预见能力。一方面要对学生的内在潜能和发展条件有准确估计，另一方面要对学生的发展目标、发展道路有恰如其分的揭示和把握，这样才能达到发展性咨询的目的。

四、异同性原则

这一原则是指在咨询过程中，咨询人员既要注意把握求询者的共同表现和一般规律，又不能忽视其年龄差异、性别差异和个体表现差异，力求做到同中求异，异中寻同。

异同性是事物存在的一般法则。就学校心理咨询而言，求询者的期待心理、求快心理、图方便心理是一些共同的特征，对同类或相似问题的诊断、干预与治疗也体现了咨询过程中的某些共性。有些求询者在咨询过程中所表现出来的羞怯、紧张、疑虑与防卫心理亦具有一定的普遍意义，这些即所谓咨询过程中的共同性问题。而咨询对象的年龄差异、性别差异、身心状态区别、问题成因的不同和现实表现的千差万别，则构成了咨询过程中差异性的基础。对咨询对象的共同特点与个别差异，咨询人员必须心中有数，因人制宜，区别对待。例如，初来求询的人一般都具有紧张心态，因此咨询一开始，咨询人员通常要设法缓和一下紧张的气氛，这是咨询过程中一个带有普遍性的问题。但这个问题是存在明显的个别差异的。不同年龄阶段学生的紧张、拘谨常有不同的表现，男女学生的紧张反应也各具特点，至于前来求询的教师、家长的紧张情绪则与学生有着质的区别。针对上述情况，咨询人员显然应当因人而异，根据各类求询者的不同特点分别采取相应的措施。

五、支持性原则

这一原则是指在咨询过程中，咨询人员必须妥善处理好助人与自助的关系，一方面要尽可能调动各种社会资源向求询者提供必要的人文关怀与心理支持，另一方面又要努力避免使求询者产生心理依赖倾向。

人是社会的成员。人在孤独、郁闷和痛苦的时候，往往渴求朋友、亲属和同事的帮助。从这个意义上讲，心理咨询实际上是在承担一种带有人文关怀色彩的社会支持功能。无论是咨询人员的言语沟通还是非言语交流，对求询者都具有心理支持的功效；咨询人员借助人际网络资源向求询者提供的帮助，也是在直接或间接地发挥社会支持的作用。因此，在心理咨询过程中，咨询人员的支持效应是否为求询者所觉察，并为求询者所满意，已经成为衡量咨询成效的一项重要指标。

然而，社会支持毕竟是一种对人提供帮助的外部力量。一个人心理困扰的最终排解，还要靠其自身的努力。有经验的咨询人员十分注重求询者自我意识的调整和自身潜能的挖掘，他们循循善诱，一步一步引导求询者走向自知与自强之路；缺乏经验的咨询人员则会低估求询者的自我调节能力，过分看重外部力量的支持作用，在这种情况下，求询者很容易滋生依赖心理，这对他们的成熟与成长是十分不利的。

六、艺术性原则

这一原则是指在咨询过程中，咨询人员应当通晓咨询的理论、方法和技术，善于运用言语表达、情感交流和多种教育手段，有效地促进求询者的认知调整和行为改变。

讲究工作艺术是做人的工作的普遍要求。例如，思想政治工作要求以理服人，因势利导；教学工作要求“不愤不启，不悱不发”①。学校心理咨询工作也同样如此。咨询工作中的艺术性，主要体现在以下几个方面：第一，在言语表达上，要求既准确鲜明、毫不含糊，又讲究分寸、委婉合宜，使咨询人员的疏导、帮助易为求询者所理解、所接受；同时，咨询人员的言语表达还要紧扣时机，恰到好处，如该发问时则当即发问，该鼓励时则当即鼓励，该强调时可适当加重语气，该沉默时当闭口不语。第二，在情感交流上，一方面要靠“眸子传情”，把咨询人员的坦诚、信任、关怀、体谅和期待等复杂情感，通过眼神的调节传递给求询者；另一方面要凭借表情、手势、体态的恰当使用，使求询者及时领会咨询人员的意图和希望，以共同完成咨询的任务。第三，在教育手段上，要注意体现精神文明的时代特征和本质要求，把对求询者心理障碍的排解同培养正确的人生观、价值观和世界观的工作有机结合起来，使求询者在排遣心中困扰、解除心理疑难的过程中，潜移默化地受到科学思想的启迪和道德理想的熏陶，这正是咨询工作艺术性的真谛之所在。咨询工作的艺术性不存在某一固定的标准，也永远没有止境。它需要学校心理咨询人员在咨询实践中刻意求工，逐渐积累，不断提高。借用苏联著名教育家马卡连柯的一句话来说明学校心理咨询对艺术性的要

① 《论语·述而》

求，我们认为是恰如其分的："只有在学会用 15 种至 20 种声调来说'到这里来!'的时候，只有学会在脸色、姿态和声音的运用上能做出 20 种风格韵调的时候，我就变成一个真正有技巧的人了。"① 愿广大的学校心理咨询工作者能和我们一起以此共勉。

七、坚持性原则

这一原则是指在咨询过程中，咨询人员要引导求询者充分认识解决心理问题的艰巨性、复杂性，切实树立持之以恒、不怕反复的思想，这样才能达到预期的咨询目标。

在咨询实践中，怎样才能使求询者深刻认识咨询过程的艰巨性、复杂性，进而转化为与咨询人员的积极合作、坚持不懈呢？我们认为应向求询者坦诚地说明以下几方面的原因：第一，心理问题或心理障碍的形成并非一日之寒，它的形成和加剧有一个演化的过程，因而其化解或排除也同样需要时间。第二，人们对事物的认识不是直线的，其间必然会出现反复。咨询人员对求询者心理问题的认识过程也同样如此。第三，人的心理活动是作为一个整体起作用的，当个体心理活动的某一方面出现问题或障碍时，心理活动其他方面的品质对问题的解决亦存在影响。例如，解决情绪失调必须同时考虑意志品质的提高和性格特征的磨炼，这样就势必给咨询工作增加了难度，使得咨询或干预的周期相应延长。第四，人们所处的环境在不断地发生变化，环境中的各种因素也在不断地作用于求询者，其中既可能有积极因素的影响，也可能有消极因素的干扰。一旦消极因素的干扰对个体处于支配地位，便会抵消咨询工作的成效，造成求询者心理困扰的复发。

我们认为，只要咨询人员真正把上述道理讲清楚，求询者是会对咨询人员的工作表示理解的。不过，这需要咨询人员耐心地提醒、引导和鼓励，否则，求询者仍有可能发生中途动摇现象。当然，咨询人员在说服求询者持之以恒、不怕反复时，自己更应注意克服急躁和厌烦情绪，力求从细微之处充分体现个人自信、坚毅、沉着等优良的个性品质和作风，这对于稳定求询者的情绪、提高求询者的坚持力具有重要作用。

八、保密性原则

这一原则是指在咨询过程中，咨询人员有责任、有义务对求询者的谈话内容予以保密，以便从法律上、道义上真正维护求询者的应有权益。

保密既是咨访双方建立和维系信赖关系的基础，也是维护学校心理咨询名声

① 马卡连柯．论共产主义教育［M］．刘长松，杨慕之，译．北京：人民教育出版社，1979：443.

信誉的重大问题。试想，一位学校心理咨询人员对求询者的隐私或缺陷不予尊重，随意泄露以为笑谈，这样还有哪位求询者再敢前来向咨询人员倾吐心声、请求帮助呢？在学校心理咨询的实践中，常常遇到一些求询者叮嘱我们，千万不要把他们的事情宣扬出去，更不要披露他们的真实姓名。有的学生和家长在来信中恳求：如果你们是我们的知心朋友和尊敬的师长，请不要把我们的痛苦见诸报刊，谢谢你们了！从这些求询者的担忧和恳求中，我们可以深深感受到替求询者保守秘密在学校心理咨询中的重要地位。

替求询者保守秘密也是维护社会伦理道德、捍卫宪法尊严和公民权利的必然要求。从道德上讲，求询者反映的隐私或缺陷既涉及到个人今后在学校及社会中的名誉和前途，又有可能牵扯到求询者与家庭成员、学校师生或其他人的矛盾和冲突。如果求询者这些深层的自我表露得不到应有的保护和尊重，就有可能激化矛盾，引起事端，甚至会造成求询者的绝望和轻生。对此，咨询人员万万不可掉以轻心。雷诺兹（C. R. Reynolds）曾指出，即使在间接咨询中，咨询者也有责任为前来求询的教师保守秘密。如果遇到学校领导试图干预咨访双方交往活动的现象，咨询人员应坚持原则，不得随意将咨询内容向外泄露。从严格执行保密性原则这一立场来看，雷诺兹的这一主张是不无道理的。从法律上看，我国宪法明文规定要维护公民的合法权益，保障公民的人身自由。作为学校心理咨询的专业人员，应牢记自己的法律义务，切实尊重求询者的隐私，努力为求询者保守秘密，这是学校心理咨询工作者一项义不容辞的社会责任。

当然，替求询者保守秘密并不是说咨询过程中的一切内容都不能公开。如果因为教学、科研和其他工作需要而不得不引用某些案例加以说明时，这种情况是允许的。然而在这样做的时候，一定要事先征得案例主人的同意，或者对案例内容作技术性处理，隐去案主的真实姓名以及其他可能暴露案主身份的内容。此外，在来访者具有明显的自杀意图，存在反社会性人格或其他严重精神障碍的情况下，为了保证来访者的人身安全，维护社会的稳定，咨询人员也有义务向有关方面披露来访者的状况，并积极协同有关部门共同做好来访者心理危机的处置工作。对于咨询人员的上述责任和义务，在咨询伊始即应向求询者讲明。

九、预防性原则

这一原则是指在咨询过程中，咨询人员要把着力点放在心理障碍的早期预防与早期干预上，使防重于治的思想深入人心，充分体现学校心理咨询的积极功能。

预防重于治疗的思想是在学校心理咨询的发展过程中逐步为人们所接受的，现在，人们对这个问题的认识更加深刻。显然，只治不防，只能使极少数学生从中获益，这有悖于学校心理咨询尽可能地为全体学生服务的宗旨。相反，防重于治，不仅可以使具有心理障碍的学生得到应有的治疗，而且可以使更多的学生懂得心理健康的意义，掌握自我心理保健的方法，这对于提高广大学生的心理健康水平，积极预防各种心理障碍或心理疾病，具有不可低估的作用。

贯彻预防性原则，除了应在咨询过程中向广大求询者大力宣传普及心理健康知识外，咨询人员还应注意加强对学生常见心理障碍的分析和研究工作，努力掌握学生各种常见心理障碍发生、发展的一般规律，这不仅对治疗求询学生的心理障碍具有积极意义，更重要的是可以依据这种规律性的认识，促进学生常见心理障碍的早期发现和早期预防。

第三节　学校心理咨询的方法

学校心理咨询的方法既包括咨询实践中常用的工作方法，也包括学校心理咨询的研究方法。

一、工作方法

面谈法、团体活动法、测量法和治疗法是学校心理咨询最常用的工作方法。

（一）面谈法

面谈法是由学校心理人员根据某一特定目的，与咨询对象进行面对面交谈的个别咨询的基本方法。

面谈可以包括多种方式，一般将其分为结构式面谈和自由式面谈两种。在结构式面谈中，通常事先准备好谈话提纲或问卷，交谈时严格依照固定的程序进行。这种面谈方式有助于信息的重点收集和对比分析，省时省力，规范标准，因而有人又将此种方式称为标准化面谈。不过，结构式面谈也有其缺点，主要是提问方式比较刻板，了解问题难以深入，求询者的积极性、主动性不易发挥。自由式面谈的特点是事先无预定问卷或谈话程序，交谈双方可自由自在随便交流。自由式面谈的主要优点是轻松、灵活，交谈双方易于表现真情实感。然而，这种方式也有一些明显的不足，如费时、易跑题、谈话过程难以控制等。在咨询实践中，究竟采用哪种面谈方式更为合宜，需视咨询要解决的问题和咨访双方的具体情况而定。例如，求询者要求解决的问题比较简单，咨询人员经验又较丰富，这时便可采用自由式面谈。如果求询者要求解决的问题比较复杂，咨询人员又经验不足，最好采用结构式面谈。有时，将两种面谈方式结合起来加以运用，往往可以收到更好的谈话效果。

运用面谈法能否取得成功，关键在于咨询人员的接谈技巧和表达艺术，其中包括倾听的技巧，探询的艺术，等等。这些问题将在本书第八章论及个别咨询的常用技术时具体阐述。

（二）团体活动法

团体活动法是以小组或班级为单位，通过对话、讨论、娱乐、运动、训练等方式，对学生进行团体咨询的基本方法。

由于学校心理咨询的重点是面向全体学生，因而通过团体活动对学生进行发展性指导便成为一种重要的咨询方法。根据我们多年来组织团体活动的经验，采用团体活动法主要应注意以下三个问题。

第一，活动的指导思想必须明确。学校心理咨询中的团体活动不同于班级或团队组织的常规活动。学校心理咨询中的团体活动着重于学生心理品质的训练与提高，它要求有系统的心理学理论进行指导，有完整的指标体系和相应的测量技术加以支持，有受过专业培训的咨询人员的直接参与。一些接受过我们培训的中小学教师曾经深有感触地对我们说："就活动本身来说，我们可以把活动设计得更新颖，把活动组织得更出色，但是我们缺乏系统的理论指导，常常是跟着形势走或按照有关部门的要求去做，因而使得活动零散，也不清楚活动以后到底起到什么作用。通过你们的培训，我们在活动的指导思想特别是理论指导方面有了很大提高。"这些中小学教师的切身体会，从一个侧面说明了明确的指导思想对于组织活动的重要作用。

第二，学生的参与意识应当浓厚。以发展性咨询为目标的团体活动，要求学生具有浓厚的参与意识。如果学生缺乏参与意识，被动地卷入活动之中，不仅达不到通过活动提高学生心理素质的目的，还有可能以另一种形式加重学生的身心负担。增强学生的参与意识不宜进行空洞说教，而应侧重于学生之间彼此交流心理感受，并且通过家长或其他成年人对学生的心理感受予以认可，此外还要通过学生自主主持或协助主持的方式，逐步增加活动对于学生的吸引力。

第三，学校心理咨询过程中的团体活动可以和班级、团队的其他活动有机结合。例如：有关异性交往的团体讨论，可以结合班会一起进行；一些涉及思想品德的团体活动，则可结合团队工作共同进行。把团体活动与班级、团队的实际工作有机结合起来，既可减轻学生的课外活动负担，又能使学生得到综合性的锻炼和提高。当然，团体活动与班级、团队工作的有机结合要量力而行，并且要作好充分准备，否则易出现适得其反的效果。

（三）测量法

测量法是凭借标准化的心理测验，对求询学生的心理特质进行客观测定的一种方法。

心理测验的种类很多。根据测验的内容，可把心理测验划分为智力测验、人格测验、学绩测验；根据测验的方式，可把心理测验划分为个别测验和团体测验；根据测验的材料，可把心理测验划分为文字测验和非文字测验；根据测验的功能，可把心理测验划分为教育测验、职业测验、临床测验。

对求询学生进行心理测量，应当注意以下几个问题：

第一，根据咨询的目标选择适当的测验。由于心理测验种类繁多，有些从国外引进的测验已经根据中国国情进行了修订，有些尚处于试用阶段还不够成熟，有些则是中国学者根据本国国情自主研制的，因而在选择测验时应当十分谨慎，尽量选择那些标准化程度高且具有本土化常模的工具。例如，咨询的目标是为了促进学生的智力发展，这时就应选择经过我国学者修订的“韦氏儿童智力测验”、“韦氏成人智力测验”或“瑞文标准推理测验”。如果所用的心理测验与咨询的目标不相符合，不仅起不到有的放矢的作用，还有可能造成对求询学生的错误判断或伤害，这一点是必须引起高度警惕的。

第二，做好施测前的准备工作。施测之前，应对所用的测验、计时器等进行检查，以防出现遗漏现象。施测的场地要清洁、安静，切勿因环境布置的偏差影响学生受测时的情绪。正式施测前最好先进行预测，这样既可使学生熟悉测验，又可提前发现施测中可能出现的问题。

第三，正确使用指导语。标准化的心理测验通常都有指导语。咨询人员不可任意改变指导语，也不能随意提示或加以暗示。当学生对指导语有不理解的地方时，咨询人员应当按照测验手册中的说明进行解释，不得使用手册规定外的语言进行指导。

第四，认真进行记录和计分。对学生在受测过程中的行为反应要进行必要的记录，如健康状况、是否疲劳、理解程度等。施测的时间、地点、施测人等项目，必须填写清楚，以备需要时核查。测验的计分一定要客观真实。要按照学生的实际反应和评分标准准确计分，不可因为咨询人员对学生的印象而随意加分或减分。

第五，恰当解释测量的结果。对测量结果的解释必须小心谨慎。因为目前的测量技术并不十分成熟，无论是测验本身还是施测过程，都有可能出现误差。因此，咨询人员在对测量结果的解释中切忌使用绝对化的语言。要使自己的解释留有一定的余地，并且要善于用发展的眼光看待目前的施测结果，这样才能有效地发挥心理测量在咨询工作中的作用。

（四）治疗法

在国外，由于心理治疗的理论流派众多，因而治疗方法也相当繁杂。特布罗恩等人曾将众多的心理治疗方法归为三大类：支持性心理治疗，包括疏导、暗示、催眠等方法的运用；分析性心理治疗，既包括经典的精神分析方法，也包括广义的分析生活史的治疗；训练性心理治疗，如行为疗法等。在我国，一般将心理治疗分为言语心理治疗、非言语心理治疗和行为矫正治疗三大类。限于篇幅，我们不可能将心理治疗的众多方法一一罗列。在这里，仅根据我国学者的独特研究以及我们自己的咨询实践，将疏导心理治疗、放松训练、系统脱敏这三种治疗方法作一介绍。

1. 疏导心理治疗

疏导心理治疗是依据我国医学古籍《黄帝内经》的“灵枢 · 师传”中有关

"告之以其败，语之以其善，导之以其所便，开之以其所苦"等论述，运用现代条件反射、行为矫正及"三论"原理创建的一种心理治疗方法。南京神经精神病防治院鲁龙光运用这一方法治疗多种心身疾患特别是性变态取得显著成效，1984 年曾获得国家部委级奖励。

疏导心理治疗的特点是以良好的医患关系为基础，以言语为基本工具，以调动患者的主观能动性、培养认识疾病和应激反应能力为动力，以对患者阻塞性异常心理状态的疏通开导为核心，来促进患者的精神康复或症状改善。

在治疗性变态中，鲁龙光曾把疏导心理治疗划分为疏通、矫正和引导三个阶段。在疏通阶段，要求治疗者运用情感变化，创造良好的疏导环境，以使患者树立新的求治意向和自信心，形成对个人病情具体、真实的自我认识和自我分析，促成变态心理的转化。在矫正阶段，以厌恶条件反射为手段，集中力量破坏患者已有的病态心理动力定型，以促使患者对行为的控制以及病态意向和观念的排除，此阶段还应注意继续实施疏导工作，直至病态心理完全消失。在引导阶段，着重良性条件反射的建立和正常动力定型的巩固，这一阶段的工作要积极争取社会各有关方面的支持和配合，以防止不良刺激，巩固治疗效果。总的来说，疏导心理治疗的系统模式是：不知→认知→实践→效果→再认知→再实践→效果巩固。这一治疗方法既吸收了祖国古代医学的宝贵思想和现代心理学的研究成果，又体现了科学世界观与方法论的指导，因而值得在学校心理咨询中推广提倡。

2. 放松训练

放松训练是行为治疗方法中的一种。其特点是通过循序交替收缩或放松患者的骨骼肌群，使患者在内心自觉体验个人肌肉的松紧程度，以调节植物神经系统的兴奋性，控制机体某些不随意的内脏生理活动。放松训练的核心在"静"、"松"二字。"静"是指环境要安静，心境需平静。"松"是指在意念的支配下使情绪轻松，肌肉放松。根据国内外文献的记载：放松训练可以增强记忆，稳定情绪，提高学习效率，长期坚持训练还可改善人的性格，消除不健康的行为；对焦虑症、强迫症、恐惧症等神经症特别是焦虑症有良好的治疗效果，对高血压、冠心病、溃疡病、支气管哮喘、糖尿病、偏头痛等心身疾病也有广泛的治疗作用。

3. 系统脱敏

系统脱敏是将放松训练和条件反射原理结合运用的一种行为治疗方法。这种方法为沃尔普（J. Wolpe）首创，最初用于动物的实验性神经症治疗，以后逐步扩展到对人类焦虑症、恐怖症和其他神经症的治疗。系统脱敏的基本方法是，在患者出现焦虑或恐怖反应时，同时引起一个与之对抗的肌肉松弛反应，以使患者原来的不良反应强度减弱，这种做法又称交互抑制。将交互抑制按等级排列，从弱到强，渐次实施直到最终消除患者的不良反应，此即系统脱敏。

咨询实践中，由于求询者的情况千差万别，症状表现和问题轻重各不相同，因此，必须指导求询者按照个人的实际情况，从弱到强排列出引起个人焦虑或恐怖的事件或情境，依次进行想象脱敏，这样才能达到治疗的目的。

二、研究方法

在学校心理咨询的实践中，可以采用多种方法进行科学研究。如个案研究、相关研究、干预研究、实验研究等，其中以个案研究最为普遍。下面便着重介绍个案研究在咨询实践中的应用。

个案研究是通过详尽搜集来访学生的有关资料，对某一特定个体或若干同类个体进行全面考察并作纵向追踪的研究方法。

个案资料的内容十分丰富，来源也相当广泛。既可由学生本人提供，也可向教师或其他有关人员索取；既可以是书面材料，也可以是口头介绍的线索。就个案搜集的重点内容来看，主要包括：1. 与学生身份有关的资料，如姓名、性别、年龄、民族、籍贯等；2. 与学生成长有关的资料，如生长发育情况、接受教育情况、人际交往情况、思想道德状况、个性心理特点等；3. 与学生身体健康有关的资料，如既往病史、预防接种史、药物过敏史等；4. 与学生家庭背景有关的资料，如父母姓名、年龄、职业、经济状况、文化程度、教育方式、近亲交往概况、家族病史等；5. 与学生心理问题有关的资料，如心理问题的起因、发生发展情况、有关的背景因素、当前的主要感受或突出表现等。

在获得比较完整的个案资料的基础上，经过去粗取精、去伪存真的分析研究过程，便可形成反映某一特定问题的个案实施计划。将计划付诸实施，并对实施的过程及结果加以总结、反思，则可形成一份个案研究报告。个案研究报告对于咨询人员总结经验，深化认识，不断提高咨询的质量，具有不可低估的意义。有些个案研究还综合运用测量、干预等手段，把量的研究与质的研究有机结合起来，这些创新性的思路与实践是值得大力提倡的。

【建议参考资料】

1. 陈永胜. 小学生心理咨询［M］. 济南：山东教育出版社，1994.
2. 郑日昌，蔡永红，周益群. 心理测量学［M］. 北京：人民教育出版社，1999.

【问题与思考】

1. 怎样理解直接咨询与间接咨询过程的共同特点和不同之处？两种咨询过程所需遵循的一般步骤是什么？
2. 学校心理咨询应当遵循哪些原则？为什么？
3. 学校心理咨询常用的工作方法有哪些？
4. 简述个案研究方法在咨询实践中的应用价值。
5. 在学校心理咨询中如何发挥直接咨询和间接咨询的各自优势？

第三章　学校心理咨询的专业化发展

【本章提要】

专业化是引领学校心理咨询工作健康发展的必然趋势。专业化要求学校心理咨询人员必须具备合理的知识结构、掌握必要的专业能力、培养良好的个性品质并恪守本行业职业道德。

专业培训是提升学校心理咨询人员从业质量的重要保障。借鉴美国学校心理咨询专业培训的经验，我国学校心理咨询专业培训的主要思路是：按照博士、硕士、学士三个层次培养学校心理咨询方向的专业人才；尽快对我国学校心理咨询领域的资格认证问题进行试点并作出方向选择；通过多种途径帮助学校心理咨询人员克服职业倦怠。

我国的学校心理咨询工作在组织管理方面已经取得了明显的成绩，但仍存在一些突出的问题需要加以解决。其主要对策包括：切实把学校心理咨询纳入心理健康教育的考核范围；加快构建专兼职相结合的学校心理咨询服务体系；对欠发达地区的学校心理咨询工作给予必要的扶持。

【学习重点】

1. 明确学校心理咨询的基本从业要求。
2. 了解我国学校心理咨询专业培训的途径。
3. 把握学校心理咨询的组织管理体系。

【重要术语】

从业要求　专业培训　组织管理

第一节　学校心理咨询的从业要求

一、学校心理咨询人员的知识结构

就学校心理咨询人员的知识领域来说，知识面越宽，对咨询工作越有利。如哲学、教育学、伦理学、社会学、医学、法学、美学等领域的知识，对咨询人员提高业务素养都有所帮助。但从我国学校心理咨询的实际需要来看，下述五个方面的心理学专业知识则是从事学校心理咨询工作必须具备的。

（一）发展心理学知识

发展心理学是以心理的种系发展和个体发展为研究对象的一门学科。发展心理学特别是儿童青少年心理发展的基本理论，是从事学校心理咨询的基础。一名学校心理咨询人员，如果在发展心理学的基本理论方面不够扎实，就不能把握儿童青少年的年龄特征及发展规律，也就不能有的放矢地开展学校心理咨询工作。从学校心理咨询的具体实践来看，需要重点学习和掌握发展心理学的下述理论：遗传、环境在儿童青少年的心理发展中具有什么作用；成熟、学习与儿童青少年心理发展的关系如何；儿童青少年心理发展的动力是什么；教育在儿童青少年的心理发展中具有哪些特殊作用；如何理解儿童青少年心理发展的年龄阶段性；在儿童青少年的心理发展中具有哪些值得重视的关键期；针对儿童青少年认知发展、情感发展、意志发展、个性发展和社会性发展的特点，应当采取哪些有效的引导或干预措施；等等。

（二）教育心理学知识

教育心理学是一门介于教育科学和心理科学之间的边缘学科，其研究对象是教育教学过程中教育者与受教育者相互作用的心理原理及其规律。学习心理、品德心理、美育心理、体育心理、差异心理、教师心理是教育心理学研究的重点。学校心理咨询人员应当系统掌握教育心理学的基础知识，尤其要把握在具体的教育情境下，学生“学”与教师“教”的心理学基本原理与规律。近年来，教育心理学的研究开始关注师生互动、校园环境优化、网络社会对学生心理的影响等现实问题，这些问题的研究既有重要的理论价值，又有很强的实践意义，因而值得学校心理咨询人员对此加以密切关注。

（三）学校心理卫生学知识

学校心理卫生学是一门新兴的边缘学科，以维护和增进学生心理健康的条件及规律作为基本的研究对象。焦虑理论、应激理论、人本主义理论是学校心理卫生学的理论基础。学校心理卫生学在研究儿童青少年的心理健康问题时，十分注重下列几个既有理论意义又有实际操作价值的具体问题的研究：儿童青少年心理健康的标准是什么；如何把童年期、青少年期心理发展阶段出现的心理问题与稳定的心理异常准确区分开来；采取哪些措施可以有效地控制影响儿童青少年心理健康的应激源；如何从积极防范的角度对儿童青少年进行心理健康教育。把握了学校心理卫生学的上述基本理论和实际问题，对于学校心理咨询人员生动活泼地推进心理健康教育具有明显助益。

（四）学校心理咨询知识

学校心理咨询是对学校情境下的心理咨询原理和技术进行系统研究的一门应用学科。学校心理咨询的基本理论取向是指导取向和发展取向，此外治疗取向、社会影响取向对学校心理咨询也有深刻影响。作为学校心理咨询人员，经常会碰到一些儿童青少年的特殊心理问题，如校园适应困难、学习技能存在缺陷、情绪难以控制、行为退缩、性格怪异、网络成瘾、性心理偏常等。对于这些问题仅仅依靠传统的教学教育过程是难以解决的，必须运用专门的心理咨询原理与技术对学生提供具体帮助。因此，学校心理咨询人员应当掌握对学生进行个别咨询、团体咨询的原理与技术，以及对学生家长、任课教师和其他职员进行间接咨询的原理与技术，这样才能充分发挥学校心理咨询在优化学生心理素质、改善学校心理社会环境方面的积极作用。

（五）学校心理诊断知识

学校心理诊断是以学校情境中的心理测量技术为研究重点的一门应用学科。精神病学、临床心理学、心理测量学、教育评价学是学校心理诊断的方法学基础。心理测验的信度、效度、题目区分度、题目难度、测验的合成与标准化，是心理测量的基本理论问题；智力测验、人格测验、学绩测验、临床心理测验、职业测验等各种测验量表的编制与使用，是心理测量的主要研究内容。学校心理咨询人员应当对学校心理诊断的方法学基础有所了解，并在此基础上重点掌握心理测验的使用技术，特别是适用于儿童青少年的标准化测验的使用技术，这无论对从事心理咨询还是对学校管理提供科学指导，都具有不可低估的意义。

二、学校心理咨询人员的专业能力

学校心理咨询具有很强的实践性，需要咨询人员具备多方面的专业能力。根据我们自己的工作实践，我们认为学校心理咨询人员应当从基本能力和专业技能两个方面来培养自己的专业能力。

（一）基本能力

学校心理咨询人员的基本能力是从事咨询工作的基础。这些基本能力包括：观察思考的能力，言语表达的能力，人际交往的能力，个案调查的能力，解决问题的能力。

1. 观察思考的能力

观察与思考是学校心理咨询人员智力结构中的两种基本成分。观察是一切认识活动的开端。对专门与各种各样的咨询对象打交道的学校心理咨询人员来说，观察的意义显得尤为重要。在咨询的过程中，咨询对象的一言一行、一举一动，对咨询人员都有一定的参考价值。刚刚介入咨询工作的人员往往对咨询对象的言语反应有较好把握，但对咨询对象的非言语反应却常常感到力不从心。有经验的咨询人员恰恰在这方面技高一筹。著名的心理咨询专家阿盖尔（M. Argyle）指出，在咨询过程的交流信号中，非言语成分意义更大。身体各部分的运动，面部表情，眼睛的转动和接触，人与人之间的空间距离，这些非言语信息在某种程度上决定着人际感知的真实效果。因此，学校心理咨询人员必须具备敏锐的观察能力，善于察言观色，从一般人不易发现或容易忽略的细节中，努力捕获有价值的信息，这对于形成正确的判断十分重要。

思维或思考是智力活动的核心。思维的独立性、广阔性、深刻性、敏捷性、创造性等品质，对于学校心理咨询人员来说都是不可缺少的。例如，如果咨询人员思维欠灵活，缺乏创造性，处处依赖书本或已有经验行事，那就可能对咨询过程中遇到的新情况、新问题束手无策，以致会影响咨询的效果。弗拉维尔（J. Flavell）曾提出“超认知”（metacognition）的概念，对咨询人员理解思维品质的重要性具有积极意义。所谓“超认知”，是指对个人习得知识、经验和技能的超越与发展。按照弗拉维尔的观点，“超认知”包括四种变量：（1）对个人与他人心智状况的评估；（2）对个人已有知识和所需知识的正确判断；（3）对各种可能的解题策略及结果的比较分析；（4）个人对新信息的敏感程度。如果咨询人员能够具备“超认知”的能力，善于从已有的认知结构和思维模式中摆脱出来，不断增强思维的灵活性、敏捷性和创造性等优秀品质，那么，就能更好地胜任咨询工作，取得比较理想的咨询效果。

2. 言语表达的能力

言语表达能力对于咨询工作来说有着特殊意义。咨询人员的言语表达，既不要求像普通教师那样绘声绘色、滔滔不绝，也不要求像宣传工作者那样广征博引、激动人心。咨询人员的言语表达，最重要的是亲切自然，简洁易懂，针对性强，启发性大，表达方式委婉而有分寸，言语刺激讲究时效并恰到好处。总之，精、准、深，这是咨询人员言语表达的基本要求。在咨询特别是干预的过程中，言语表达的作用是非常重要的，因而这方面的能力需要在咨询实践中刻意锻炼和培养。

3. 人际交往的能力

就咨询过程来说，人际交往的能力主要是指咨询人员与咨询对象建立良好关系的能力。咨询人员所接触的对象，既有不同年级的学生，又有具有不同文化背景、个性修养的家长和其他成人。如何根据咨询对象的年龄特征与个人特点，建立有效的咨访关系，是对咨询人员交往能力的一种考验。前苏联心理学家克鲁捷茨基在论述教育工作者的交往能力时，曾提出应当避免两种不良的倾向：第一，不应强调地位的差异而与交往对象保持过度的“距离”；第二，也不应采取过于宽容的态度抹杀教育者与交往对象的界限。这两点忠告对于学校心理咨询人员来说也同样适用。的确，要恰到好处地把握咨询人员与咨询对象之间交往的分寸是很不容易的，特别是在异性交往时更是如此。但总的来说，不摆架子、平易近人，“距离”适当、合乎礼仪，以诚相待、全心助人，因人而异、满足其需，应当成为学校心理咨询人员交往能力培养的基本要求。

4. 个案调查的能力

个案调查能力也是学校心理咨询人员一项不可缺少的基本功。个案调查既包括对咨询对象个人情况和家庭、社会背景的了解，也包括对学校环境和团体状况的观察与评价。个案调查的结果往往对深化咨询过程起着重要作用。一名学校心理咨询人员，只有具备个案调查的能力，通晓个案调查的方法、步骤和统计技术，才能在搜集资料、进行咨询的过程中得心应手。否则，便会给咨询工作带来不便或者造成一定的障碍。调查时注意针对性、客观性、全面性、发展性，力戒空泛、主观、片面和静止，这不仅是一般调查工作的基本要求，也是学校心理咨询人员进行个案调查所应遵循的基本准则。

5. 解决问题的能力

解决问题是一种综合性的能力。在咨询过程中，解决问题主要是指咨询人员对咨询对象提出的问题进行解答，或者帮助咨询对象实现成长与发展的目标。帮助各类咨询对象达到解决问题的目的不是一件容易的事情，需要咨询人员熟练掌握解决问题的基本技能，其中程序法（algorithms）和启示法（heuristics）的运用应当引起足够重视。程序法如同计算机的程序一样，是依据问题类别、已有的认知模式与顺序，依次搜索解决问题答案的一种方法。程序法的使用虽然有些呆板、费时，但在解决某些疑难问题时，却是一种有用的方法。启示法是一种依据经验大略估算的方法。就像医生看病、棋手对弈一样，有经验的专家在处理问题时，并不一定步步寻求各种可能的解决问题方案，而是根据个人已经形成的认知图式和当前的问题，采取类比、反证、排除、整合等方式，灵活确定解决问题的方向。显然，程序法和启示法这两种基本的解决问题技能，是学校心理咨询人员应当熟练掌握的。

（二）专业技能

我们认为，接谈、测量、指导、组织活动、矫治的技能，是从事学校心理咨询工作必须掌握的基本专业技能。

1. 接谈的技能

接谈是咨询人员最基本的技能。接谈的具体技能很多，从开始接触，建立关系，到探讨问题，释疑解难，有许多技能技巧需要咨询人员在实践中逐步积累和掌握。我们曾根据自己的工作实践，将接谈的技能概括为“审时度势，以需为本；进退自如，活而不乱；沉着镇定，情深心细；问导疏停，各尽其功”。这些可供学校心理咨询人员参考。我国学者张雨新将接谈的技能概括为“提问方式、快刀斩乱麻、听话听音、权宜之计、适可而止、见怪不惊、以攻为守、滴水不漏”八项策略。台湾地区学者宗亮东关于接谈要具备“开始的技能、利用资料的技能、情感反应的技能、沉默的技能、引导的技能、恢复信心的技能、终结的技能”的归纳，也是值得学校心理咨询人员注意的。

2. 测量的技能

测量的技能主要包括：施测前的准备工作、施测中的误差控制、施测结果的恰当解释。在施测之前，咨询人员应当熟悉测验的功能，了解测验的目的、测验的具体内容和测验说明书的有关规定，特别是对测验的信度、效度和适用范围要准确把握，切实防止对测验的误用；在施测过程中，咨询人员应严格按照测验说明书的要求进行操作，不得随意改变测验内容和施测程序，并应尽量避免人为因素对测量过程的影响（如受测者的情绪不够安定、受测者对指导语缺乏准确的理解、咨询人员对受测者存有某种印象或成见、咨询人员擅自变更计分标准等），对测量误差进行严格控制；在对施测结果进行解释时，咨询人员应参照常模标准说明受测者的相对位置、长处、弱点及努力方向，切忌直言分数、对测验结果流露出异样的表情及态度、不负责任地妄加评论或随意预测等偏颇，切实维护受测者的权益。

3. 指导的技能

指导是咨询的一项重要功能。虽然，指导涉及的范围很广，咨询人员进行指导所需要的技能也是多方面的；但概括起来，指导的技能主要包括学习指导、生活指导和职业指导三个方面。

学习指导对增进求询者的学习效率具有重要作用。从咨询实践来看，求询者一般希望咨询人员在阅读技能、记忆技能、记笔记技能、应试技能、研究能力等方面予以指导。由于求询者的年龄不同，个性特点和学习能力有很大差异，因而给咨询人员的指导带来诸多困难。我们认为，在学习指导方面，应重在求询者学习动机的激发和学习兴趣的引导，其次才是具体学习技能的传授。而在传授具体的学习技能时，又必须搞清求询者原有的学习习惯和学习方法，力求通过前后比较，使求询者明确咨询者所传授的学习技能的科学性和有效性，这样才有助于求询者学习质量的提高。

生活指导在咨询工作中的意义正在愈益凸显。台湾学者吴鼎认为，生活指导应包括健康、情绪、社交、休闲、消费等方面的内容。吴鼎的概括大体包括了生活指导的主要方面，但他没有提到学生品行培养和劳动技能的指导，而这恰恰是求询者生活指导的极为重要的方面，因而是万万不可忽略的。鉴于生活指导的内容相当广泛，因此咨询者生活指导的技能也必须随着实践的发展不断丰富和提高。

职业指导是咨询人员指导技能的传统领域。帮助求询者选择职业，首先要求咨询者自己对现代社会日益繁杂的职业种类有全面了解，对高等院校、中等专业学校或职业技术学校的专业设置以及社会职业需求变化有准确把握，否则就难以担负向求询学生提供职业信息的任务。此外，善于了解求询学生的职业兴趣，精于对求询学生专长的鉴别和人格特质的把握，努力根据学生的个人特点、家庭实际情况和社会需要帮助学生进行职业定向，这些都属于咨询人员帮助学生选择职业的技能范畴。

4. 组织活动的技能

组织活动在心理咨询中占有重要位置。组织活动的技能主要包括活动设计的技能、活动引导的技能、活动总结的技能。在活动设计的过程中，要充分考虑学生的接受能力和兴趣倾向，力求使活动的主题与咨询的目标和学生的年龄特征相吻合；在活动引导的过程中，咨询人员要扮演幕后导演的角色而非在前台具体指挥，以便充分激发学生的参与热情，培养学生自我组织活动的能力；在活动总结的过程中，要把活动设计和学生在活动中的具体表现整合起来加以分析，把活动成效的量化评估与心理学的理论剖析有机融为一体，这样才能不断提高组织活动的理论素养和实际效能。

5. 矫治的技能

矫治的技能涉及儿童青少年常见心理问题或行为障碍的纠正、矫正及治疗。从儿童青少年心理咨询的实际情况来看，运用最多的矫治技能是行为矫正技能和某些情绪障碍的调理技能。假如不是从具体方面而是从一般意义上讨论咨询人员的矫治技能，我们认为下述八项是咨询人员矫治技能中的基本成分。

（1）鼓励

鼓励在矫治过程中占有重要位置。从矫治的角度看，鼓励既具有帮助儿童青少年克服自卑、增强自信的作用，也具有建立条件反射和强化的功能。鼓励时态度必须热情、诚恳，确实使受鼓励的儿童青少年从中得到鼓舞；还应注意把握时机，针对不同儿童青少年的个性特点采用不同的鼓励方式。滥用鼓励有时会收到相反的效果，这一点必须引起咨询人员的注意。

（2）保证

保证是咨询人员就矫治效果对当事学生所作的肯定性承诺。保证对于稳定咨询对象的情绪，坚定咨询对象接受矫治的信心，具有不可低估的作用。但保证不应当是缺乏根据的口头承诺或不负责任的“安慰剂”，而应当是实事求是的预测和充满自信的感染。要通过保证使咨询对象体验到咨询者的信心、负责态度和一丝不苟的精神，这样才能真正发挥保证的效能。

（3）解释

解释是咨询人员与咨询对象一起，对咨询对象的创伤性经验或问题实质进行探讨并作出必要的说明。解释的目的在于使咨询对象了解个人问题的根源与性质，提高咨询对象的自知力，以促进其心理与行为的改变。在解释的时候，咨询人员必须具备辩证的思想和发展的观点，力求使自己的解释为咨询对象所信服、所接纳。解释也是一个咨访双方相互作用的过程，仅仅注重咨询人员一方的分析与陈述，而忽略来访对象的反应与参与，往往难以真正达到解释的目的。

（4）疏泄

疏泄是咨询人员在矫治中常用的技能之一。疏泄可以使咨询对象倾吐衷肠，卸下重负，获得心理上的平衡和满足。有时，一次成功的疏泄便可就此了却咨询对象心头的郁积。在疏泄的过程中，咨询人员既是“接受器”，又是“催化剂”，因而少讲多听，适时给予肯定性的评价和必要的情感交流，是成功疏泄的重要条件。

（5）劝慰

劝慰与疏泄密切相联。在疏泄过程中，咨询对象在触及创伤性经历时，常常会十分伤感甚至情绪冲动。对此，咨询人员需要根据情况，使用必要的劝慰技能予以支持。劝慰要注意语言的分寸和慰藉力量的强弱，以使劝慰成为调节咨询对象情绪状态的杠杆和促其继续宣泄的动力。换言之，既要使劝慰起到防止咨询对象情绪失控的作用，又不可使劝慰本身成为阻碍咨询对象彻底发泄的外力，这样才算真正达到了劝慰的目的。

（6）暗示

利用咨询人员的权威，通过语言和情境的影响，使咨询对象直观地、不加批判地接受咨询人员的有关思想，这便是暗示的含义。暗示的作用有积极、消极之分。积极的暗示能增进和改善人的心理、行为以及机体的某些生理功能，消极的暗示则会加剧心理困扰和行为变异。咨询人员在利用语言进行直接暗示时，要充分考虑咨询对象的个性特点和年龄差异。一般来说，那些易受感染和顺从、年龄较小的儿童，容易接受暗示的影响。

（7）说服

说服的目的是为了改变咨询对象的观念，调整咨询对象的认知结构。说服可以采取多种策略。引导咨询对象与自己不合理的观念辩论，对咨询对象不完善的思维系统进行语义分析，帮助咨询对象重整或构建新的自我表象，向咨询对象传授正确的解决问题策略，这些措施均有助于增强说服的效果。

（8）示范

无论在认知调整还是行为矫正中，示范都具有重要作用。通过咨询人员的正确示范，咨询对象可以形成相应的认知表象以及内部的言语反应，进而构成外部行为的模仿线索；良好行为的多次示范对不良行为习惯起着动摇瓦解的作用，而对新的行为模式的建立则具有助长和巩固的功能。咨询人员在进行示范时，应当注意示范角色的可信性和示范行为的标准化，同时还应注意对模仿行为的及时指导以及对正确模仿的积极强化，这些都是取得良好模仿效果的重要条件。

三、学校心理咨询人员的个性修养

个性品质是以人的个性积极性和性格特征为核心的。就学校心理咨询人员来说，我们认为下列个性品质对咨询人员胜任本职工作具有重要意义。

（一）正确的价值观

价值观是一个人世界观的重要组成部分，是在个体社会化过程中逐步形成的对于客观事物的是非、善恶或美丑及其效益意义的评价与信念。咨询人员的价值观如何，对求询者具有深刻影响。特别是学校心理咨询，担负着促进儿童青少年人生观、世界观和优良个性品质的发展任务，这就要求咨询人员必须具有符合时代发展方向的先进价值观。只有对个人与集体、人生与社会形成正确的认识和态度，咨询人员才能把这种认识与态度转化为对求询者的诱导和激励，帮助他们正确认识个人苦恼或彷徨的根源及实质，从较高的层次上促进求询者心理冲突的解决和价值观念的升华。国外有研究表明，当咨询者的价值观与求询者的价值观非常接近时，咨询的效果更好。这是从建立咨访关系这一角度来看问题的。事实上，咨询双方价值观非常接近的情况并不多见，人们对事物的评价或看法往往存在差异，有时这种差异还非常明显，这是正常的。问题在于，咨询者的地位和角色要求自己在价值观方面比求询者具有更高的标准和境界，这样才能达到引导和帮助的目的。而咨询人员要树立正确的价值观，就必须努力掌握辩证唯物主义、历史唯物主义的基本原理和方法，这是咨询人员个性修养之根本。

（二）浓厚的职业兴趣

职业兴趣指的是对个人从事的职业所表现出来的稳定的热爱和积极的探究。学校心理咨询人员的职业兴趣，一方面应表现为对本身咨询业务的潜心钻研和探索，另一方面也应表现为对相关领域的热情关注和广泛涉猎。缺乏浓厚的职业兴趣，要想兢兢业业地做好本职工作，取得创造性的成果，是不可能的。皮亚杰指出："所有智力方面的工作都要依赖于兴趣。"① 著名物理学家丁肇中教授在有人问及他连续几天几夜在实验室工作苦不苦时，他回答说："一点儿也不苦。正相反，我觉得很快活，因为我有兴趣，我急于要探索物质世界的秘密。……任何科学研究，最重要的是对于自己从事的工作有没有兴趣。"② 这些论述对于学校心理咨询人员正确认识职业兴趣的重要性，显然具有积极意义。因此，努力培养个人的职业兴趣，把自己的整个身心倾注到造福人类下一代、为广大儿童青少年排忧解难的学校心理咨询工作上去，应当成为咨询人员个性品质修养的一个重要方面。

（三）诚挚的同情心

坦诚、真挚、富于同情心，是学校心理咨询人员必须具备的个性品质。关于这一点，已经得到不少研究的证实。咨询人员只有怀着坦诚、真挚、同情的态度，才能赢得求询者的信赖和尊重，咨询双方才能建立起友好的关系。更何况，学校心理咨询是在做儿童青少年的心理发展和干预工作，尤其是处于青春发育期的学生，他们的心理具有明显的闭锁性特点，因而对咨询人员的指导、帮助往往抱有观望、试探或回避的态度。在这种情况下，更需要咨询人员怀着满腔热忱，以自己的坦诚、真挚、理解和同情去叩开闭锁者心灵的大门。对于那些长期遭受情绪困扰的学生来说，咨询者的理解和同情态度显得格外重要。因为咨询者的理解和同情可以使当事学生感受到接纳、慰藉与希望，而这也正是帮助他们摆脱心

① 皮亚杰．教育科学与儿童心理学［M］．傅统先，译．北京：文化教育出版社，1981：161.

② 邸鸿勋．科技人才的培养与管理［M］．北京：教育科学出版社，1985：98.

理困扰、排除心理障碍的良好契机与开端。可见，坦诚、真挚、理解、同情这些个性品质对于做好咨询工作是十分重要的。

（四）自信与坚毅的态度

自信与坚毅的态度是学校心理咨询人员应当具备的又一重要个性品质。反复性是咨询过程的一个特点。咨询过程的反复性不仅反映了人们认识上的一种规律，而且也说明了求询者情绪变化对咨询过程的深刻影响。咨询实践中常可见到：有些人多次前来求询，但效果总不理想；有的求询者仅仅面谈了一二次，便表露出极不耐烦的神情。遇到这种情况，咨询者自身的态度如何，对求询者具有重要影响。如果咨询人员始终保持着自信与坚毅的态度，那么便可稳定求询者的情绪，增强他们继续接受帮助或治疗的决心；假如咨询人员自身沉不住气，不知不觉地流露出焦虑与烦躁的心情，那就会使求询者本已焦躁厌烦的情绪得到进一步加剧，从而瓦解咨询过程。因此，加强自信心的训练和自制力的培养，对咨询人员至关重要。正如一位求询的大学生所描述的："咨询老师那么自信，那么轻松，那么沉着，那么坚毅，这一切，使我的烦恼好像去掉了一半。我对战胜自己的心灵困扰更加充满了信心，我的眼前呈现出一派光明。"这位求询大学生发自肺腑的一番话，既是对咨询工作者辛勤劳动的高度评价，也是对咨询人员必须具备自信与坚毅的个性品质的有力佐证。

（五）谦虚好学的精神

"谦受益，满招损"，这一古之名训早已众所周知。但要真正做到谦虚谨慎、勤奋好学，并不是一件容易的事情。要谦虚好学，就必须让古往今来一切有益的东西为我所取，为己所用；要谦虚好学，就应当大开眼界，善于汲取国内外的新思想、新经验，补己之短，助己之长；要谦虚好学，就必须坚持理论与实际相结合的学风，既注意刻苦钻研书本知识，又注意通过实践去学习、去总结、去提高；要谦虚好学，还要求同一切固步自封、墨守成规的陈腐观念和行为进行斗争，勇于进取，力求开拓，努力为我国学校心理咨询事业的发展作出创造性的贡献。按照这样的标准去要求、去实践，显然不是一件轻松的事情。但谦虚好学又是从事学校心理咨询工作必须具备的个性品质，舍此便不能有效地完成学校心理咨询的重任。因此，需要学校心理咨询人员时时以谦虚好学的精神自勉，不断为学校心理咨询事业的发展作出自己积极的贡献。

（六）较强的心理弹性

心理弹性也是一种个性品质，是对生物、心理、社会等多种刺激因素的主动调节和能动反映。学校心理咨询人员肩负着多种咨询任务，并经常会体验到角色冲突，如果咨询人员不能正确应对各种应激源并及时调整自己的心理状态，往往会使自己成为心理危机的对象。有时，外界的过高期待也会给咨询人员带来很大压力，易使那些心理素质脆弱的咨询人员陷入心理枯竭的状态。对于上述不良倾向，咨询人员必须有所警惕。咨询人员应当明确：自己也是社会大家庭中一个活生生的成员，不可能不遇到困扰，不可能不遭受挫折，问题在于，自己在遇到困扰或挫折的时候，应比一般人更具理性，更显成熟，更善于进行自我调节，否则便有可能成为一个只会拿着手电筒去照别人的“空谈家”，这样的“空谈家”是不适宜从事心理咨询工作的。

四、学校心理咨询人员的职业道德

恪守职业道德对维护心理咨询的声誉、保护咨询对象的利益具有重要作用。发达国家对学校心理咨询人员的职业道德非常重视，各种不同的咨询团体对其成员均有明确而严格的道德规定。由于我国的学校心理咨询事业刚刚起步，尚无明确的道德标准以资遵循，因而我们根据自己多年来的咨询实践，结合我国学校心理咨询的具体需要，提出如下几项道德准则方面的基本要求，希望能引起学校心理咨询人员的重视。

（一）热爱心理咨询事业

学校心理咨询是一项细致的工作。特别是中小学的心理咨询，涉及面较广，既有学生，又有家长、教师或其他职员，加上不少咨询人员是兼职服务，没有额外报酬，因而没有一种热心服务的精神是无法胜任这一工作的。

热爱心理咨询事业，需要咨询人员对自身工作的价值具有深刻认识。儿童青少年的心理咨询不是一般性的社会服务，而是从素质教育的目标出发，围绕儿童青少年的身心健康和心理素质培养所进行的基础性工作。心理咨询的成效如何，不仅关系到学生当前的心理健康和学业进展，而且关系到他们以后的成长、发展甚至毕生前途。如果从更广阔的背景来审视儿童青少年心理咨询的价值，则与21世纪中国现代化事业接班人的整体素质和中华民族的美好未来息息相关。显然，当我们站在这样的高度看待学校心理咨询这件既平凡又琐细的工作时，我们的内心会激起一种强烈的责任感、使命感和光荣感，这是咨询人员热爱本职工作的思想基础和根本动力。

热爱心理咨询事业，需要咨询人员对各类咨询对象的心理需求具有准确把握。例如，在心理诊断中，不同年级的学生具有哪些不同的需求？教师和家长对心理诊断具有哪些需求？学生需求与教师、家长的需求有何不同？在心理干预中，咨询对象的哪些求助需求可以得到满足？哪些求助需求需要转介校外专门的治疗机构才能满足？只有经常留心咨询对象的需求特点，对心理咨询具有较多的感情投入和身心奉献，心理咨询工作才会有的放矢，并愈来愈显示出其生机与价值。

热爱心理咨询事业，需要咨询人员对咨询对象具有一丝不苟的精神。儿童青少年的心理咨询涉及面很广，工作对象的需求迥异，如果缺乏一丝不苟的精神，便很难实现咨询的目标。特别是在评估、诊断和干预的过程中，工作中的些许疏忽都会给当事学生造成意想不到的精神困扰和压力，对此咨询人员必须具有清醒的认识，来不得半点疏忽和大意。

（二）保护咨询对象的利益

心理咨询与咨询对象特别是当事学生的切身利益密切相关。如果一位咨询人员对当事学生的切身利益缺乏关怀，或违背学生、教师和家长的意愿作出强迫性的安排，或有意无意地泄露当事学生的隐私以满足个人的私利，那么这些行为都有悖于咨询人员的道德要求。

保护当事学生的利益，最根本的是一切为当事学生着想，努力促使当事学生沿着解决问题的方向健康发展。在咨询的过程中，遇到咨询对象不予合作或拒绝的情况是在所难免的。假如遇到这种情况，咨询人员应当冷静地分析原因，妥善加以处理。如果是因为自身方面的原因，咨询人员应及时调整个人的态度、情绪和工作方式，主动征求咨询对象的意见，以求扭转这种局面。如果是因为咨询对象方面的问题，在提醒、暗示、恳切说服无效的情况下，咨询人员应果断地终止咨询关系，不可违背咨询对象的意愿继续从事为他们所不希望的活动。

保护当事学生的利益，还要求尊重当事学生的隐私，切实为当事学生保守秘密。咨询过程中所积累的个案资料，包括面谈记录、来往信件、测量数据、调查材料等，咨询人员都应妥善加以保管，严防遗失或泄露。如果因为某种原因需要公开咨询对象的个案资料，应当事先征得咨询对象的同意，或者采取匿名等保护措施。咨询对象的心理档案资料不得随便转给他人传阅，如因转介需要必须借阅时，则应办理严格的借还手续。

（三）严格执行测量与矫治的道德要求

在学校心理咨询的过程中，需要使用一些测量工具，有时也要采取必要的矫治手段，因而严格遵循心理测量和矫治的道德要求，便成为一个不可忽视的问题。

就心理测量而言，咨询人员应对测验的作用与局限有清醒认识，既不过分夸大测验的功能，助长测验的滥用现象，也不随意贬低测验的作用，影响测验的使用与发展。咨询人员不得借用测验达到个人或小集团的目的，更不能让测验的结果对受测者身心的健康发展有所损害，干扰学校的教育教学工作。在使用心理测验为学生的个别化教学提供服务时，咨询人员应持慎重态度。凡未经过标准化的测量工具，均不得作为诊断和鉴别的正式依据，而只能作为自我训练、自我保健、日常指导和研究工作的参考。

就心理矫治来说，咨询人员应量力而行，严谨从事，切实遵守心理矫治工作的有关道德规范。主要包括：只有在个人的经验、能力和其他条件切实胜任矫治工作时，咨询人员才可承担矫治的任务；咨询人员的矫治工作不得妨碍学校的正常教学计划；矫治方案在实施之前，必须征得当事学生本人、教师和家长的同意，如有一方对矫治方案持分歧态度或提出异议，即应放弃矫治计划；矫治过程中如果遇到疑难问题或个人一时无法断定的问题，咨询人员应及时与专业心理治疗机构取得联系，组织集体会诊或寻求专家帮助，必要时需迅速采取转诊措施，不可自作主张，自行其事，以防造成不良后果。

（四）努力搞好协作共事

教育是一项系统工程。对儿童青少年的教育、帮助来自许多方面，心理咨询只是其中之一。咨询人员应恰当认识自己的专业特长和工作局限，在充分发挥自身专长的基础上，尽力与其他有关人员协作共事，这对于体现咨询人员的职业道德、促进素质教育目标的实现具有积极作用。搞好协作共事需要从两个方面努力。

首先，咨询人员本身要有主动合作的愿望，经常向学校领导和有关方面提供心理咨询的信息，反映学生中存在的带有普遍性的心理问题或倾向。这种主动合作的精神，有助于取得有关方面的信任和学校领导的支持。例如，当学生中出现厌学情绪时，咨询人员应认真分析出现这种情况的心理因素和社会影响因素，并应针对这种情况归纳出动态性的分析意见和心理学对策，向学校领导汇报并提供给有关专业人员参考。但在咨询人员报告的信息中，不应涉及当事学生的真实姓名和所在班级，也不应有其他暴露学生真实身份的明显陈述，这是维护当事学生利益的职业要求。

其次，当有关人员向咨询工作者提出合作的要求时，咨询人员应心怀诚意，热情接受，并且应尽自己的最大努力按时完成合作任务。不过，在这个问题上应当注意，对于个人没有把握或力不能及的问题，咨询工作者不可贸然接受，更不可怀着试试看的心理，拿学生的问题当个人的试验品，以保全个人的虚荣与自尊。此外，在与其他专业人员合作共事时，还应注意防止或克服“文人相轻，互不服气”、“暗中拆台，沽名钓誉”等不良倾向与行为，这对于维护咨询工作者的道德形象具有不可低估的意义。

第二节 学校心理咨询的专业培训

在学校心理咨询的专业培训方面，发达国家经过几十年的探索，已经积累起比较成熟的经验。本节首先介绍美国在学校心理咨询人员的培养与管理及资格认证方面的基本经验，然后借鉴美国的经验，就我国学校心理咨询的专业培训问题提出若干建设性的思路。

一、美国学校心理咨询专业培训的基本经验

（一）学校心理咨询人员的培养与管理

美国学校心理咨询人员的培养分为三个层次。高级层次培养具有博士学位的咨询心理学家；中级层次培养具有硕士学位的专职心理咨询工作者；初级层次培养兼职咨询教师，也就是将中小学具有教育教学经验，热爱心理咨询工作，深受

学生欢迎和爱戴的教师，送到高等院校或条件较好的学校心理咨询机构接受一定的咨询技能专业培训，然后回到中小学担任兼职咨询工作。

根据美国心理学会咨询组制定的专业培训计划，咨询心理学专业的博士学位修业年限为四年，其中包括一年的见习期。

攻读博士学位期间研习的主要课程是：人格的组织与发展，主要内容包括现代人格理论、行为发展模式、变态人格的心理特征、人格与文化的关系；社会环境的知识，主要内容包括社会结构与职业资源以及婚姻、家庭范型与性道德问题；个人评估，主要内容包括个别差异与心理测验、投射与非投射技术、面谈的技能、个人资料的使用与解释；咨询理论，主要内容包括咨询与治疗的理论和技术、团体指导的技能、心理健康问题研究；个人治疗经验，主要内容包括通过见习和实习，逐步积累从事咨询和治疗的经验；研究与统计，主要内容包括在新环境中主动从事研究工作的能力、关于领导研究工作的策略与能力；专业指南，主要是了解有关咨询的道德问题及其解决途径；其他，包括为拓宽知识领域所应研习的广泛的教育问题。

咨询心理学博士研习期间的见习内容主要包括：角色扮演或心理剧，面谈与测验的解释，个案研究，记录式面谈的应用，指导性咨询，视听器材的使用，生活问题辅导，课堂实际情况考察，各种机构的工作情况。

按照美国人事与咨询学会制定的标准，要求获得硕士学位的专职心理咨询人员，应当接受下列教育：人类行为及个人在文化中的动态、教育事业与教育过程和专业研究。专业研究的具体内容包括：学生人事与咨询工作的哲学及原理，个人评估（人格的特质、范围及测评方法），独立进行统计与研究的方法（含资料处理与咨询设施的使用技术），团体咨询的方法，咨询原理与实践，职业发展原理，职业关系与职业道德，咨询与学生人事工作的协调及有关行政事务，见习及实习。

在美国，咨询教师的培训没有统一标准，各州可参照咨询专业硕士学位的专业研究方向，选择其中的若干课程进行培训。

接受过三级培训的学校心理咨询人员，其工作场所和职责范围是：获得博士学位者一般在高等学校的心理咨询机构就职，主要承担对大学生和其他有关求询者的心理咨询、心理治疗和科学研究工作；获得硕士学位者通常在规模较大的中学担任专职咨询人员，其主要职责是搜集学生资料，解释测验结果，积累与传播职业资料，与社会有关机构保持联系，提供安置服务，协助学生选课，分析学生失败的原因并提供治疗程序，协助学生改善身体缺陷，从事日常咨询服务，协助教师处理学生适应问题等；接受过专业培训的咨询教师一般在规模较小的中小学担任兼职咨询工作，这些咨询教师需要完成一定的教学任务，但授课时数减少，其空出来的时间用于咨询，其主要职责系从事日常咨询服务，承担学校的心理测验任务，协助学校推行心理健康计划。

关于各级学校心理咨询的人员配备，从美国各州的实际情况看，差别较大。有的学校每300名学生即配备1名咨询人员，有的学校则每千名学生配备1名咨询人员。依照美国学校咨询员协会（1999）的意见，每250名学生配备1名咨询人员最为合适。

在三级学校心理咨询人员的管理方面，除上述人员编制、工作职责的确认之外，美国联邦教育署还经常召开各州督导和咨询人员工作会议，及时了解各州开展学校心理咨询工作的情况，对推行咨询服务所遇到的某些实际困难，如基层学校中的咨询设施建设问题，尽力给予帮助指导。

总之，在美国，由于已经建立起一个比较稳定的三级学校心理咨询培养体系与服务网络，因而使得美国的学校心理咨询服务在深化教育改革、推行学校心理卫生计划、促进学生身心的健康发展方面发挥了重要作用，受到各级学校系统教育工作者的欢迎，也得到广大学生、家长和社会的好评。

（二）学校心理咨询的资格认证制度

美国学校心理咨询的资格认证包括两层含义。其一是指对培训机构和培训计划的认证，称为资质鉴定（accreditation）；其二是指对从业者专业素质和能力的认证，称为资格证书（credentials）。

对培训机构和培训计划的资质鉴定主要由“咨询和相关教育计划鉴定委员会”（Council for Accreditation of Counseling and Related Educational Programs，CACREP）和“国家教师教育鉴定委员会”（National Council for Accreditation of Teacher Education，NCATE）负责。据统计，1997年以来，已经有165家机构、132个学校心理咨询培训计划获得CACREP的审核批准。

学校心理咨询从业人员的资格证书分为州证书与国家证书两大类。州证书通常由各州教育部门的资格证明办公室颁发，具有一定的强制性，即学校心理咨询人员必须取得州证书才会获得聘用机会。大多数州对咨询员的最低学历要求为硕士学位，但达到硕士学位学分和课时数的最低标准各州存在明显差别。由于许多州签有互惠协议，所以州证书可在各州之间相互通用。国家证书为自愿性质，通常由“国家咨询员认证委员会”（National Board for Certified Counselors，NBCC）组织考核。NBCC的认证包括“普通咨询员”和“专业咨询员”，后者需在取得“普通咨询员”证书后才能提出申请。NBCC对咨询员的考核侧重于八个领域：助人关系；人类成长与发展；团体动力、团体指导和团体协商；生涯规划；社会与文化基础；个人评价；研究与评估；职业问题。申请国家证书的最低学历要求也是硕士学位，但攻读硕士学位期间所修的课程必须是NBCC规定的课程。无论是州证书还是国家证书，均需每五年更新一次，更新时要求持证者参与过相应的咨询实践并具有相关领域的继续教育经历。

二、我国学校心理咨询专业培训的若干思路

借鉴发达国家在学校心理咨询专业培训方面的经验，结合我国当前的具体情况，我们试图就学校心理咨询的专业培训问题提出以下思路，供有关教育决策部门参考①。

（一）关于学校心理咨询人员的培养层次问题

我们认为，随着我国应用心理学学科建设的迅速发展，借鉴发达国家的经验，按照三个层次培养学校心理咨询专业人才的条件已经具备。第一个层次培养具有博士学位的学校心理咨询人员。这一层次着重培养理论功底扎实、具备综合实践经验并具有一定研究能力的学校心理咨询方向博士研究生，毕业后到高等院校的心理咨询机构从事专职心理咨询工作。第二个层次培养具有硕士学位的学校心理咨询人员。这一层次着重培养知识面较宽、应用能力较强、实践经验较丰富的学校心理咨询方向硕士研究生，毕业后到高级中学、中等专业学校或职业学校从事专职心理咨询工作。第三个层次培养具有学士学位的学校心理咨询人员。这一层次着重培养应用能力强、实践特点突出的学校心理咨询方向本科学生，毕业后到初中和小学从事专兼职相结合的心理咨询工作。

以上设想的具体实施可能需要一个较长的过程。但这种层次化培养思路是符合学校心理咨询人才培养的国际化趋势的，也是符合我国高等教育和基础教育深化改革、推进心理健康教育和素质教育的现实需要及长远需要的，因而应当引起足够重视。

（二）关于学校心理咨询人员的资格认证问题

我国心理咨询职业领域的资格认证工作始于 2002 年。这一年原国家劳动和社会保障部职业技能鉴定中心下发了《关于开展国家职业资格心理咨询师职业全国统一鉴定试点工作的通知》，对“心理咨询员”（国家职业资格三级）、“心理咨询师”（国家职业资格二级）、“高级心理咨询师”（国家职业资格一级）的培训、考核与证书颁发提出了明确要求，强调以“社会效益第一，质量第一”为宗旨，采取标准化培训技术资源和科学可行的鉴定技术手段，分等级分批次进行试点，在广泛探索经验的基础上逐步开展各等级的心理咨询师国家职业资格全国统一鉴定。

就学校心理咨询领域的资格认证工作来看，国家教育主管部门目前尚未出台全国统一的资格认证政策，也没有对在学校从事心理咨询工作是否需要具备相关的国家职业资格证书问题作出明确规定。在一些沿海发达地区（如浙江省），有关教育主管机构则在尝试推行中小学心理健康教育教师上岗资格证书制度，其中

---

① 陈永胜，牟丽霞．学校心理咨询专业培训问题探讨［J］．宁波大学学报（教育科学版），2007（3）：3-6.

便包括对学校心理咨询人员的从业要求。

我们认为，在国家层面，学校心理咨询领域的资格认证可以采取两种方式进行试点。一种方式是将心理咨询师的国家职业资格鉴定制度引入教育领域，要求在学校从事心理咨询工作的人员必须参加国家职业资格考核并取得相应的心理咨询资格证书后方可上岗从业；另一种方式是委托有关的权威机构，制定教育领域独特的心理咨询资格认证制度。将两种方式加以比较，可以发现：第一种方式的优点是省时省力，制度推行的成本较低，但认证考核的标准与学校心理咨询的实际需求存在一定距离；第二种方式的优点是可以满足学校心理咨询资格认证的独特需求，但在时间花费和运行成本上存在明显劣势。以上比较仅限于理论层面，实际效果如何，必须通过试点才能见分晓。究竟采用其中的哪一种方式更好，抑或两种方式兼而用之，我们期待国家教育主管部门尽快作出权衡决策，以满足我国学校心理咨询领域对资格认证的迫切需要。

（三）关于学校心理咨询人员的职业倦怠问题

"职业倦怠"（professional burnout）是影响学校心理咨询人员专业成长的一个重要因素。根据西方学者的研究，学校心理咨询人员的职业倦怠通常会经历四个阶段：一是狂热阶段，咨询人员在这一阶段往往对学生与其他支持人员提供过多的帮助；二是停滞阶段，咨询人员在这一阶段开始降低期望并出现不满情绪；三是挫败阶段，咨询人员在这一阶段表现为失去耐心、缺乏同情心、对自己的能力产生怀疑、效率明显下降；四是淡漠阶段，咨询人员在这一阶段以沮丧和冷漠为基本特征，身心健康受到严重损害，并影响到日常工作和生活。

学校心理咨询人员的职业倦怠是由多种原因造成的。咨询工作需要从业者投入大量的时间和精力，咨询人员长期与来访者的消极情绪接触容易受其感染，咨询人员经常体验到来自各方面的压力，咨询对象心理需求的无穷无尽与变化多端，都容易导致学校心理咨询人员职业倦怠。

我们认为，帮助咨询人员克服职业倦怠，可从以下几个途径着手：第一，帮助咨询人员确立合理的咨询目标，努力克服对个人能力高估的偏向；第二，引导咨询人员准确识别自己的压力源，切实掌握自我调节的方法与技术；第三，在咨询人员中开展相互咨询活动，通过专业人员之间的互相沟通与支持缓解身心疲劳；第四，逐步建立并完善督导制度，为学校心理咨询人员提供高水平的专业帮助。

第三节　学校心理咨询的组织管理

学校心理咨询作为心理健康教育的有机组成部分，已经受到我国各级教育主管部门和学校系统的高度重视。我国的学校心理咨询工作在机构设置、人员配备、经费使用、绩效考核等组织管理方面，已经取得了明显的成绩。然而也应清醒地看到，当前在学校心理咨询的组织管理方面仍然存在一些突出的问题。这些问题主要包括：在我国的大、中、小学，尚未形成一个完备的心理咨询服务体系；有些学校把心理咨询等同于德育工作，缺乏对心理咨询专业特点的应有认识；有些学校以编制紧张、经费短缺为由，使得心理咨询机构形同虚设；有些学校对专兼职学校心理咨询人员的工作职责定位不清，彼此之间存在着推诿扯皮现象；有些学校对学校心理咨询的发展性功能重视不够，工作中存在着重治疗轻预防、重个体轻团体的偏颇；在经济发展水平较低的地区，学校心理咨询工作还没有真正起步。

我们认为，上述问题大多属于发展中的问题，随着我国心理健康教育的逐步深入，涉及学校心理咨询组织管理方面的问题一定会得到有效解决。这里，我们仅从发展战略角度提出一些应对策略，供有关决策机构参考。

一、切实把学校心理咨询纳入心理健康教育的考核范围

关于学校心理咨询在心理健康教育中的意义，我们已在第一章进行过专门论述。问题的关键在于，不少学校的领导成员对学校心理咨询工作依然停留在“说起来重要，做起来次要，忙起来不要”的状态，没有把心理咨询乃至整个心理健康教育工作纳入到学校管理的重要议事日程，这样就影响到学校心理咨询工作的正常开展。为此我们建议，教育主管部门在对学校的管理绩效考核中应当增加学校心理咨询工作的具体考核指标，在心理健康教育的检查指导中则应进一步强化学校心理咨询工作的考核比重，这样才能从管理制度层面保证学校心理咨询工作的顺利推进。

二、加快构建专兼职相结合的学校心理咨询服务体系

我们建议，在高等院校应普遍设立由学工部门主管的心理咨询机构，承担对大学生的专职心理咨询任务。资料显示，发达国家高校专职心理咨询人员与学生的比例约为1∶500，而我国多数高校目前专职心理咨询人员与学生的比例在1∶5 000左右，远远不能满足学生的求助需求。“十一五”期间将高校专职心理咨询人员与学生的比例提高到1∶2 000，2020年前将高校专职心理咨询人员与学生的比例提高到1∶1 000，不仅有助于缩小与发达国家的差距，而且也有助于拓宽我国应用心理学专业高级人才的就业渠道。

在高级中学、中等专业学校和中职学校，应普遍设立由分管副校长直接领导的心理咨询室，承担对高中生、中专生、中职生的专职心理咨询任务。其专职咨询人员与学生的比例宜控制在1∶1 000左右。

在义务教育阶段的初中和小学，应普遍建立以兼职为主的心理咨询服务制度。其兼职咨询人员与学生的比例以1∶500为宜。条件较好、规模较大的初中和小学，采取专兼职相结合的方式开展心理咨询工作，也是一种值得倡导的举措。

三、对欠发达地区的学校心理咨询工作给予必要的扶持

我国幅员辽阔，各地区的办学条件相差很大，因而对欠发达地区的学校心理咨询工作应采取必要的扶持措施。我们建议，国家教育主管部门应在深入调查研究的基础上，积极制定鼓励学校心理咨询方向的研究生、本科生到欠发达地区从事学校心理咨询工作的就业导向政策；在发达地区对欠发达地区实施支教帮扶的过程中，应适当拓宽帮扶的范围，把开展学校心理咨询工作列为其中的一项内容；选拔欠发达地区符合心理咨询条件的教师，到发达地区的学校心理咨询机构接受专业培训，回校后承担兼职心理咨询任务，是尽快改变欠发达地区学校心理咨询工作面貌的一条既经济又快捷的途径。

【建议参考资料】

1. 邱珍琬．做个合格的咨询人［M］．广州：广东世界图书出版公司，2003.
2. 郭念锋．心理咨询师（基础知识）［M］．北京：民族出版社，2005.

【问题与思考】

1. 一位合格的学校心理咨询人员应当具备什么条件？
2. 你觉得学校心理咨询的专业培训应着重解决哪些问题？
3. 你对加强学校心理咨询的组织管理工作有何建设性的设想？
4. 如何促进我国学校心理咨询工作的专业化发展？

第四章　个别咨询的常用技术

【本章提要】

个别咨询的常用技术渗透在建立咨询关系、发展咨询关系、认知调整、行为改变和终结这五个方面。

建立咨询关系主要包括自然请谈、主动倾听、留有余地、话题跟随、问题分类、细微激励、自言自语、直来直去、利用沉默、消除抵触等十项具体技术。发展咨询关系主要包括情感反应技术和深入引导技术。认知调整，就是通过咨询人员的工作，努力改变求询学生不合理的信念，纠正那些对认知过程的歪曲倾向，使求询学生建立起有利于心理健康的新的认知方式。行为改变的技术包括模仿学习、行为契约、放松训练、系统脱敏、生物反馈等，其中模仿学习和行为契约是两种基本的行为改变技术。终结的技术实际上是指当咨询工作达到预定目标后，咨询人员进行总结提升并对咨询对象进行离别指导的技能技巧。

【学习重点】

1. 掌握建立咨询关系的十项具体技术。
2. 掌握情感反应与深入引导技术。
3. 掌握认知调整的基本技术。
4. 掌握行为改变中的模仿学习与行为契约技术。
5. 掌握终结的基本技术。

【重要术语】

建立咨询关系的技术　发展咨询关系的技术　认知调整的技术　行为改变的技术　终结的技术

第一节　建立咨询关系的技术

咨询关系的建立是成功咨询的基础。因此，建立一种融洽、和谐、相互信任的咨询关系，应当成为咨询初始阶段的主要目标。下面介绍的自然请谈、主动倾听、留有余地、话题跟随、问题分类、细微激励、自言自语、直来直去、利用沉默、消除抵触等十项具体技术，对于建立良好的咨询关系十分有益，有时甚至是必不可少的。

一、自然请谈

这一技术的含义是指，通过咨询人员的态度、姿势和轻松交流，来吸引求询的学生讲话。

咨询伊始，采用一种轻松的方式引导求询学生随便说些什么，而不急于提出问题或回答问题，这种做法反而有可能引发求询学生率先提出自己的问题。

在自然请谈中，咨询人员应使用温和、平缓的语调，灵活地与求询学生交谈，避免使用固定不变的开场白或华而不实的幽默语言。

可以谈谈天气或交通情况，但不要涉及太多。

咨询人员要尽量少用或不用“有什么痛苦”、“有什么烦恼”之类的话语发问，除非对方已先用过这些词。

面对咨询人员接纳、诚恳的态度，多数求询学生都会情不自禁地将自己的问题和想法慢慢道来。当然，也有一些学生保持沉默而不愿意主动介入，吸引这些学生讲话的技术将在利用沉默中加以介绍。

二、主动倾听

这一技术的含义是指，咨询人员不仅要善于用耳朵去倾听对方的谈话内容，而且还要主动去揣摩和领悟其中的意蕴及隐喻，以便作出恰当的反应。

从个别咨询的角度来看，倾听的意义主要体现在以下两个方面。

首先，倾听是对求询对象的一种尊重。每个人都有自尊的需要。在心理咨询的过程中，如果求询对象在陈述问题时，咨询人员漫不经心，甚至显露出不耐烦的神情，陈述者的自尊心就会受到极大伤害。他要么以为对方瞧不起自己而故意加以冷落，要么以为此时进行交谈不合时宜。总之，当求询对象的自尊心受到伤害时，便很有可能形成人际交往障碍甚至导致咨询过程的中断。

其次，倾听是人际互动的基本要求。心理咨询是一种特殊的人际互动过程。所谓“互动”就是彼此之间你来我往，交往双方产生相互作用。如果在心理咨询的过程中，只有陈述者在“动”，咨询人员不注意倾听，那就无法准确领会对方的意图，人际互动也就成了一句空话。相反，在求询对象进行陈述的时候，咨询人员仔细倾听，认真领会对方的意图，甚至连对方的“潜台词”、“话外音”都有所把握，这样就能根据对方的实际情况作出准确的判断，从而构成有效的互动过程。

主动倾听需要注意以下几点：

第一，要有恰当的“听”的姿态。在听的过程中，咨询人员应把目光专注于对方，适当地用点头或一些应答性语气词表示自己听的兴趣；对自己听不清楚或听不明白的地方，应及时请对方予以重复；此外，态度诚恳，情感真挚，举止大方，及时反馈，这些都是在倾听过程中对咨询人员的基本要求。

第二，要有足够的“听”的耐心。陈述者一般都希望自己的表达能够完整连贯，不希望别人随意插话，更不希望别人将话题转移。然而心理学的统计表明，人的说话速度为每分钟 120—180 个字，思维速度是说话速度的 4—5 倍。因此，对方尚未说完，倾听者早就理解了对方的意思，或者对方只说了几句话，倾听者已经知道了他要讲的全部内容。在这种情况下，倾听者最容易开小差、插话，或者显露出不耐烦的神情。针对这种情况，咨询人员要设身处地地为对方着想，尽力克制自己的插话冲动，切实增强倾听的耐性，这样才有助于形成融洽的咨访关系。

第三，要把“听”与“思”有机结合起来。“思”是听懂的前提条件，也是会不会听的重要标志。只有通过用心思考，才能听出对方在陈述中的省略、隐含、暗示、褒贬等复杂内容，从而真正理解对方的意图。例如，有的求询女生谈到在梦中遇到坏人欺负自己，实际上她可能已经受到别人的欺负，但是害怕面对这一创伤性的情境，所以故意采取了隐蔽的方式。这就需要咨询人员通过观察、揣摩，主动去把握事情的“真相”。

三、留有余地

这一技术的含义是指，咨询人员的提问应尽量采用开放的方式，避免封闭式提问，并且要留有一定的回旋空间。

开放式提问经常使用的词汇包括：“什么”、“何时”、“怎样”、“哪里”、“为什么”，等等。

开放式提问在面谈的初始阶段显得十分必要。因为开放式提问为咨询人员提供了值得追踪的线索或悬念，因而可使交谈继续下去。这种提问方式也向求询的学生表明，求询者可想到哪就说到哪，自由倾诉自己的问题。

与此相反，封闭式提问是让对方作出“是”或“不是”、“有”或“没有”等一两个字的回答。这样就会使谈话中断，所获得的信息量也十分有限，而且许多封闭式提问听起来就像是在质问对方，会使求询的学生产生反感与不安。

当然，封闭式提问并非绝对不能使用。但在咨询过程的开始阶段，要尽量使用开放式提问，少用或不用封闭式提问。当逐步建立并形成了一种良好的咨询关系之后，可以适当提出一些封闭式的问题，不过选题要有针对性，问题应当注意前后连贯。

四、话题跟随

这一技术的含义是指，咨询人员将谈话的内容集中在当前的话题上，避免其他话题的干扰。

话题跟随经常使用的语言包括：

“是这样。”

“我明白。”

"请继续说下去。"

……

话题跟随技术通常用在求询学生讲述中的停顿时刻。

使用这一技术时，咨询人员的表述必须简洁。仅仅利用几个字的表达，就可自然而然地促使求询的学生继续刚才的话题。

使用这一技术时，咨询人员的神情必须专注。要使求询的学生感到，咨询人员正在认真倾听他的讲述，他此时应该接着刚才的话题继续讲下去，而不应把谈话转向其他的话题。

五、问题分类

这一技术的含义是指，针对求询学生滔滔不绝、事无巨细的讲述，咨询人员启发求询的学生梳理头绪，分类选择，突出重点。

有的求询学生很容易动情，一见到咨询人员就会一股脑地说出自己的问题和隐情。在很长一段时间里，咨询人员只听到求询学生喋喋不休地倾诉，其中的许多倾诉与求询的问题无关，而且相互之间缺乏连贯。在这种情况下，咨询人员可利用问题分类技术加以启发。

通过这种问题分类的方式，既解决了咨询的重点和顺序问题，又为建立良好的咨询关系作出了铺垫。

六、细微激励

这一技术的含义是指，咨询人员使用点头、简单回应等细节性手段，对求询的学生表示关注，并力求激发对方谈话的兴趣。

激励求询学生讲话和思考的方式很多，细微激励仅仅是其中的一种方式。细微激励并不意味着对求询的学生迁就，而是咨询人员主动引导和控制谈话过程的表现。

在双方接触的初始阶段，细微激励宜采用自然的方式。

细微激励对于延续求询学生的讲述很有帮助。如果咨询人员讲话过多，将阻碍或削弱求询学生的参与热情。对方可能会想："这不属于我的谈话，咨询人员只想说他自己感兴趣的事。"

假如出现上述情况，咨询人员将陷入"唱独角戏"的尴尬境地，因为他无法得到求询学生的互动反应，事实上，求询的学生也没有机会作出反应。

七、自言自语

这一技术的含义是指，当求询学生讲述的内容与解决其当前存在的问题相距较远时，咨询人员采用自我表白这种迂回引导的策略，巧妙地将话题转移到需要解决的问题上去。

例如，在就业指导中，某一求询的学生对外贸工作很感兴趣，因为这种工作工资高，又时髦，年轻人大多向往这类职业。但是咨询人员发现，这位求询学生本身的条件并不适宜从事这种工作，于是转移话题的任务摆到了面前。为了不使这种话题的转移过于唐突，同时也为了避免代替求询学生作决策的嫌疑，咨询人员可以这样自我表白：

"外贸工作是很吸引人的，但竞争也一定非常激烈。其实会计这份工作也相当不错。只要数学基础好，办事又有条理，当会计比干外贸可能更有前途。"

这样，话题就会比较自然地转到会计工作上去了。

八、直来直去

这一技术的含义是指，在咨询双方已经熟悉、相互之间比较信赖的前提下，针对求询学生涉及到情感的模糊问题，咨询人员直截了当地挑明对方的真实情感，如有必要还可提出一些建设性的意见。

直来直去这一技术的使用，对那些不习惯坦诚交往的求询学生可能会构成一定的威胁，因此使用此技术需十分小心谨慎。

采用直来直去的方式讲话时，要注意语气的运用，不要太生硬，也不要过于严肃，而应显得平和自然、柔里带刚。冷嘲热讽、故弄玄虚，是与直来直去技术的本意大相径庭的。

九、利用沉默

这一技术的含义是指，在求询的学生停顿数十秒或数分钟不讲话的时候，咨询人员通过观察和分析对方沉默的类型，分别采取不同的处理策略。

求询的学生出现停顿或沉默的原因，主要包括以下几种情况：1. 话题已经谈尽；2. 为了整理思路，进行适当回忆；3. 等待咨询人员讲话；4. 因为厌倦而不愿再说；5. 对咨询人员不信任，表示抗拒或拒绝等。

沉默现象在心理咨询中不容忽视，因为沉默之中仍然存在着信息传递。面对求询学生的沉默不语，经验不足的咨询人员可能会感到不知所措、焦虑不安，似乎必须马上行动起来，说点什么或者做点什么。这种主动打破沉默的想法其实是不必要的，因为这样就容易失去更深层次地了解求询学生内心活动的机会。从建立咨询关系这个角度来看，咨询人员利用沉默的机会，体验对方的情感，分析对方的思路，有时会收到"此时无声胜有声"的良好效果。

卡瓦那（M. E. Cavanagh）曾将沉默划分为"创造性的沉默"、"自发性的沉默"和"冲突性的沉默"三种类型。这三种类型的沉默作用各异，处理起来也就应当有所区别。

（一）创造性的沉默

这是求询者对自己刚才所说的话、所表达的情感进行积极思考的一种反应。

“凝视着空间的某一点”，可以看做是这种沉默的重要标志。在这种沉默中，某些新的观念与情绪体验正在孕育生成。此时，咨询人员最好也保持同样的沉默，以一种理解等待的神情注视对方，这种共情的表达对于下一步的深入交谈具有积极作用。

（二）自发性的沉默

这种沉默往往出自求询者一时不知如何表达才好的情况。此时，求询者不是把目光盯在某一点，而是游移不定，从一处转到另一处，或者以征询、疑问的目光扫视咨询人员。对于这种沉默，咨询人员如果没有反应，沉默持续的时间就会很长，并且会使求询者更加紧张。因此，咨询人员应当提出“你可以再告诉我一些相关的情况吗”一类的问题，这种提问有助于将咨询引向深入。

（三）冲突性的沉默

在大多数情况下，冲突性的沉默是由于求询者对咨询人员不满或不信任造成的。出现冲突性的沉默时，咨询人员要小心谨慎，以真诚的态度与来访者相处，并可采取直接发问的方式打破僵局。例如，咨询人员可以这样发问：“你能不能直接谈谈你现在的想法？”即使对方对咨询人员的发问不予回答，这种做法对随后的继续会谈也有好处，因为它至少表明了咨询人员对于求询者的一种尊重的态度。

十、消除抵触

这一技术的含义是指，遇到具有抵触情绪的求询学生，咨询人员要以建立良好的咨询关系为基本出发点，力求通过多种策略来缓和气氛，改善处境。

事实上，许多求询学生之所以产生抵触情绪，一方面是对咨询的作用和意义了解不够，另一方面是为了寻求咨询人员的真诚帮助和自身安全。在与这类求询学生打交道时，必须给他们一定的时间，使其感受到温暖，增加对咨询人员的信任感。对于求询学生的动机、需求、行为和语气，可暂时不作过多分析。

把咨询工作的重点放到建立良好的咨询关系上，是消除抵触情绪的根本措施。具体来说，应注意以下几个环节。

（一）领悟求询学生的沉默

咨询开始时，具有抵触情绪的求询学生常常会表现出沉默，这种沉默一般含有生气、困惑、蔑视等成分。对此，咨询人员要细心观察，慎重地提出个人的意见。如果所提的意见中肯而亲切，能为求询学生所接受，沉默就会被自然打破。咨询人员也可将自己的观察结果写在一张纸上，或为求询学生画一张肖像漫画，递给对方让其评论，这种方法既能间接了解对方沉默的真情实感，也有助于巧妙地消除抵触，打破沉默的僵局。

（二）鼓励非言语反应

这种技术旨在促使求询学生进行自我表露，探索那些不便以口头言语表达的思想与情感。通常的做法是鼓励求询学生用姿态、表情和动作等体态语言表达其情感。几乎所有的语言信息都可用某种特定的体态语言来加以传递和沟通。此外，也可以请求询学生写出或画出他认为难以用语言表达的想法及感受。

（三）采取迂回策略

基于时间的压力，有些咨询人员很快就在具有抵触情绪的求询学生面前乱了手脚。他们缺乏耐心，而且不懂得迂回的重要性。实际上，迂回对于增进彼此信任，形成良好的咨询关系，是很重要的一环。迂回的具体方式包括：请求询的学生到外面散步；与求询学生谈论与咨询内容无关的话题；尝试改变坐椅的位置。在有些情况下，仅仅因为改变了一下坐椅的位置，就会增加求询学生的兴趣，使其抵触情绪有所缓解。

（四）解释咨询过程

有时也可通过解释咨询过程来打消求询学生对咨询的抵触。咨询人员要向对方说明，心理咨询如何进行，他能从咨询中得到哪些好处。这种解释的目的是再次表示咨询人员的诚意。如果没有特殊的偏见，求询学生一般不会对此无动于衷。

总之，耐心、诚恳、不带偏见并富有创新精神，是处理抵触问题的必要条件。此外还应注意，有些合作型的求询学生在涉及某个特定问题时，也会表现出一定的抵触情绪。这时，咨询人员必须记住：不要像专制型的教师命令学生那样强迫对方讲话。也许求询学生当前的心理需求是：请让我一个人安静一会儿！如果满足了对方的这一需求，对方的抵触情绪就会自然消失，从而恢复正常的咨询关系。

第二节　发展咨询关系的技术

发展咨询关系的技术主要包括情感反应技术和深入引导技术。情感反应技术的核心在于把握求询学生提供的显性或隐性情感线索，促使求询学生的思路更加清晰，想法更为合理，理解更为准确。深入引导技术的的关键在于激励求询学生产生新的思想和感受，领悟合理的观念和情感。

一、情感反应技术

情感反应技术的运用灵活多样，常见的有情感识别、情感表露、共情三种。

（一）情感识别

这一技术的含义是指，咨询人员通过敏锐观察，力求对求询学生的真实情感状态作出准确判断。

在人际交往场合，通常存在着伪装或掩饰个人真实情感的情况，在个别咨询的过程中也同样如此。对求询学生所表达的情感，无论其性质如何，咨询人员都应给予理解和尊重，这是发展咨询关系所需要的。请看下面的示例：

求询学生：“我真受够了，她为什么老是那样对待我！”

咨询人员 A：“可能你也有一定的责任吧？”

咨询人员B："看来你真的很生气。"

比较一下咨询人员A和咨询人员B的反应：前者只是在对求询学生的谈话内容加以评判，后者则是对求询学生的情感状态予以理解和认可。显然，采用后一种反应方式，对求询学生的影响更加深刻。

所以，为了发展咨询关系，咨询人员必须学会情感识别的专业技能。不仅要学会识别显性的情感，更要学会识别隐性的情感。只有在准确识别的基础上，才能作出恰当的情感反应。

（二）情感表露

这一技术的含义是指，咨询人员有意识地向对方表露个人的情感体验，以期达到示范、感染或缓解气氛的目的。

下面是情感表露的具体示例：

咨询人员："你这样说我很高兴，看来我对你还有些帮助。"

咨询人员："我也不愿意提这些事，不过既来之则安之，你接着说吧。"

咨询人员："咱们坐得太近了，我感到有点不舒服。我向后面稍挪一点好吗？"

以上几种情感表露具有一个共同的特点，就是直截了当，坦率真诚。这些情感表露的不同方式，对于发展咨询关系，或者缓解当时的紧张气氛，都有一定的积极意义。

一般情况下，只要咨询人员认识到并妥善表达出个人的某种情感，并且这种情感表露对求询学生无害甚至有益，求询学生通常都能予以认可。如果求询学生也按照咨询人员的示范大胆地表露自己的情感，那么就表明双方的咨询关系有了进一步的发展，这恰恰是成功的咨询过程所需要的。

（三）共情

这一技术的含义是指，咨询人员设身处地地进入求询学生的精神世界，体验他们的内心感受，并且能用恰当的语言把对方的复杂感受准确表达出来，以引起双方的情感共鸣。

共情是将咨询过程引向深入的必要条件。根据西方咨询心理学家的深入研究，共情通常包括四个层次。

层次一：咨询人员的应答没有表达出求询学生所表达的情感，是一种不相关或者伤害性的反应。

层次二：咨询人员的应答只表达到求询学生所表达的情感的一部分。

层次三：咨询人员的应答包含了求询学生所表达出的以及所了解到的情感。

层次四：咨询人员的应答包括了求询学生刚才没有觉察到而现在了解到的情感，表达出求询学生的内在感情。

咨询人员应努力促使自己的共情水平由低级向高级发展，同时在共情的使用中还要注意以下几个问题。

第一，咨询人员要把自己放在求询学生的地位和处境感受对方的情感。这种感受越准确、越深入，共情的层次越高。

第二，使用尝试性、探索性的语气来表达，有助于求询学生共情的发生。在这方面，简单的判断和评价、自以为是的说教和劝戒，往往构成共情的障碍。

第三，共情的表达应因人而异，适时适度。过多的解释、不恰当的自我开放、随意插话和虚弱的保证，不仅提高不了共情的水平，反而会使共情陷入尴尬的境地。

第四，角色把握对提高共情水平具有重要作用。如果咨询人员忘记了自己的身份，举止忘情甚至忽略了彼此之间的性别差异，这将严重降低咨询人员的道德形象。别说基本的共情难以发生，有时还会带来意想不到的麻烦。这是咨询人员必须时刻警惕的。

二、深入引导技术

深入引导技术的使用必须以咨询双方已经建立起良好的关系为前提。在深入引导技术的使用中，容易出现随意应用和过分依赖两种偏颇，需要加以警惕。

常见的深入引导技术包括以下几种。

（一）信息提供

这一技术的含义是指，咨询人员按照求询学生的要求，向其提供与咨询目标相符合的信息。

在宣传性或指导性的咨询中，提供信息本身就是一种有效的技术。如果求询学生想知道与其自身问题有关的真实信息，咨询人员应该及时、清楚、简明地告诉对方，当然应以不伤害对方为前提。

有些年轻的咨询人员在提供信息时格外小心，有时甚至躲躲闪闪，含糊其辞，这种做法有可能使对方产生反感或困惑，影响咨询关系。这种倾向是应当注意克服的。当求询学生向咨询人员提出一些难以回答的个人问题时，采用直截了当的回答方式是最为有效的应对手段，但有时也可采用迂回的方法。

只要采用灵活的方式巧妙应对求询学生的提问，就可以使咨询人员的提供信息过程成为发展咨询关系的一种动力。

（二）具体化

这一技术的含义是指，咨询人员引导求询学生运用具体的事例，准确、清楚地表达个人的思想、情感和问题。

有些求询的学生在叙述过程中，往往出现表述模糊、概念不清等问题。表述模糊是指讲话中常常会使用一些含混的字眼，如“我交往中处处不顺心”。概念不清是指求询的学生对某一概念似懂非懂，有时甚至自行认定。如发现自己情绪不稳定，就认为自己得了神经症等。遇到这种情况，咨询人员要做的工作就是运用具体化技术，帮助求询学生把自己的问题描述为一个具体的事例，促使他们理清思路，把握住各种有价值的信息。

经过询问，咨询人员就可以把握求询学生的具体问题，同时也使求询学生在叙述的过程中理清了个人的思路。

在咨询实践中，具体化的过程实际上也就是解决问题的过程。随着交谈的深入，问题的明晰，求询的学生会逐步认识到个人的问题性质及其表现程度，并且在具体化的过程中自行寻找到适当的解决策略，这比由咨询人员单方面提出指导建议效果更好。

（三）即时化

这一技术的含义是指，咨询人员对求询学生涉及彼此之间关系的陈述作出及时应答，同时还要提醒对方注意自己此时此刻的状况，而不要过分关注个人的过去和未来。

即时化反应具有相互性的特点，也就是说，在咨询人员对求询学生的理解作出及时应答的同时，求询的学生又会对咨询人员形成新的判断。这种相互性的特点，促使咨询人员下功夫去研究求询学生对自己角色与能力的不断评判。

假如咨询人员出现逃避或者自我防御的应答性反应，他会被求询的学生视为能力不足，因而使咨询关系受到威胁。假如咨询人员此时此刻的反应是开放的、合乎情理的、体谅关心的，他会被求询的学生视为一名合格的咨询者。咨询人员顺利通过了这种考验之后，咨询人员与求询学生的关系才会得以延续，并引导咨询过程进一步深入。

如果咨询人员与求询学生之间建立起来的咨询关系不够稳定，这时彼此之间互动的重点应当放在求询学生提出的具体问题上。也就是说，在尚未建立良好的咨询关系的时候，咨询人员所给予的应答宜侧重于引导求询学生将注意力集中在自己此时的问题上。假如过早地把注意力引向咨询双方此时此刻的关系，不仅于咨询关系的发展无益，还会使以前的努力落空。

即时化反应通常包括四个层次。

层次一：咨询人员忽略求询学生所有涉及彼此之间关系的谈话。

层次二：咨询人员承认求询学生对于彼此关系的看法，但是试图拖到以后才去谈它，或者很表面地提及而不深谈。

层次三：咨询人员开放式地表示愿意讨论自己和求询学生之间的关系，但是比较笼统而没有针对性。

层次四：咨询人员和求询学生公开讨论此时此刻彼此之间的关系。

应当强调的是，只有在咨询人员与求询学生已经建立起咨询关系，并且在求询学生提到彼此之间的关系时，才可运用即时化技术。

（四）面质

这一技术的含义是指，咨询人员明确指出求询学生在认识与情感、心理与行为之间的矛盾之处，使其真切地面对自己的问题。

有些求询的学生出于某种心理防御机制，不愿意承认自己的挫折或失败，在谈及个人的问题时躲躲闪闪，不肯正视现实。面质的目的在于，促使求询的学生消除过度的心理防御机制，正视个人的问题，以便为其提供有效的帮助。

面质一般也包括四个层次。

层次一：咨询人员不允许求询学生出现矛盾，或者咨询人员不想去探求求询学生的矛盾之处。

层次二：咨询人员没有明确地接受或否定求询学生的矛盾之处，但是也没有指出上述矛盾提请求询学生注意。

层次三：咨询人员指出了求询学生的矛盾之处，但是没有说出该矛盾的关键所在，只是偶尔地加以比较，使求询学生觉察到自己谈话中的矛盾之处。

层次四：咨询人员说明求询学生的矛盾之处，并促使他们注意这种矛盾现象，以便及时加以克服。

使用面质技术时应当注意以下几点。

1. 要有事实根据。只有证据充分，求询的学生才会觉得合情合理，愿意接受咨询人员的帮助。下面是一个面质的实例："你刚才还说自己勤奋、朴实，怎么现在又说自己懒散、不愿意跟别人说心里话了呢？"咨询人员的这番话指出了求询学生刚才谈话中的矛盾之处，语气中肯，实事求是，这样就容易被求询的学生所接受。

2. 要建立在良好的咨询关系基础上。鉴于面质所涉及的问题对求询的学生具有一定的威胁，因而咨询人员的尊重、温暖、真诚、共情等心理品质非常重要。在理解、真诚的气氛中进行面质，可弱化面质中的危险成分，使求询的学生得到一定的心理支持。面质时如果缺乏共情、尊重和理解，不但求询的学生不能接受咨询人员的提醒，还有可能使咨询过程陷入困境。

3. 避免个人发泄。面质的目的是为了澄清问题，促进求询的学生成长，所以应以求询学生的利益为重，不可将面质变成宣泄咨询人员的个人情绪乃至伤害求询学生的工具。例如，"你刚才还说听我的话，现在怎么就自作主张了呢？像你这个样子，我能有什么办法？"这样的面质显然是不妥当的。

4. 力戒以势压人。有些咨询人员不是在理解、关怀的基础上使用面质，而是把面质当做表现自己智慧与能力的手段。他们很少考虑求询学生的真实感受，经常有意使用面质来贬损对方，这样的面质只能引来求询学生的反感，对发展咨询关系毫无益处。

（五）引用个人经历

这一技术的含义是指，咨询人员恰如其分地借助于与求询学生相似的个人经历，对求询学生进行启发开导。

引用个人经历是个别咨询中常见的技术，但这种技术的使用需十分慎重。经验表明，咨询人员个人经历的不恰当引用容易使谈话的焦点远离求询学生本人，有可能减弱求询学生的情感体验。可以设想一下，一个人正在谈论某件事情，这件事情对他十分重要，这时其他人却开始大谈自己的经历，此时这个人会产生什么样的心理感受呢？

所以，引用个人经历的正确做法是：咨询人员适时、简短地引用一段个人经历，然后迅速将谈话的焦点转到求询学生本身的问题上来。

通过咨询人员恰到好处的个人经历引用，可使求询的学生从中受到启发，为解决求询学生个人存在的问题提供导向及动力。

（六）澄清目标

这一技术的含义是指，咨询人员在咨询关系得到充分发展的情况下，为了帮助咨询对象解决问题，有意识地引导求询学生把主要的咨询目标加以澄清。

澄清目标是解决问题的关键一步。澄清目标的具体步骤包括以下四点：

1. 引导求询的学生明确解决问题的基本方向，也就是促使求询的学生明确个人的基本意愿之所在，弄清个人理想的行动方向。

2. 将一般性的目标转化为特殊性的目标。在这一过程中，咨询人员的主要工作是帮助求询学生对自己希望解决的问题进行具体描述。

3. 鼓励求询的学生自我分析，作出最佳选择。这一步十分重要，对于提高求询学生的自知力和自我选择能力具有重要作用。

4. 帮助求询学生确立具体的解决问题策略。比如，在解决问题中需要哪些知识技能或行为习惯，自己应当如何努力。

（七）概括

这一技术的含义是指，咨询人员对部分或全部谈话内容进行总结和提炼，以便使咨询双方及时了解咨询的进展。

概括的目的是为了对咨询过程中出现的一些关键问题进行系统整合，明确已经做了哪些工作，还需要做些什么工作。概括还可成为终止某一咨询阶段或开始新的咨询阶段的有效手段。

下面是进行概括的常见形式。

1. 让求询学生自己概括。这种概括有助于咨询人员更充分地了解求询学生的态度和体验，帮助他们认清个人取得的进步和仍旧存在的问题。

2. 由咨询人员进行概括。这种概括必须简明、准确，能够为求询学生所信服。如果是对一次咨询中的部分谈话内容进行概括（也有人将这种概括称为“简述语义”），语词的运用应围绕谈话重点，尽可能精炼；假如是对一次咨询中的全部谈话内容进行概括（也有人将这种概括称为“摘要”），则应注意语词的涵盖性、系统性和针对性。

3. 请求询学生对咨询人员的概括加以反馈评价。让求询学生对咨询人员的概括进行评价，一方面可以起到收集反馈信息的作用，另一方面可以加深求询学生对咨询成效的理解，这无论对于咨询过程的阶段性终结还是新阶段的开始，都有不可低估的意义。

第三节 认知调整的技术

人的认知方式对一个人的心理与行为具有重要影响。许多求询学生的心理问题是由于其不良的认知方式形成的，或者是由于其不良的认知方式加剧的。

所谓认知调整，就是通过咨询人员的工作，努力改变求询学生不合理的信念，纠正那些对认知过程的歪曲倾向，使求询学生建立起有利于心理健康的新的认知方式。

一、求询学生常见的不良认知方式的类型

求询学生常见的不良认知方式主要包括不合理的信念和认知过程的歪曲两种类型。

(一) 不合理的信念

按照埃利斯（A. Ellis）的观点，人既有理性的一面，又有非理性的一面。人的大部分情绪困扰和人格问题都来自于不合逻辑或不合理性的思考。长期坚持不合理的信念，会使人处于不良的情绪体验之中，导致情绪障碍的发生或者人格问题的加剧。

韦斯勒（R. A. Wessler）等人经过总结，认为不合理的信念具有“绝对化的要求”、“过分概括化”和“糟糕透顶”三个明显特征。

1. 绝对化的要求

绝对化的要求是一种带有极端色彩的要求。具有这种认知倾向的学生以自己的意愿作为思考问题的起点，为自己提出的目标是难以达到的或者是根本不可能实现的。例如，“我必须每次都在班里取得第一名的成绩”，“我无论做什么事都不应该出错”，这就陷入了绝对化的误区。事实上，一个人不可能事事顺利，处处成功。持有这种绝对化要求的学生，很容易产生情绪困扰或行为问题。

2. 过分概括化

过分概括化是一种以偏概全的不合理思维方式，包括对自己的不合理评价和对他人的不合理评价两种情况。例如，一次考试成绩不理想，便认为自己的能力有问题，从而产生自卑、自责等消极心理；发现别人的一点过失，便认为其一无是处，无可救药，缺乏宽容的心理和历史的观点。具有过分概括化倾向的学生，认识不到每个人都有可能犯错误这一事实，他们用完美主义的镜子观照自己和他人，这对其心理健康十分有害。

3. 糟糕透顶

糟糕透顶表现为一旦遇到挫折，便认为一切都完了，从而陷入悲观的状态，对生活失去信心。糟糕透顶经常与人们对自己、对他人以及对周围环境的绝对化要求紧密联系在一起。也就是说，当人们用绝对化的方式思考问题时，就无法接受现实带来的挑战乃至威胁，从而加剧个人的消极情绪体验，导致自责、悲观等消极情绪的恶性循环。

（二）认知过程的歪曲

认知过程的歪曲在求询学生的日常生活中也经常可以见到。心理学家贝克（A. Beck）将认知过程的歪曲主要归纳为三种形式：

1. 任意推断

具有这种认知倾向的人，即使在证据缺乏或面对相互矛盾的证据时，也很容易武断地做出结论。

2. 选择性提取

具有这种认知倾向的人，经常依据事物、事件的个别特征或单一细节，对事物、事件的整体性质作出评判。

3. 个人化色彩

具有这种认知倾向的人，思考问题时往往以个人为核心，不考虑事件之间的相互联系，喜欢把外部事件的发生归咎于自身的原因。

二、帮助求询学生重建认知方式的策略

在咨询的过程中，咨询人员要引导求询学生认清造成自己情绪困扰和心理不适的非理性观念，采取多种策略帮助求询学生重建符合心理健康要求的新的认知方式。

这些策略主要包括以下三种。

（一）引导求询学生学会全面地思考问题

要让求询的学生懂得。无论做什么事，不但要有成功的打算，也要有失败的心理准备。成功固然可贵，但也不能成为骄傲的资本；一旦遇到挫折，切不可自暴自弃，悲观失望，要善于从成功中总结经验，从挫折中汲取教训。这样从正反两个方面不断地进行自我反思，对形成全面思考的习惯大有益处。

（二）引导求询学生树立“人贵有自知之明”的理念

人非完人，孰能无过。这样一个人所共知的道理，真正成为一个人的座右铭却并非易事。所以，引导求询的学生深刻领会古人所说的“知人者智，自知者明，胜人者有力，自胜者强”这句人生格言，努力认识个人能力的局限性和自我修养的重要性，对于摆脱不良的认知方式具有重要意义。

（三）引导求询学生用发展的观点看待自己，对待他人

无论是看待自己，还是对待他人，都应该具有发展的眼光。这是形成合理认知方式的前提条件。当求询学生出现思维僵化的认知倾向时，可以采用自我辩论等方式进行积极调适，也可以采用“去注意”（努力改变将个人视为所有人注意中心的不良认知方式）等方法加以妥善调节。这些都是国外认知调整中常用的技巧，咨询过程中可指导感兴趣的学生进行自我调理。

第四节　行为改变的技术

行为改变的技术包括模仿学习、行为契约、放松训练、系统脱敏、生物反馈等。其中放松训练和系统脱敏已在本书第二章作了介绍。生物反馈技术较多地应用于临床领域，在学校心理咨询的实践中加以应用存在一定的困难。因而这里介绍的行为改变技术主要是模仿学习和行为契约。

一、模仿学习

模仿学习是以效仿榜样进行社会学习的一种方式，也是行为改变的一种有效技术。

班杜拉的社会学习实验发现，人类特有的社会行为，大多数是通过观察和模仿他人的行为方式或结果习得的。无论是儿童还是青少年，一切直接性的行为，都是由于看到别人的所做所为，或者看到这些行为的结果，而共鸣性地产生出来的。后来有许多实证研究支持了班杜拉的这一论点。

榜样在模仿学习中具有重要作用。研究表明：榜样与模仿者的性别、年龄、个性特征等方面相似性越多，其被模仿的可能性越大；受奖励的榜样行为比受惩罚的榜样行为，被模仿的可能性更大。

根据这一道理，在心理咨询中如果给有心理问题的学生提供机会，让其看到别人是怎样切合时宜地行动的，可以使求询的学生学会某些好的行为并得到强化，进而抑制那些不良行为。

模仿学习在个别咨询中的步骤如下。

（一）界定问题

即帮助求询学生清楚地觉察个人存在的问题。要做到这一点，需要咨询人员给予求询学生以温暖和同情心，同时要应用搜集到的资料，引导求询学生明确问题。

（二）分析问题

问题明确之后，接下来就要进行分析。既要分析问题的形成原因和发展过程，又要分析问题的危害和他人的评价。分析问题的目的是使求询学生产生改变

行为的意愿。

（三）模仿榜样

榜样可由咨询人员或预先挑选好的人员充当。要创设必要的情境，使求询学生看到“榜样”是如何具体对待这一情境的，从而使其产生模仿的动力，并开始尝试新的行为。

（四）现实情境练习

此步骤是让求询学生制定实际的练习计划，引导他们把模拟中的行为迁移到实际生活中去。计划可由简单到复杂，以增加他们成功的机会。

（五）行为评估

由咨询双方共同评估练习计划的执行情况。如果计划目标已经达到，即可终止练习；若目标尚未达到，则需返回到前一步重新练习，直到达到计划目标为止。

二、行为契约

有些学生的心理问题主要起因于本身的不良行为。只要改变这种行为，其心理问题就会迎刃而解。但是，要做到这一步是很不容易的，需要咨询人员帮助学生制定一个试图改变其行为的契约，并协助其执行。

因此，所谓行为契约，实际上是指咨询人员为了改变求询学生的不良行为，而与对方共同制定并监督执行的文本式行动方案。

在制定行为契约以及执行的过程中，有下列几点值得注意。

1. 契约的陈述必须十分明确。例如，在契约上写上“我将更加努力地学习英语”这句话就过于模糊。怎样把它具体化呢？用“我将一天学习两个小时英语”进行表述，就比前者的效果要好得多。因为每天学习两个小时，学习的时间就能计算出来了。没有一个具体的陈述，容易使学生陷入盲目、轻信、自以为是的误区。决心越是含糊，就越容易以为目标已经实现。因此，确保行为契约的具体化，是制定行为契约的关键一步。

2. 契约能在短时间内实现。契约的制定不能脱离现实。如果契约实现的日期太远，机会太小，会挫伤学生履约的兴趣。

3. 追求一系列的成功。选择的履约行为要有成功的可能。成功可起到正强化的作用，使学生增强信心，并因此而影响其他行为。

4. 形成履约的监督机制。契约最好形成书面文字，咨询人员和求询的学生各一份，以引起学生重视，更好地起到监督作用。

下面是一份行为契约的书写格式及其示例，可供咨询人员参考（见表 4-1）。

表 4-1　课堂行为调适契约示例

概　况	履约人：××× 　年龄：13 岁　班级：初一（3）班 编制者：××× 　开始执行日期：×月×日
问题行为的表现	上课不带文具； 常与教师争吵； 随便在课堂上讲话并爱打人。
行为基点	（在 10 天之内） 有 38%的时间不带纸、笔和其他文具； 有 36%的时间与教师争吵； 有 55%的时间上课随便讲话并打人。
调适目标	在第一周，上述各方面问题纠正 75%； 在第二周，上述问题全部纠正。
调适策略	建立行为契约执行卡片，交给教师填写、监督； 每周周末由咨询人员和履约人共同检查执行情况； 两周后进行小结。

第五节　终结的技术

终结标志着咨询的某一阶段或整个咨询工作的结束。终结过程看似简单，其实也有很多工作要做，所以终结的技术实际上是指当咨询工作达到预定目标后，咨询人员进行总结提升并对咨询对象进行离别指导的技能技巧。

在终结阶段，咨询人员需要做好以下几个方面的工作。

一、综合各种资料，提出结论性的意见

终结之前，咨询人员要与求询学生进行一次带有总结性质的会谈。会谈中应对前一阶段或整个咨询过程加以回顾，把经验上升为理论，使求询学生对自己的问题有一个更清楚的认识，并且明确今后的努力方向。

二、鼓励求询的学生灵活运用所学经验

咨询人员要适时退出帮助的角色，将心理调整的任务完全交给求询学生自己，鼓励他们将咨询过程中所学习的新鲜经验，继续应用到日常的学习与生活中，使自己的心理素质不断提高，能够应对各种现实问题的挑战。

三、引导求询的学生愉快地接受离别

有些求询的学生经过一段时间的咨询以后，可能会形成依赖情感，不愿意终止咨询关系。这时，咨询人员应逐渐缩短会谈时间，或明确终止咨询工作。当然，在提出终止咨询工作的时候，语气要和缓，并且要使求询学生充分看到自己

的能力，以促使他们愉快地接受离别。

四、追踪反馈，巩固提高

通过追踪反馈，咨询人员可以对自己的分析诊断情况作出实际验证，并且对整个咨询工作作出理论上的总结。对于成功的案例，要找出成功的主要原因，借以指导今后的咨询工作；对于失败的案例，要理出其中的失误线索，避免在今后的咨询工作中重犯；对于缺乏咨询成效转介出去的案例，要认真做好转介的总结工作，以便明确个人的薄弱方面，有的放矢地提高自己的业务水平。

【建议参考资料】

1. 钱铭怡．心理咨询与心理治疗［M］. 北京：北京大学出版社，1994.

2. 柯里．心理咨询与心理治疗［M］. 石林，程俊玲，译．北京：中国轻工业出版社，2000.

【问题与思考】

1. 建立咨询关系包括哪些具体技术？
2. 发展咨询关系包括哪些具体技术？
3. 认知调整技术的本质是什么？
4. 根据行为契约的原理，草拟一份不良品德的行为矫正契约。
5. 咨询人员在终结阶段需要做好哪些工作？
6. 如何使学校咨询人员在掌握心理咨询常用技术的基础上形成自己独特的风格？

第五章　团体咨询的常用技术

【本章提要】

角色扮演、心理剧、交朋友小组、结构性游戏、非结构性游戏、价值澄清训练等团体咨询的常用技术在学校心理咨询中越来越受到重视。

角色扮演是指在咨询人员的引导下，咨询对象有意识地模仿特定角色的心理与行为。心理剧是指通过主角、配角和导演（咨询人员）的相互合作，运用戏剧化即兴表演的方式，帮助咨询对象宣泄受压抑的情绪，缓解内心冲突，增强适应环境的能力。交朋友小组是指以开发潜能、促进成长为宗旨的小团体交流及相关训练。结构性游戏是指事先建构好游戏主题，制定出严谨的程序与规则，组织具有共同发展要求或存在共同心理问题渴求帮助的学龄儿童，围绕主题与规则，有计划、有步骤开展的团体助人活动。非结构性游戏是指事先不建构游戏主题，也不制定严谨的程序与规则，咨询人员力求通过学龄儿童的自由表现与随机发挥，从中获取多样性或独特性的丰富信息，以便为分类指导奠定可靠基础的团体助人活动。价值澄清训练是指针对学生在价值观方面的冲突，通过价值比较和价值选择程序，帮助学生确定合理的价值目标并付之行动的团体训练活动。

【学习重点】

1. 明确团体咨询中角色扮演、心理剧、交朋友小组、结构性游戏、非结构性游戏和价值澄清训练等常用技术的含义。

2. 把握团体咨询中角色扮演、心理剧、交朋友小组、结构性游戏、非结构性游戏和价值澄清训练等常用技术的特点与功能。

3. 了解团体咨询中角色扮演、心理剧、交朋友小组、结构性游戏、非结构性游戏和价值澄清训练等常用技术的实施步骤及使用注意事项。

【重要术语】

角色扮演　心理剧　交朋友小组　结构性游戏　非结构性游戏　价值澄清训练

第一节　角色扮演

一、角色扮演的含义

在社会心理学中，角色扮演是指角色承担者按其特定的地位和所处情境，遵循角色期待所表现出来的一系列角色心理与行为。

将社会心理学的角色扮演原理引入团体咨询领域，角色扮演通常指在咨询人员的引导下，咨询对象有意识地模仿特定角色的心理与行为，以便达到促进自身成熟、成长或消除心理与行为障碍的目的。

二、角色扮演的特点

从团体咨询的角度来看，角色扮演主要具有以下几个特点：

第一，强调角色把握。在角色扮演中，咨询对象必须对自己所要扮演的社会角色具有准确把握。如果咨询对象不明确自己为什么要扮演某一角色，这一角色的基本要求是什么，就会在角色扮演过程中处于盲目或消极状态，这样就不能真正达到角色扮演的目的。

第二，注重情境体验。角色扮演中的情境体验不同于日常生活中的随机性体验。围绕某一目标进行的特定情境下的角色体验，可以使咨询对象获得清新独特、针对性强的心理感受，这对于提高咨询对象的角色理解力具有重要意义。

第三，关心技巧运用。角色扮演能否取得成功，与咨询对象的角色技巧练习具有密切关系。通常把角色扮演的数量多寡、角色扮演的投入程度和角色扮演的时间长短，作为衡量咨询对象角色技巧运用水平的主要指标。

第四，倡导形式多样。角色扮演的具体形式应当根据咨询对象的年龄特点和咨询目标灵活确定。在团体咨询实践中，哑剧表演、空椅练习、角色互换等，都是常见的表现形式。

三、角色扮演的功能

在团体咨询中，角色扮演既可以体现发展性咨询的功能，也可以起到干预或治疗的作用。概括起来，角色扮演的功能主要包括以下四点。

（一）帮助咨询对象澄清模糊认识

当咨询对象面临的问题难以用语言表述或无法确定某一行为的后果时，通过角色扮演，可以帮助他们摆脱现实的限制，自由地表达自己的想法，认清个人的心理冲突，并发现问题的症结。在澄清模糊认识方面，角色扮演比其他方式更加直观具体，其反思的空间和主动探索性也更强。

（二）帮助咨询对象获得新鲜体验

角色扮演是在预设情境下，对不同人物性格及行为方式的揣测与模仿。这种揣测与模仿，可大大激发咨询对象的想象力，引导他们设身处地地了解他人的想法与感受，这无论对增强咨询对象的积极情绪体验还是排解消极情绪，都具有一定的帮助。

（三）帮助咨询对象重塑良好性格

良好性格特征的培养是一个长期艰苦的过程。对学龄期特别是中小学的咨询对象而言，由于他们在性格上仍处在可塑性较大的时期，因而运用角色扮演技术对具有性格缺陷的学生进行预防性干预，是一项不容忽视的工作。

（四）帮助咨询对象改善人际关系

在很多情况下，咨询对象的人际关系不融洽并不是由于根本性的利益冲突造成的。缺乏人际敏感性及相应的交往技巧，往往是导致咨询对象人际关系失调的直接原因。因此，利用角色扮演技术，大力提高咨询对象的人际敏感性和基本的交往技能，对于改善咨询对象的人际关系具有明显功效。

四、角色扮演的实施步骤

下面以纠正性格缺陷为例，对角色扮演的实施步骤予以说明：

1. 向咨询对象说明角色扮演的意义与要求。

2. 明确团体参与者的性格缺陷并确定纠正目标。

3. 为不同性格缺陷的团体参与者选定合适的角色。例如，安排孤僻者扮演采购员、售货员或导游，安排怯懦者扮演军人或探险队员。

4. 组织含有上述角色的主题表演。利用集体互动和经验分享，促进表演者对角色性格的理解。

5. 对角色扮演活动及时进行总结、强化。肯定团体参与者在角色扮演上的收获，并提出使之迁移到日常生活的要求。

6. 根据反馈信息，为团体参与者中效果不明显的人制定进一步的角色扮演计划。

五、角色扮演的使用注意事项

角色扮演的基本原理是利用社会模仿、角色体验、团体互动、积极强化等社会心理学手段，帮助咨询对象实现发展性或干预性的咨询目标。咨询人员对角色扮演的基本原理及其目标理解得越准确、越深刻，角色扮演的效果也就会越好。

角色扮演既可用于同质性团体（如团体成员均具有害羞这一性格缺陷），也可用于异质性团体（如团体成员具有不同的人格背景和不同的发展要求）。后者对团体组织者的素质要求较高。

角色扮演必须遵循自愿性原则。当咨询对象拒绝接受团体组织者的建议去扮演某一角色时，在说服无效的前提下，应及时改变或取消原来拟定的角色扮演计划。

角色扮演要力求循序渐进。初次使用时可通过示范和必要的练习，帮助咨询对象减轻心理压力；在咨询对象熟悉了角色扮演的基本程序之后，角色扮演的要求可逐步深化。

角色扮演应重在对角色心理的把握和角色行为的仿效，而不宜将着力点放到表演的具体程序或技巧上。只要扮演者能够深入到角色的内心世界，有所感悟，并在行为上产生积极的变化，就必须及时进行鼓励和强化。

角色扮演往往与其他团体咨询技术交叉运用（如心理剧等），因而要求咨询人员准确把握角色扮演同其他团体咨询技术的区别与联系，并不断积累多种团体咨询技术交叉运用的实际经验。

在角色扮演过程中可能会发生意料不到的情况（如对角色的理解出现偏差甚至产生角色扮演障碍等），团体组织者要善于灵活应对，必要时可采取中止措施，以防问题加剧。

第二节　心理剧

一、心理剧的含义

心理剧最初由维也纳精神病学家莫雷诺（J. L. Moreno）首创，主要用于临床领域的心理治疗。后来这一方法受到学校心理咨询人员的关注，逐步发展成为团体咨询的常用技术。

在团体咨询中，心理剧是指通过主角（具有求助需求的咨询对象）、配角（因剧情需要而邀请参加的咨询对象的同伴或其他人员）和导演（咨询人员）的相互合作，运用戏剧化即兴表演的方式，帮助咨询对象宣泄受压抑的情绪，缓解内心冲突，增强适应环境的能力。

二、心理剧的特点

与角色扮演相比，心理剧具有以下几个特点：

第一，心理剧的参与人员更多。除了咨询人员与咨询对象外，还需要挑选适当的配角。这些配角不需要经过专门训练，他们在心理剧中仅仅充当辅助性角色，有时也可充当观众。

第二，心理剧十分强调主角的即兴表演。如果说角色扮演重在扮演者对特定角色的体验与仿效，心理剧则更加关注咨询对象此时此刻的真实心理冲突及情绪感受，试图通过即兴表演使之外化并得以宣泄，从而达到对咨询对象提供帮助的目的。

第三，心理剧的剧情创设要求较高。当咨询人员对咨询对象的心理冲突把握不准确或不够深刻的时候，咨询对象的即兴表演常常会流于形式而达不到预期的效果。

第四，心理剧主要用于障碍性干预或治疗。假如在发展性咨询中使用心理剧技术，这一技术的使用往往与社会剧技术的使用形成交叉。

三、心理剧的功能

（一）有利于咨询对象把握心理冲突

在心理剧中，没有固定的表演脚本，咨询对象（主角）在关爱的氛围中将自身遇到的心理冲突以戏剧化的方式集中展现出来，这种展现方式对咨询对象的自我觉察、自我探索具有重要帮助。

（二）有利于咨询对象疏导不良情绪

心理剧为咨询对象提供了宣泄不良情绪的戏剧化舞台。随着剧情的进展，咨询对象对自己心理问题的认识越来越深刻；借助剧情中的相关人物，咨询对象的烦躁、焦虑、苦闷等各种受压抑的情绪逐渐得到释放，这显然有利于缓解咨询对象的心理压力。

（三）有利于咨询对象提高适应能力

心理剧创设了大量的人际互动机会。通过与导演的接触、与其他同伴的合作，咨询对象潜移默化地受到社会化学习的熏陶，这无论对提高咨询对象的自我控制能力，还是提高咨询对象与特定情境的相互协调能力，都大有益处。

四、心理剧的实施步骤

（一）准备阶段

准备阶段主要是确定主题、设置场景和挑选配角。咨询人员可根据咨询对象的求助需求，大致确定心理剧的主题线索，然后采取随机招募或特别邀请的方式，组建心理剧的临时表演团体（关键是选好具有爱心且乐于付出的配角），并进行适当的场景布置。

（二）表演阶段

营造平等、真诚、关怀、支持的团体气氛，是促使主角即兴发挥的前提条件。在引导主角即兴表演前，导演应向配角大体说明表演的意图；主角即兴表演开始后，导演应指导配角紧随主角的表演线索，做好相应的剧情延展工作。即兴表演可鼓励夸张等戏剧化的情节表现，但要始终围绕主角的心理冲突进行，这样才能真正体现心理剧的本质特征。一旦主角的心理冲突得到有效反映，情绪压抑获得明显释放，表演过程即可宣告结束。

（三）交流阶段

引导主角和配角相互交流参与心理剧的感受及其收获，是心理剧实施过程中一个不可缺少的环节。相互交流不仅有助于提高咨询对象的自我觉察水平与适应环境能力，而且也有助于其他参与者的触类旁通与社会化学习。

五、心理剧的使用注意事项

（一）咨询人员（导演）应具备较高的专业素质

莫雷诺等人认为，未接受过专门培训的人员随意使用心理剧技术，有可能对剧中主角造成潜在伤害。因此，使用心理剧的咨询人员应当熟悉精神分析的治疗理论，并且掌握舞台艺术的基本指导技能。如果不具备上述专业素质，则不宜使用该项技术。

（二）配角的选择需引起重视

配角是心理剧的构成要素之一。如果选择的配角感悟力不强，又缺少必要的耐心和良好的情感品质，这样就会影响剧情的顺利发展和表演之后相互交流的效果。

（三）切实把握心理剧的适用对象

心理剧主要用于障碍性干预或治疗。对于具有轻微心理障碍、语言表达正常并具有一定表现愿望的青少年求助者，可考虑采用心理剧技术提供帮助。对于年龄较小、语言理解能力弱、缺乏表现愿望的学龄儿童，不宜采用心理剧技术进行干预或治疗。

（四）充分考虑文化背景的差异问题

心理剧作为一种外来文化的产物，在西方文化背景中已经显示出很强的生命力。将这种干预或治疗技术引入国内，必须认真研究中国文化传统对推行这一技术产生的影响。例如，中国学生往往具有含蓄、拘谨的性格特点，在这样一种文化背景下，任何强迫咨询对象接受心理剧干预或治疗的做法，都有可能加重当事学生的心理创伤，因而应当加以杜绝。

第三节　交朋友小组

一、交朋友小组的含义

交朋友小组系人本主义心理学家罗杰斯大力倡导的一种团体咨询活动。最初这种活动仅仅限于交往层面的“心与心的沟通”，后来更加关注小组成员的潜能开发与成长问题，因此目前人们对交朋友小组的理解，已经把小组交流、潜能开发、自我成长诸种要素有机融合在一起。

考虑到交朋友小组内涵的深化，我们认为，把这一术语界定为“以开发潜能、促进成长为宗旨的小团体交流及其相关训练”，可能更加符合人本主义学派的本意与追求。

二、交朋友小组的特点

交朋友小组的特点可着重概括为以下三个方面：

第一，把正常学生作为自己的工作目标，力图按照人本主义的理想为来访学生服务。

第二，极为重视团体气氛的营造，认为坦率、真诚、相互尊重、轻松和谐的团体气氛本身，便可构成展示自我、促进成长的强大动力。

第三，十分关注小组成员的自我探索与相互启发，相信通过耐心引导，小组成员的固有潜力与自我实现趋向一定能够得到有效激发。

三、交朋友小组的功能

学校情境下的交朋友小组，至少具有以下功能。

（一）为彼此陌生的学生提供人际交流的机会

虽然陌生学生的人际交流可以来自多种渠道，但通过交朋友小组为陌生学生提供的人际交流，气氛更轻松，体验更独特，互动更集中。这种目标明确、规模适当、真情实境的专业化人际交流，可在较短时间内明显地提高陌生学生的人际交往质量。

（二）为经验缺乏的学生搭建社会学习的平台

在交朋友小组这一充满社会化色彩的专业训练团体中，小组成员将深刻感受到社会角色、家庭背景、生活经历、民族传统、地域差异等文化历史信息对现实生活的复杂影响，从而为人生经验缺乏的学生提供了社会学习的难得契机。

（三）为素质脆弱的学生营造自我成长的环境

在独生子女日益增多的时代背景下，针对独生子女孤僻、依赖、退缩、自我中心等容易滋生的性格缺陷以及其他心理素质方面的弱点，利用交朋友小组的特定条件，对其进行有针对性的陶冶或训练，对于帮助此类学生达到自我认识、自我完善的成长目标具有重要意义。

（四）为渴望成才的学生创造潜能开发的条件

对那些非常渴望尽早成才的青少年学生来说，交朋友小组无疑是一个相互激励的诱人团体。在这里，青少年学生积极进取的需要得到极大满足，他们自身蕴藏的巨大能量逐渐得到展露和释放，这些正是交朋友小组倡导者所关注的焦点。

四、交朋友小组的实施步骤

（一）相互认识阶段

咨询人员首先向小组成员说明活动目的及参加此项活动必须遵守的规则。然后，小组成员相互介绍，可以运用“20 个我”（每人讲述 20 个与自身特点尤其是心理特征密切相关的描述性句子）和“旋转沟通”（小组成员按内圈、外圈的要求对坐，相互自我介绍，之后坐在外圈的人员按顺时针方向依次移动，重新与内圈的人员自我介绍）等多种技法。

（二）信任接受阶段

在咨询人员的巧妙引导和适当培训下（如通过“盲人体验”活动增加小组成员的相互信任），小组成员逐渐破除了戒备心理，彼此之间形成了安全感和接纳感，这样就为随后的深层心理探索和相互交流奠定了基础。

（三）自我探索阶段

这一阶段的主要任务是自我开放。小组成员开诚布公地讲述自己内心的真实感受，通过相互倾听不断加深对自己以及对他人的了解，也可通过“生命线”、

“作画”等具体活动引导小组成员自我开放。

（四）经验分享阶段

经验分享的目的是促进小组成员的社会学习与潜能开发。咨询人员应鼓励活动参与者畅谈自己的人生感悟及参加本次活动的收获。谈论的兴致越高，表达的收获越具体，经验分享的效果越好。

（五）总结提高阶段

经验分享达到高潮后，咨询人员应适时地进行总结归纳，充分肯定大家的参与，热情鼓励小组成员的成长变化，并对小组活动之后的效果巩固提出殷切期望。

五、交朋友小组的使用注意事项

（一）咨询人员的素养问题

交朋友小组对咨询人员的业务素养提出了很高的要求。咨询人员必须扎实掌握人本主义心理学的基本理论，真正具备热情、坦诚、敏锐、谦恭等人格特质，并且具有灵活应对等人际交往与组织管理的技能，这样才能在成长性团体中有效地发挥引导作用。

（二）小组成员的选择问题

交朋友小组的参与人员以具有发展性需求的大、中学生为宜。小学生因年龄较小，对人生经验的理解有限，最好不要采用这种团体咨询方式。有人认为交朋友小组亦可用于障碍性咨询，这虽然有悖于人本主义心理学家的最初主张，但从探索的角度而言，这种做法也是应当予以鼓励的。不过，交朋友小组主要适用于发展性团体咨询，这一点必须加以明确。

（三）小组规模的控制问题

一般认为，交朋友小组的人数在十人左右效果更好。人数过多，无论是自我探索还是经验分享，都会使活动的深度受到限制。

（四）活动技法的运用问题

经过多年来的实践，国外在交朋友小组的具体活动技法上积累了丰富的经验，如在前面实施步骤中提到的“盲人体验”、“生命线”、“作画”等活动技法，在欧美、日本等发达国家的交朋友小组实践中经常采用。我国的团体咨询活动近年来受到越来越多的关注，不少学校在组织交朋友小组活动时，也创造了很多别开生面的新技法，如“叠罗汉”。这些新鲜经验非常值得总结和推广。

第四节　结构性游戏

一、结构性游戏的含义

结构性游戏是指事先建构好游戏主题，制定出严谨的程序与规则，组织具有共同发展要求或存在共同心理问题、渴求帮助的学龄儿童，围绕主题与规则，有计划、有步骤开展的团体助人活动。

作为团体咨询的一种具体方式，结构性游戏关注的是：在这种程序化的团体游戏中，预期的共性心理品质能否得到顺利发展，期待解决的共性心理问题能否得到有效改变。

二、结构性游戏的特点

第一，目标明确。在结构性游戏中，游戏是手段，利用游戏达到共同的发展性目标，或利用游戏解决团体成员共同存在的心理问题，才是活动的主旨。所以，团体咨询中的结构性游戏一定要与一般教育机构组织的结构性游戏有所区分。

第二，程序严谨。结构性游戏中的“结构”二字，强调的是游戏组织过程的计划性和严谨性。既然按照预定目标事先确定了游戏的主题，并且制定了必要的活动程序与规则，那么在游戏过程中就不能随意更改，否则便失去了“结构”的意义。

第三，重在“结果”。结构性游戏追求的是活动的结果，即通过特定的游乐程序，原定的发展性目标或解决问题目标是否如期顺利实现。这种重在“结果”的活动追求，显然与结构性游戏的目标导向密切相关。

三、结构性游戏的功能

（一）促进学龄儿童的心理发展

结构性游戏对于促进学龄儿童心理的成熟与发展具有重要价值。结构性游戏不仅有助于学龄儿童的学习技能训练及其智力开发，而且有助于学龄儿童情感、意志、性格和社会性品质的培养。

（二）解决学龄儿童的心理问题

结构性游戏对于帮助学龄儿童解决校园生活中遇到的心理问题也有积极价值。采用结构性游戏帮助学龄儿童解决心理问题，主要是基于预防性或早期干预的理念，而非治疗取向中的事后干预或补救策略。

（三）增加团体咨询的内在活力

结构性游戏可大大增加团体咨询的趣味性和吸引力，有效地丰富团体咨询的内容，因而是在小学阶段拓展团体咨询工作不可忽视的一个方面。

四、结构性游戏的实施步骤

（一）确定主题

无论是基于发展性的目标还是基于早期预防或干预的目标，结构性游戏都应当具有明确的主题。例如，可将创造想象的培养作为某次发展取向的结构性游戏的主题，也可将纠正攻击倾向作为某次早期预防或干预取向的结构性游戏的主题。

（二）宣布规则

向参与活动的学龄儿童宣布游戏的具体规则。例如，遵从咨询老师的指导、集中精力投入活动、相互之间进行配合、替团体成员保守秘密等。

（三）示范引导

结构性游戏（如命题画图、故事接力、实验演示、头顶气球比赛、软化头脑训练等）通常具有一定的难度，需要咨询人员进行示范后再正式进入活动程序。

（四）交流体会

游戏结束后转入集体交流环节，着重讨论参加本次活动的感受及收获。

（五）巩固成效

咨询人员进行适当点评，鼓励学龄儿童将活动中的收获迁移到日常生活中。

五、结构性游戏的使用注意事项

提前做好游戏前的准备工作。有的结构性游戏需要对场地进行适当布置，有的结构性游戏需要提供必要的道具。对此类问题事先考虑得越细致，准备工作做得越充分，活动时的效果也就会越好。

表达活动主题时尽量使用通俗的语言。如“创造想象力的培养”这一活动主题，可表述为“看看谁的想象更独特”。

按照活动的特点制定游戏规则。如“头顶气球游戏比赛”着重培养学龄儿童的集体意识与合作精神，游戏规则中就应强调“只能用头顶，不能用手、脚、身子触球”，“每方必须在三次传球后才允许将球顶过网”，“球过网后对方接不住即为取胜”。

交流体会比组织游戏本身更重要。因为游戏仅仅是一种活动载体，通过游戏使参与者从中受到感染和启发，完成事先确定的发展性或预防性活动目标，才是结构性游戏的真谛所在。

结构性游戏适用于小学中高年级的同质性儿童（参加者具有同样的发展需求或同样的心理问题）。低年级小学生自我觉察力弱，不适宜参加结构性游戏；不同质的小学中高年级儿童求询目标迥异，也不适宜参加结构性游戏。

第五节　非结构性游戏

一、非结构性游戏的含义

非结构性游戏是指事先不建构游戏主题，也不制定严谨的程序与规则，咨询人员力求通过学龄儿童的自由表现与随机发挥，从中获取多样性或独特性的丰富信息，以便为分类指导奠定可靠基础的团体助人活动。

作为与结构性游戏相对应的一种团体咨询方式，非结构性游戏关注的是：在这种自由表现与随机发挥的团体游戏中，存在哪些特殊的发展性心理需求，以及哪些值得关注的个性化心理问题。非结构性游戏所关注的这些信息，构成以后利用结构性游戏对儿童进行分类指导的基础。

二、非结构性游戏的特点

第一，兴趣导向。在非结构性游戏中，没有固定的活动程序和游戏规则，参与的儿童可自由地表达自己的意向，咨询人员往往根据多数参与儿童的兴趣与愿望随机组织游戏活动。

第二，程序灵活。任何一种游戏都需要一定的程序，否则游戏活动就无法组织实施；但在非结构性游戏中，游戏的程序十分灵活，咨询人员可根据现场的实际情况，随时调整活动的内容与步骤。

第三，重在“过程”。非结构性游戏主要关注活动的过程，力求从参与儿童的自由发挥中了解团体成员多样化的发展需求，以及团体成员中独特的心理问题，这对于形成以后分类指导的合理构想具有重要价值。

三、非结构性游戏的功能

（一）探索学龄儿童的多样化发展需求

非结构性游戏是探索学龄儿童多样化发展需求的一种有效方式。通过学龄儿童的自发游乐和尽情发挥，咨询人员可从中发现很多具有典型意义的发展性需求，这对于咨询人员精心梳理团体咨询的线索、合理制定发展性咨询的方略具有重要意义。

（二）把握学龄儿童的个性化心理问题

非结构性游戏也是把握学龄儿童个性化心理问题的一种有效方式。学龄儿童的心理问题起源不一，表现各异。通过与学龄儿童的直接接触和细心观察，咨询人员对那些具有独特心理问题、需要提供帮助的儿童印象深刻，这样就为团体咨询中的早期预防或干预创造了条件。

（三）增加团体咨询的针对性和有效性

无论对学龄儿童多样化发展需求的探索，还是对学龄儿童个性化心理问题的把握，其最终目的就是要形成分类指导的合理构想，努力增强团体咨询的针对性和有效性。这也正是非结构性游戏重要功能的一种综合体现。

四、非结构性游戏的实施步骤

（一）利用多种手段调动儿童参与活动的积极性

前来参加非结构性游戏的儿童，大多不明确自己的发展性需求，或意识不到自身存在的心理问题，有些儿童也可能对到团体咨询室存有疑虑。因此，活动伊始需采用“兴趣引路”的策略，利用多种手段调动儿童参与活动的积极性。例如，可通过“暖身”方式吸引儿童的注意力，也可通过“有奖竞猜”方式激发儿童参与的愿望。

（二）根据多数儿童的意向随机组织游戏活动

鉴于非结构性游戏事先不建构游戏主题，也不制定严谨的程序与规则，因而游戏活动的内容与形式便只能按照多数儿童的兴趣随机安排。例如，多数儿童希望在本次活动中表现自己的小制作本领，咨询人员便可根据咨询室的条件，将“剪脚印”、“画手掌”、“脚印与手掌自由组合”等小制作游戏作为本次活动的重点。

(三) 形成分类指导的构想并在以后逐步落实

通过观察儿童在随机游戏中的具体表现，咨询人员获得了丰富的多样性或独特性信息。正是由于有了以上这些宝贵的信息资源，咨询人员才有可能形成分类指导的具体构想。而分类指导构想的正式形成，恰恰标志着非结构性游戏使命的结束，因为在以后的咨询实践中对上述分类指导构想的逐步落实，实际上已经转化成为结构性游戏。

五、非结构性游戏的使用注意事项

团体咨询室应当具有足够的空间和基本的游戏用具，这样才能满足儿童即兴游戏的愿望。

随机组织游戏的时间不宜过长，一般应控制在30分钟以内。

咨询人员在随机组织游戏时，要密切观察儿童的表现，努力捕捉那些具有心理指导意义的典型性、独特性信息。

要恰当处理好非结构性游戏与结构性游戏的转化问题。在某种意义上，非结构性游戏是在为结构性游戏准备后备资源；非结构性游戏中形成的分类指导构想是否科学合理，直接关系到其后结构性游戏的成效。

非结构性游戏适用于小学中高年级的异质性儿童（参加者不明确自己的发展性需求，通常也意识不到自身存在的心理问题）。

第六节　价值澄清训练

一、价值澄清训练的含义

价值澄清训练是指针对学生在价值观方面的冲突，通过价值比较和价值选择程序，帮助学生确定合理的价值目标并付诸行动的团体训练活动。

价值澄清训练最初来源于美国纽约州立大学以拉斯（L. Raths）等人为代表的价值澄清学派。该学派主张把道德教育与学生的现实需要紧密联系起来，让学生从具体生活入手，体验价值冲突，分辨价值的社会意义，自主进行价值选择，并通过与他人的价值交流与自身实践，强化积极的价值导向。

二、价值澄清训练的特点

第一，正视学生的价值冲突问题。价值澄清训练把学生在日常生活中遇到的价值冲突作为训练的前提，因此，鼓励学生描述价值冲突便成为训练过程的首要环节。

第二，珍惜学生的价值选择权利。在民主平等的现代氛围中，每个人都有自己的价值选择权利，学生也不例外。这一点在价值澄清训练中具有核心意义。

第三，注重学生的价值形成规律。学生价值观念的形成规律是从具体走向抽象，因而帮助学生从具体的价值比较入手，逐步形成以人为贵的抽象价值理念，是价值澄清训练的根本要求。

第四，强调在行动中领悟价值真谛。价值澄清训练十分重视将学生的价值理想引向具体行动，从而给价值澄清训练增加了团体实践活动的色彩。

三、价值澄清训练的功能

(一) 有助于化解学生的内心价值冲突

在社会处于转型或重大变革的时期，原有的价值体系受到冲击，多元化或新的价值理念尚未牢固确立，在这种背景下，学生在价值观方面出现这样那样的心理冲突是不可避免的；从心理发展的年龄特点来看，青少年阶段也是价值观初步形成、很不稳定、亟须引导的时期。基于以上原因，价值澄清训练把学生在价值观方面遇到的矛盾冲突汇集起来，以迎接挑战的姿态帮助学生学会面对。这种直面冲突不予回避的方式，实际上对化解学生的价值冲突颇为有益。

(二) 有助于提高学生自主选择价值的能力

自主性是人的主观能动性的具体体现。在价值观问题上，同样需要学生的自主选择，这样才能真正发挥价值理念对人生成长的导向驱动作用。价值澄清训练把引导学生自主选择人生价值作为团体活动的核心一环，试图通过价值比较，使学生深刻理解人自身的价值比其他任何贵重物品更加珍贵的道理。这显然有助于提升学生的价值理解层次，并帮助学生逐步确立积极向上的价值目标。

(三) 有助于引导学生合理确定价值目标

价值目标是一个人对于客观事物和人的价值的主观确认及道德追求。价值目标强调的是现实可能性，引领社会成员立即行动；价值目标的不断实现与提高，将为理想目标（人们对理想境界的长远追求）的确立奠定可靠的基础。价值澄清训练把引导学生合理确定价值目标作为每次活动的重点内容，通过多次训练，将会明显地巩固与深化学生主导性的价值取向。

(四) 有助于鼓励学生通过行动体验价值本质

价值目标不是一句空话，只有通过具体行动，才能使价值目标显现出现实的社会意义。因此，付之行动并集体交流行动后的收获，对于帮助学生真正领会爱因斯坦所说的“一个人的价值，应当看他贡献什么，而不应当看他取得什么”①，具有十分重要的意义。

---

① 爱因斯坦．论教育［M］//名人名言录．上海：上海人民出版社，1983：6.

四、价值澄清训练的实施步骤

拉斯等人曾将价值澄清训练的步骤概括为：1. 进行两难选择；2. 进行自由选择；3. 考虑各种选择的后果后进行选择；4. 估价并珍重自己作出的选择；5. 自愿地向众人证实自己的选择；6. 在选择的同时做出相应的事情；7. 以始终一贯的方式行动。

根据我们自己的团体咨询实践，价值澄清训练主要包括如下五个步骤。

(一) 描述价值冲突

要求团体成员每人讲述一件与价值问题有关并且使自己感到困惑的事例。

(二) 进行价值比较

引导团体成员对相互讲述的事例进行比较，并根据自己对价值的理解标准，按照从低到高的顺序，每人列出一份“我的价值单”。

(三) 展开价值辨析

团体成员相互交流“我的价值单”，然后进行集体讨论：在我们这个社会中，什么样的行为最有价值？

(四) 制定价值目标行动计划

根据集体谈论形成的共识，每个成员依据新的价值标准，人人制定一份体现最有价值行为的“行动计划”，并当众宣读。

(五) 按照计划立即行动，或作好准备随后兑现

鼓励团体成员按照自己的计划立即行动，以充分体现个人对价值问题的新的理解；对难以在现场行动的学生，则要求他们作好准备，务必在活动之后去兑现自己的行动计划。

五、价值澄清训练的使用注意事项

价值澄清训练的适用范围较广。对易于产生价值迷茫的中学生来说，训练的针对性更强，也更容易显现训练成效。

在小学生中进行价值澄清训练，要特别注意把学生的目光从日常物品的使用价值逐渐引向人的价值，千万不要把活动的重点放在价值概念的抽象讲解中。

价值澄清训练贵在价值的自主选择，所以咨询人员切勿把自己的价值观强行灌输给学生。

如果有学生在描述价值冲突时出现偏激现象或奇特感受，咨询人员应引导团体成员尊重每个人的独特表达方式，这本身也是对人的价值的一种肯定。

【建议参考资料】

1. 樊富珉．团体咨询的理论与实践［M］. 北京：清华大学出版社，1996.

2. 任桂秀．团体咨询手册［M］．成都：电子科技大学出版社，2006.

【问题与思考】

1. 团体咨询包括哪些常用技术？
2. 角色扮演、心理剧、交朋友小组的主要特点是什么？
3. 结构性游戏与非结构性游戏的异同有哪些？
4. 价值澄清的实施步骤是什么？在实施中要注意哪些问题？
5. 如何从发展性咨询的角度有效地运用团体咨询技术？

第六章　学习问题指导

【本章提要】

学习策略、学习疲劳、学习困难、厌学倾向在日常学校心理咨询中占有重要位置。

在大学生的学习策略指导中，需引导大学生妥善处理好广博与专深的关系、自学与求师的关系、理论与应用的关系，不断提高自己的学习效率，此外还要充分认识大学生参加科研活动的意义与特点，掌握科研论文写作的具体要领。

学习疲劳的预防策略主要包括：合理安排学习的课程，在课堂教学诸环节上预防疲劳，确保学生的休息和睡眠，注意学生的营养问题，通过丹田呼吸法训练减轻脑力疲劳。

学习困难的指导应从夯实各科基础知识教学，为经常缺课或新转入的学生提供个别辅导，多给学习困难儿童提供成功的机会，有效防范学习困难儿童的自卑感和嫉妒心理，加强对学习困难儿童学习方法的具体指导，强化学校与家庭的联系及合作等方面，尽可能为学习困难儿童创造良好的学习条件。

厌学倾向的预防与干预策略是：在全社会营造“学习为荣”的良好气氛，通过推进素质教育优化校园的学习环境，帮助家长形成科学的教育理念与教养方式，为厌学倾向严重的学生及时提供有效干预。

【学习重点】

1. 明确学习问题指导的意义。
2. 掌握学习策略、学习疲劳、学习困难、厌学倾向的指导要点及相关对策。

【重要术语】

学习策略　学习疲劳　学习困难　厌学倾向

第一节　学习策略

学习策略是我们在对大学生进行学习指导时十分关注的问题。我们这里所说的学习策略，不仅包括大学生的学习运筹与学习方法，也包括大学生参与科研实践的有关问题。大学生学习策略的指导要领，对中学生的学习策略指导也具有一定的启发意义。

一、大学生的学习运筹与学习方法指导

（一）大学生的学习运筹指导

大学生的学习运筹体现了大学生在学习问题上的宏观思考和规律性认识。这个问题解决好了，不仅有助于提高大学生的学习效率，而且可以使大学生避免许多学习上的迷惘。

我们认为，在对大学生的学习运筹进行指导时，应引导他们着重处理好下面三个关系。

1. 广博与专深的关系

博与专的统一是学习的一条重要规律。对此，古今中外许多学者、教育家曾有过精辟论述。据《论语》记载，孔子曾对他的学生子贡说："赐也，女以予为多学而识之者与?"子贡回答："然，非与?"孔子说，"非也，予一以贯之。"① 孔子这段话的意思是：学习中博与专的矛盾，要以辩证的观点来看待。以博为基础，在博的基础上专深，既博且专，这才是学习的应有策略。孟子继承了孔子的思想。他认为，做学问之道，不仅应注意博学，而且需注重由博反约，即博专结合。孟子的原话是："博学而详说之，将以反说约也"，② "守约而施博者，善道也。"③ 我国现代伟大的文学家、思想家鲁迅先生在《读书杂谈》中也说过："大可看看本分以外的书，即课外的书，不要只将课内的书抱住。""譬如学理科的，偏看看文学书，学文学的，偏看看科学书，看看别个在那里研究的，究竟是怎么一回事。这样子，对于别人，别事，可以有更深的了解。"④ 苏联著名教育家、心理学家苏霍姆林斯基在给一名大学生关于如何学习的回信中指出：每天要仔细钻研几页多少与教学科目有关的学术著作；除此之外，还要阅读一些科学和科普读物。他说："你所阅读的一切，就是你用以治学的精神财富的积累，这个积累越雄厚，就越容易学习。""你的周围有一个浩瀚的书刊海洋。大学时代要非常严格慎重地选择阅读书籍和杂志。爱钻研和求知欲旺盛的人总是想博览一切，然而这是做不到的。"⑤ 显然，鲁迅和苏霍姆林斯基对大学生学习的博与专问题都十分重视，他们都大力倡导博与专的结合、博与专的统一，因为这是学习中的一条重要规律，是学习成功的必要条件。

可见，在大学生的学习运筹中，首先必须处理好博学与专深的关系。一方面，要在大学学习的基础阶段扎扎实实地学好各门基础课程，同时利用大学学习的有利时机，适当多学一点相关学科的知识，学一点新学科、新领域的知识，这

---

① 《论语·卫灵公》
② 《孟子·离娄（下）》
③ 《孟子·尽心（下）》
④ 鲁迅．鲁迅全集（第3卷）［M］．北京：人民文学出版社，1973：426.
⑤ 狄枚．怎样科学地学习［M］．北京：北京出版社，1982：32.

就是所谓博学的问题；另一方面，要切实抓好专业课的学习，因为专业课是大学生毕业后从事职业活动和专业研究的资本，只博不专，像万金油一样，那就失去了高等学校培养高级专门人才的意义，这就是所谓专深的问题。专而不死，博而不滥，二者有机结合，相互促进和发展，是每一个大学生在学习运筹时必须领会和明确的。

2. 自学与求师的关系

大学时期，学生的自学时间比较充分，在当今知识总量迅速增加的情况下，人们对大学生自学能力的培养问题又给予了较多的关注，这无疑是很有必要的；但强调自学并不等于忽略教师的作用，更不等于无师自通。尤其是在正规高等教育的条件下，大学生的周围云集着一大批造诣精深、各有专攻的专家、学者、教授，在这样一个优越的求师条件中，大学生千万不能熟视无睹，或者弃之不用。俗话说：名师出高徒。我国唐代学者韩愈在《师说》一文中，开篇便称“古之学者必有师”①。这些都说明了在学习中求师的重要性。当然，大学生在学习的过程中，所遇到的任课教师修养各异，学术水平高低有别，教学方法也优劣不一，碰到这种情况是不奇怪的。从学习战略上考虑，不管遇到的教师是何种情况，毕竟有值得学生学习的方面，这不仅是尊师的道德要求，也是学习规律的反映。因此，大学生在学习时必须具有谦虚谨慎、勤学好问的精神，遇到问题应及时向老师主动求教，这对大学生的成长十分重要。总之，只有把自学与求师密切结合起来，在大力培养自学能力的同时，积极主动地去求师、问师，才能做到有惑即解，变无知为有知，变知之不多为知之较多，这样才能为大学生的成才创造必要的条件。

3. 理论与应用的关系

这也是大学生在学习运筹中不可忽视的一个问题。大学生在学校的学习以书本知识为主，也就是以学习理论知识为主。书本上的理论知识是有限的，而客观世界却是广阔无垠、复杂多变的，这就要求大学生在理论学习的同时，必须要考虑到它的实际应用。要从应用的目的去研究理论，吸收理论，并经应用的观点去审视理论的适用性和局限性，以便争取通过实际应用使理论得到检验和发展。根据这样的思路来看问题，就要求大学生在学习理论的过程中，要尽可能多地创造条件去接触自然，深入社会，以便通过与实际事物的接触，对理论知识有更深刻的了解。南宋诗人陆游认为：“纸上得来终觉浅，绝知此事要躬行。”② 清代学者颜元认为：“学问以用而见其得失，口笔之得者不足恃。”③ 这些见解都深刻揭示

① 《韩昌黎集·师说》

② 《冬夜读书示子聿》（之三）

③ 《习斋记余》

了理论与应用之间的关系，是值得大学生深思和牢记的。理论与应用的关系，归根到底，是理论与实际相统一的问题，是辩证唯物主义认识论在学习规律上的反映。对这一点，应当具有深刻的认识。

以上，我们结合学习规律就大学生的学习运筹谈了一些指导性的意见。学习的规律是复杂的，大学生的学习运筹也远远不止以上所谈的几个方面。我们这里只不过是作为示范，就大学生学习运筹的指导提供一种思路、一点启示，以供咨询工作者参考。

（二）大学生的学习方法指导

大学生学习的具体方法很多。从课堂记笔记，到思维的技巧，都有指导的必要。我们在学习方法的指导实践中，曾向大学生推荐了两种国外流行的学习方法，即SQ3R学习法和P-I-R学习法，学生感到颇受启发和实用。虽然这两种方法目前在国内已不陌生，但为了示范的需要，我们对这两种方法再作一下简要介绍。

1. SQ3R学习法

这是罗滨逊（F. P. Robinson）设计的一种学习方法，目的旨在帮助学生获得把握重点的技巧以及掌握减轻遗忘的方法。

SQ3R学习法的具体步骤如下：

第一步，浏览（survey），是指对教材标题作迅速浏览，以便了解教材中的主要观点和这些观点呈现的逻辑顺序；

第二步，问题（question），即把教材中章节的标题转换成问题，以便集中注意和思考每一章节所讨论的主题；

第三步，阅读（read），是指认真阅读标题下面各部分的具体内容，以便能够对问题作出回答；

第四步，背诵（recite），即在阅读完毕后，根据个人对内容的理解和回答问题的需要，整理出简明的答题大纲，予以背诵；

第五步，复习（review），指在学习之后即对全部学习内容作简略复习，一则进一步获得对教材内容和结构体系的整体印象，二则可纠正记忆中的错误，加深对教材重点的准确理解和记忆。

2. P-I-R学习法

这种学习方法是由加里森和格雷（Carrison & Gray）提出来的。

P是英语preview（预习）一词的简写。课前预习对提高听课效果关系很大。预习可以提高独立思考的能力，减少听课中的障碍，掌握课堂听讲的主动权。预习中应该做到：重温已有知识，建立新旧知识间的联系；概略了解新课程的内容和结构，理清听课时的思路；提出不懂和需深入研究的问题，以求强化听课的效果。

I是英语identification（辨别）一词的简写。所谓“辨别”是指在课堂听讲的过程中，对于讲授重点和难点的识别与把握。教师在课堂讲授中，往往会围绕教材的重点和难点加以发挥，或补充一些新材料、新论据，或提出个人的新观点、新见解供学生思考。对这些课堂讲授的新内容，学习者必须具有敏锐的辨别能力。要善于搞清教师课堂讲授的新材料与教材内容之间的关系，准确识别其不同点和共同点，这样才有助于对教材重点、难点的理解与消化。

R是英语review（复习）一词的简写。听课之后及时复习，不留疑点或漏洞；复习中注意概括归纳，将所学的新知识有序地纳入已有的认知结构，力求做到融会贯通，记准用活。这样的复习是有效学习所必需的。

二、大学生的科研问题指导

（一）指导大学生充分认识参加科研活动的意义

咨询人员应着重引导大学生从以下两个方面深刻认识在校期间积极参加力所能及的科研活动的意义。

第一，参加科研活动可以使大学生的思维能力特别是辩证思维、创造性思维得到锻炼和提高，同时对大学生自学能力、操作能力、独立研究能力以及整体创新能力的培养也有积极意义。

第二，参与科研活动也有助于大学生对生产实践和社会生活的了解，这不仅对大学生理论联系实际、学以致用具有直接意义，而且对巩固大学生的专业思想，形成对未来职业的热爱、责任感、一丝不苟、实事求是等职业心理品质，也有不可忽视的作用。

（二）大学生科研活动的特点

大学生的科研活动，同专业工作者或实际工作者的科研活动相比，无论在内容、目的与形式上都有一些不同的特点。对于这些特点，咨询人员必须心中有数，这样才能防止在科研指导的过程中出现盲目性。

从内容上看，大学生的科研活动是整个高等学校教学计划的一个组成部分，因而大学生科研活动的内容一般应围绕教学计划的安排来进行。虽然大学生在参与教师承担的科研课题中，有些课题直接涉及到国家的经济建设和社会发展，但大学生在参与此类科研活动时，仍然应当首先服从于高等学校教学计划的需要。

从目的上看，大学生参加科研活动的主要目的是为了培养能力，发展职业心理品质，而不是为了理论创造、科学发明或直接创造物质财富。因此，对大学生参加科研活动不能像专业工作者那样去要求，也不能把大学生直接作为科研人员的助手来对待和使用。

从形式上看，目前我国大学生主要是通过社会调查、科学实验、毕业论文或设计以及参与部分教师所承担的科研课题等形式来参与科研实践。在这些形式中，以毕业论文或设计对大学生的锻炼和提高最大，因此尤应引起重视。

（三）大学生科研论文写作的具体指导

由于科研论文写作的指导对大学生的科研能力具有重要作用，因而大学生对这个问题非常重视。根据我们的工作实践，我们认为大学生科研论文写作的指导应从以下三个方面着手。

第一，指导大学生学会独立选择科研课题。科研论文选题是从事论文写作的一项基本功。选题的好坏，直接关系到整个科研论文写作的成败。一般言之，科研论文选题应遵循下述三项基本原则：1. 选题要有一定的理论意义或实践意义。所谓“有意义”，是指所选课题在理论上要对别人有启发、有帮助，或者在实践上对指导实际工作有助益。如果所选的课题既有理论意义，又有实践意义，并且具有独创的性质，那么这一选题便是相当成功的。2. 选题必须量力而行，大小适度。选题过大或过小，均不利于论文写作。选题过大，讲不深，写不透，容易导致空泛、肤浅，在论文写作的时间上也会造成较大的心理压力；选题过小，轻而易举，不费力气，既不利于锻炼，也不容易引起别人重视。不过，就初次锻炼论文写作来说，选题还是小些为宜。要以小见大，重挖掘，求新意，这样更符合初写者的实际。3. 选题应当符合自己的知识积累，力求在深思熟虑的基础上提出选题。如果平日缺乏积累，脑子里又没有真正考虑成熟，在这种情况下提出的选题往往难度较大，不易成功。

第二，指导大学生掌握搜集资料的基本技能。搜集资料的过程本身，实际上也是科学研究的一个组成部分。搜集资料时应当注意：1. 要积极利用各种文献检索工具。图书目录、报刊索引、文摘杂志等，是高等学校常备的检索工具。选题确定之后，围绕选题利用各种检索工具搜集资料，可以大大提高搜集资料的效率。有些大学生不善于利用检索工具，喜欢根据个人平时的印象，东一榔头、西一棒子地查找资料，这是一个很不好的习惯，应指导他们予以纠正。2. 要抓住重点，尽量搜集与选题关系最密切、最有价值的原始资料。搜集资料固然越全面、越系统越好，但事实上，由于大学生的时间、精力有限，要完全做到这一点是很困难的。因此，在浏览目录、索引的基础上，挑出与自己的论文选题关系最密切的内容进行原始资料的重点搜集，是一项事半功倍的工作。3. 要充分发挥信息技术在搜集资料中的便捷作用。以数字技术和互联网络为代表的信息技术，对于提高资料搜集的广度、深度特别是时效性具有不可低估的意义。大学生一般都非常重视“上网”搜集资料。但面对无边无际的网络空间，如果缺乏网上搜索的基本技能，也会浪费宝贵的时间。所以，在这方面应对大学生进行经常性的指导。4. 搜集资料往往不是一次完成的。在论文写作和修改的过程中，有时还可能需要进行必要的资料搜集和核查工作。对此，应当怀着一丝不苟、认真负责的精神，善始善终地处理好搜集资料的每一个环节。

第三，指导大学生解决科研论文写作中的具体问题。科研论文的种类很多，调查报告、实验报告、理论文章、文献评述等，都属于科研论文的范畴。不同类型的科研论文有不同的写作要求。例如撰写调查报告，其内容就必须包括调查的目的与意义，对象与方法，结果分析，问题讨论，结论，等等。当然，有些内容可以根据具体情况适当省略。如果撰写一篇理论文章，论点、论据和论证的内容则是不可缺少的。无论哪种类型的科研论文，在写作过程中都应当注意：观点要明确，材料应可靠，结构需严谨，详略要得宜；在语言的表述上，应力求简练、准确、生动。写文章讲究一定的文采，这固然是好事，但科研论文须力戒华而不实，以辞害意，这一点是十分重要的。也正是在这个问题上，初学写作的大学生容易出毛病，因而在写作指导中应予以强调。科研论文的初稿完成以后，还要认真进行修改加工。字斟句酌，反复推敲，删繁就简，力求畅达，这些修改文章的基本功是不可或缺的。恰当使用标点符号，引文、图表准确、规范，按照出版要求列出参考文献，等等，这些看来很小的问题，在论文修改中也不应放过。因为正是这些看来很小的事情，却往往反映着作者的文风和治学态度，因而是万万不可忽略的。

第二节　学习疲劳

学习疲劳是在中小学生中经常发生的现象。从预防角度重视学生的学习疲劳问题，不仅有助于促进中小学生的身心健康，也有助于提高学校的科学管理水平。

一、疲劳的相关界定及其与学习的关系

疲劳是指连续工作后工作效率下降的现象。疲劳可分为生理疲劳与心理疲劳。生理疲劳包括肌肉组织和神经系统的疲劳。心理疲劳是指由心理因素的影响（如缺乏兴趣、厌烦、懈怠等）所导致的工作效率的下降。

学习是一项艰苦的脑力劳动。在学习过程中，大脑皮层兴奋区域的代谢逐步加强，血流量和耗氧量增加，以保证大脑工作的需要。但是，如果学生的紧张学习持续时间过长，消耗过程逐渐超过恢复过程，大脑的工作能力就会下降，产生疲劳，出现保护性抑制。大脑皮层若长期处于疲劳状态，会使人的视力减退、食欲不振、面色苍白、血压增高、大脑供血不足、瞌睡、失眠、头热、脚冷等；在心理方面则会产生忧郁、烦躁、信心不足、记忆力减退、注意力难以集中、思维迟缓等现象。学生的年龄越小，在学习过程中越容易产生疲劳。因此，注意中小学生的用脑卫生，防止疲劳特别是过度疲劳现象的产生，是中小学生学习指导不可忽视的一项内容。

二、学习疲劳的预防策略

（一）合理安排学习的课程

学习课程若安排不当，困难的学科相继排列，易使学生陷入高度疲劳状态。在中小学生每天课程的安排上，上午第一节和下午第一节一般应安排中等难度的

学科，上午二三节可安排难度较大的学科，上午第四节以较轻松的课程学习为宜，体育课最好安排在一天的最后。在一周课程的安排上，星期二至星期四可安排较难的课程，星期一和星期五的课程应当容易些。复习必须在平时有计划地进行，千万不可搞期末突击，以免学生过度疲劳。

（二）在课堂教学诸环节上预防疲劳

就教学内容来看，应当注意深浅适度，符合中小学生的智力发展水平和已有知识经验；就教学方法来说，应当做到灵活多样，直观有趣，讲练结合，适合中小学生的年龄特点；就教学环境来讲，室温、光线、空气流通、课桌椅的安排等，都应符合中小学生身心健康的要求，努力做到协调、舒适。

（三）确保学生的休息和睡眠

休息是消除疲劳的重要措施。根据大脑皮层镶嵌式活动的特性，课间应引导学生到教室外面适当活动。教师上课需力戒拖堂。课外作业千万不能过多。当堂讲授、当堂练习、当堂消化，对减轻学生的课外学习负担是极为有利的。学生的课外活动量也要适当控制。文体娱乐活动如果过量，同样会造成学习疲劳。

对于家长来说，一方面应注意不要望子成龙心切，在老师已经布置的课外作业的基础上再搞“层层加码”；另一方面也不要因为个人的兴趣爱好和娱乐方式（如打牌、下棋、看电视等），影响孩子的休息和睡眠。根据国家有关规定，家长一定要保证中小学生每天睡足八小时以上，而且应保证睡眠的质量。因为睡眠不但可以消除疲劳，恢复肌肉和神经系统的功能，而且也是保证学生神经精神发育的必要条件。对此，家长应有足够的认识。

（四）注意学生的营养问题

中小学生既处在生长发育的重要时期，又担负着学习的繁重任务。在这种情况下，不仅应通过休息、睡眠来调节学生的疲劳，而且还应通过增加营养帮助学生改善大脑的活动机能，提高学习效率，缓解脑力疲劳。我国自古就有通过营养健脑益智的传统。随着现代科学的发展，人们对这个问题的认识越来越深化。迄今人们已经发现，鸡蛋、豆腐、瘦肉、鱼类、奶类、小米、玉米、花生、核桃、黑芝麻、金针菜、枣、杏仁、栗子、松子、葵花子、海藻类食物，含有丰富的蛋白质和维生素，是健脑益智的优良食品。家庭经济条件如果允许，应当尽量让学生多食用一些此类食品。家长应特别注意纠正学生的偏食习惯，因为偏食不仅对健脑益智有所损害，而且还会带来很多疾病，其后果不可低估。

（五）通过丹田呼吸法训练减轻脑力疲劳

据研究，采用丹田呼吸法，对于减轻学生的脑力疲劳，促进神经系统和整个身心的发育，具有重要作用。

所谓丹田呼吸是一种呼气、吸气均产生强腹压的呼吸方式，其重点在于呼气要领的掌握，因为掌握了呼气的要领，也就能自然并充分地进行相应的吸气。

关于呼气的要领，主要包括：

1. 上体放松，力入心窝，以此姿势开始呼气；

2. 将气深长缓缓呼出。

进行丹田呼吸训练的主要好处是：

1. 锻炼胸部呼吸肌；

2. 锻炼膈肌；

3. 提高腹压；

4. 改善脑循环。

呼气训练开始可定为 5 秒、10 秒，以后可增至 20 秒、30 秒、40 秒，甚至 1 分钟。初练时，可能达不到深呼气的要求，只要呼气已尽，即可全身放松，然后将力再次落入心窝，上体向前弯曲，同时将气呼出。经过一段时间的练习，便可达到深长呼气的要求。

掌握了呼气的要领之后，接着可进行屈伸呼吸训练。

屈伸呼吸训练的要领是：

1. 吸气：双手（可握空拳）沿胸部向上，同时用鼻徐徐吸气，充分扩展胸腔。此时，脊梁伸直，颈部稍向后倾，将气吸足。而后转入呼气。

2. 呼气：徐徐将气放出的同时，力入心窝，双手静静下落至心窝位置，力入于下腹丹田，呈上虚下实姿势。之后，进行第二次吸气和长呼气。最后一步，也是最关键的，就是认真做好丹田气的徐徐呼出。呼气时，应当做到连续而长久，最后把气全部呼尽。同时还应做到意守丹田，上体逐渐向前弯曲。此时，上体应弯曲 90 度，使肺内气体全部呼出。由于平时呼吸并不是动用整个肺部，因此，无助于增进肌体的功能。如果每天坚持几分钟屈伸呼吸，就可以充分运动和强化肺部，从而提高肌体功能。

3. 缓气：如 2 所述，深长呼气后，再转入下一次的吸气。此时应进行三次轻松呼吸，用以放松和调整全身。放松时要从肩部肌肉至下身肌肉，使全身松弛宽舒。

咨询人员可按上述要领，指导中小学生掌握丹田呼吸的正确方法。

第三节　学习困难

在中小学生中，有些学生具有良好的学习愿望，但在某些具体的学习过程中却感到相当吃力。这类学生通常被称为学困生，与学困生相联系的学习困难问题也就成为学习指导的一个不可忽略的方面。

一、学习困难的含义、表现及形成原因

学习困难是指某些智力正常或接近正常的学生，因神经系统的某种或某些功能性失调以及其他因素的影响，使其在听、说、读、写、算等方面能力降低或发

展较慢，以致陷入学习困境。

学习困难现象在小学儿童中比较多见。根据美国学者估计，在美国大约有400万学龄儿童存在学习困难。加拿大学者认为，在加拿大100多万具有学习问题的儿童中，半数左右属于学习困难，需要提供心理帮助。国内上海、长沙等地的调查结果显示，学习困难的发生率约占学龄儿童的8%—17%，男女之比为2∶1，以小学二三年级的发生率较高。

学习困难的主要表现包括以下几种。

1. 缺少某种学习技能。这种技能欠缺状态不是由于智力低下造成的，也不是因为缺乏学习动机，可能与动作技能的发育较慢有关。

2. 诵读困难，指不能正确辨认字母、单词或按逆方向阅读，也不能将字母和发音联系起来进行朗读。

3. 计算困难，主要表现为缺乏数的概念，不懂得数的大小，不会进行多位数的加减运算。

4. 绘画困难，由于不能正确掌握空间概念，因而在画图时定位不准，涂色不合规范，严重时甚至造成前后、左右位置颠倒。

5. 学习成绩明显落后。这是学习困难的综合表现，也是引发人们对学习困难学生加以注意的主要特征。

导致学习困难的原因很多。据上海市精神卫生中心儿童行为研究室调查，心理健康问题是引发学习困难的直接原因。遗传素质、不良气质和神经心理功能的某些缺陷，有可能影响儿童学习技能的发育，并最终导致学习困难。此外，在学习困难的儿童中，父母的文化水平偏低，家庭不够和睦，教育子女的态度不一致，忽视知识和个人价值的倾向比较突出，这说明学习困难的出现与家庭和教育因素存在一定的关系。

二、学习困难的干预策略

在国外，对学习困难的干预通常是由附设于大学或医院的专业机构——学习中心负责。例如，在加拿大魁北克省，由麦吉尔大学和蒙特利尔儿童医院合办的一家学习中心，共有20名工作人员，每年可接受600—650名学习困难儿童的干预任务。经过学习中心的精心诊断和个别帮助，绝大多数学习困难儿童都可得到不同程度的改善，有的还可超过一般儿童。

我国目前以学习困难为主要干预对象的专业机构还不多见，对学习困难儿童的干预主要是由条件较好的心理咨询机构（如高等学校的心理咨询中心）承担。我们认为，随着我国心理咨询事业的快速发展，学校与社区联合成立以学习困难为主要干预对象的服务机构，或者在学校专业人员的指导下，由社区出面组建市场化运行的学习困难服务机构，不仅是必要的，也是有可能的。为学习困难儿童提供干预性服务，主要是在诊断的基础上，针对儿童的具体缺陷，制定专门的训练计划，包括编选短期训练用的专门教材和习题、进行标准化示范、及时鼓励引导等。

除了专业机构的干预之外，在学校情境中注意以下几个方面的问题，对学习困难儿童也大有助益。

1. 夯实各科基础知识教学，尤其应抓好读、写、算等基本技能的训练。

2. 为经常缺课或新转入的学生提供个别辅导。

3. 多给学习困难儿童提供成功的机会。

4. 不要在集体场合无意或有意地将学习困难儿童的学习成绩与其他学生的学习成绩进行比较，以防学习困难儿童增加自卑感和嫉妒心理。

5. 加强对学习困难儿童学习方法的具体指导，纠正他们的不良学习习惯，建立新的良好的学习习惯。

6. 强化学校与家庭的联系及合作，共同为学习困难儿童制定助学计划。

第四节　厌学倾向

近年来，家庭、学校、社会环境中的一些消极因素对学生影响很大，使得中小学生包括大学生的厌学情绪均有所滋长。因此，厌学作为一种社会不良倾向的特殊产物，已引起人们的高度关注。

一、厌学倾向的含义、表现及形成原因

厌学倾向是指由于学校、家庭、社会等外部环境中的消极因素所引起的学生厌恶学习的现象。

厌学倾向的主要表现是对学习不感兴趣。厌学的学生对学习具有一种说不出来的苦闷，一提起学习就心烦意乱，焦躁不安；他们对教师或家长怀有抵触情绪，学习成绩不好，有的还兼有品德问题；当学生的厌学情绪严重或受到一定诱因影响时，往往会发生旷课、逃学或辍学现象。

学生厌学倾向的形成原因十分复杂，主要包括以下几点。

（一）应试教育的弊端

在应试教育的影响下，学生学习负担过重，考试频繁，教材难度与学生的接受能力不相吻合；教师过多地采用填鸭式教学，机械训练，滥用惩罚，忽视课外活动对学生成长的意义，对学生缺少关心和爱抚。以上这些应试教育的弊端，对加剧学生的厌学倾向具有不可忽视的影响。

（二）家庭教养方式不当

父母望子成龙心切，重表面分数，不重实际潜能的开发，经常就学习问题责骂或毒打子女，会使子女对学习产生畏惧心理和厌烦情绪；父母重钱轻学，经常要子女帮助自己从事个体经营，会潜移默化地影响子女的心理，使他们目光短浅，

丧失对学习的社会意义的认识，从而失去学习的兴趣。

（三）网络诱惑的干扰

随着信息网络技术的迅速发展，学生与网络打交道的时间越来越多。网络特有的娱乐、交往、互动、多媒体、全方位和全天候等多样化功能，对处于成长阶段的青少年学生具有极大的吸引力。正像一位中学生在作文中写的：“喜欢网络，不管你是‘恐龙’还是‘青蛙’；喜欢网络，无论你是‘菜鸟’还是‘大虾’；喜欢网络，因为一切‘以自己的意志为转移’。喜欢的又何止是网络！‘平等、自由、没有名利’是网络的特点，也是我们希望的世界。最终问大伙一句：没有你，网络还照转；没有网络，你还照转吗？”①

（四）社会不良风气的侵袭

社会上的某些不正之风，如拜金主义思想、享乐主义倾向以及一些不良习俗，都是造成学生厌学的社会诱因。当前，由于下岗职工增多，农民收入增长缓慢，使得一些贫困地区出现为了生存需要而强迫子女辍学、弃学的现象，这类现象的增加也对学生的厌学倾向起到一定的助长作用。

二、厌学倾向的预防与干预策略

我们认为，厌学倾向的预防是一项庞大的系统工程，应当引起全社会的关注；在学生厌学倾向的具体干预方面，学校则应承担主要责任。

（一）在全社会营造“学习为荣”的良好气氛

改革开放以来，党和国家在营造“学习为荣”的良好社会气氛方面做了大量工作，取得了显著的成绩；但也必须看到，形势在不断发展，新情况、新问题层出不穷。因此，如何针对当前部分学生存在的厌学倾向，采用更加积极、更为有效的宣传手段，使广大学生真正领会知识经济的时代内涵，深刻把握学习的社会价值，增强学习的自觉性、主动性，是摆在宣传思想战线的一项迫切任务，也是全社会的共同责任。

（二）通过推进素质教育优化校园的学习环境

切实克服应试教育的消极影响，把学生从“题海战术”的煎熬中解脱出来，使学校的办学方向真正转到以素质教育为核心的轨道上来，为学生创造爱学乐学、生动活泼的校园学习环境，不仅是教育工作者义不容辞的责任，也是帮助学生摆脱厌学倾向的治本之策。目前在许多学校还存在着“素质教育说起来重要、做起来次要、忙起来不要”的现象，学校的中心工作仍然在围绕着高考的指挥棒转。可见，不加大高考改革的力度，尽快形成有利于学生综合素质培养和全面发展的办学体制特别是选拔评价机制，学生的厌学倾向就无法从根本上得到消除。

---

① 陶桃．为“e”消得人憔悴［J］．新作文，2002（15）：40-41.

（三）帮助家长形成科学的教育理念与教养方式

家长对子女不应具有过高的期待，而应按照子女自身的成长规律提出恰当的要求。无论子女选择接受高等教育，还是准备尽早就业，家长都应当给予鼓励和支持。对于子女在学习中存在的问题，家长应尽可能提供具体的帮助；如果自身受学识与精力限制，则可根据家庭的经济承受能力，为子女选择必要的社会学习资源。当子女在学习中遇到困难或挫折的时候，家长应当成为子女的“助推器”和“减压阀”，而不宜采用简单粗暴的方式予以责罚。家长本人也要在学习方面为子女作出表率，力求与子女一起分享学习的快乐。这些科学的教育理念与教养方式，对帮助子女增加学习兴趣、克服厌学情绪，具有不可低估的作用。

（四）为厌学倾向严重的学生及时提供有效干预

对于厌学倾向严重的学生，学校咨询人员则应承担起干预的职责，尽可能提供有针对性的帮助。例如，对因学习方法不当而影响到学习兴趣的学生，可通过阅读、理解、预习、复习等学习方法的具体指导，帮助他们逐步提高学习的愿望；对因经常在学习中遭受挫折而丧失了学习的自信心的学生，可通过布置较容易的学习任务，增强他们学习的成就感；对因迷恋于网络游戏而导致厌学倾向的学生，可采用“行为契约”与“逐步消退”等方法，使学生妥善处理好按时学习与合理上网游戏的关系。总之，只要咨询人员努力探索厌学倾向的干预规律，因人制宜，有的放矢，学生的厌学倾向就一定会得到程度不同的改善。

【建议参考资料】

1. 吴增强．学习心理辅导［M］．上海：上海教育出版社，2000.
2. 张奇．当代学习理论与实践［M］．长春：吉林人民出版社，2005.

【问题与思考】

1. 你认为大中学生的学习策略指导应着重把握哪些环节？
2. 中小学生学习疲劳的的形成原因是什么？
3. 学习困难的含义、表现及形成原因是什么？
4. 厌学倾向的预防与干预要点有哪些？
5. 如何通过学校心理咨询实践引导学生爱学、乐学？

第七章　升学与就业指导

【本章提要】

在对中学生的升学指导中，需对考试动机、考试焦虑、应考技能给予高度关注；在对高中毕业生和大学毕业生的就业指导中，需充分重视职业选择与求职技巧的指导问题。

考试动机的指导要注意把握两项原则：一是引导考生正确认识考试动机的含义、种类与性质；二是耐心启发考生端正自己的考试动机。

帮助学生排解考试焦虑，必须深刻理解考试焦虑的含义、形成机制、主要特征、影响因素及过度考试焦虑的危害，并且要结合考试焦虑的诊断问题进行综合分析，这样才能提出有针对性的干预对策。

应考技能的咨询指导必须着重抓好以下六个环节的工作：应考技能的自我测查，形成良好的学习习惯，培养高效快速的记忆技能，掌握科学的复习方法，做好考前准备工作，把握临场应对策略。

针对大中学生的特点有针对性地进行职业选择指导。求职技巧指导有助于提高学生就业的成功率。求职信的撰写技巧和求职面试技巧是求职技巧指导的主要内容。

【学习重点】

1. 明确考试动机的指导原则。
2. 熟悉考试焦虑的指导策略。
3. 了解应考技能的指导重点。
4. 把握职业选择的指导方向。
5. 掌握求职技巧的指导要领。

【重要术语】

考试动机　考试焦虑　应考技能　职业选择　求职技巧

第一节　考试动机

考试动机与学生的价值倾向和成长需要密切相关。我们在考试动机的指导中，十分注意把握以下两项指导原则：一是引导考生正确认识考试动机的含义、种类与性质；二是耐心启发考生端正自己的考试动机。实践证明，坚持这两项指导原则，对于处在迷茫状态的考生具有明显的助益。

一、引导考生正确认识考试动机的含义、种类与性质

考试动机是为了达到应考目标而产生的行为动力。每个学生都有祈求成功的考试动机，但其动机的内容和性质如何，对其应考过程的推动作用大不相同。

按照动机的来源，可把中学生的考试动机分为外部动机和内部动机两种基本类型。

外部动机是指在外部环境影响下产生的动机。这种动机并非发自主体内心，因而作用十分有限，影响也不深刻。在外部动机作用下的考生，不能正确地认识考试的社会价值，他们常常在父母的压力、社会的舆论和班级的纪律约束下消极被动地应付考试。有人曾对即将参加高考的学生进行调查："在每次考试前是否都感到有压力？什么压力?"结果发现，约有一半的学生回答"压力很大"，其压力来自"家长方面"以及学校的"排榜"等。由外部动机驱使的考生，无论在考前还是考试过程中，往往都表现出信心不足、动力不强、敷衍了事等弱点，或产生严重的考试焦虑，构成考试成功的障碍。

内部动机来源于考生对考试成绩所反映的社会价值的追求，以及寻求自我完善的自主精神，因此，这是一种发自内心的较为稳定持久的驱动力量。在内部动机的作用下，考生把考试视为对自己已有知识和才能的一种检验，当做战胜自我、锻炼意志、寻求发展的宝贵机会。他们怀着接受挑战的稳定心态认真对待每一次考试，对于考试成绩的起伏波动善于作出辩证的分析，这种动机状态是他们取得良好的考试成绩的重要条件。

由于考试动机与人的价值倾向联系密切，因而在性质上是迥然不同的，其对考试的推动作用也表现各异。有些考生的考试动机完全是出于狭隘的个人私利，如改善生活条件，满足金钱、名誉甚至异性追求的需要等。在这种考试动机的驱使下，虽然有时也能对学习过程产生一定的促进作用，但从其稳定性、持续性和推动力来看，存在着难以弥补的局限。而那些把个人的发展与社会的需要、民族的兴衰紧密联系在一起的考生，其应考志向宏大深远，学习的动力稳定充足，这种反映时代发展方向的考试动机代表着我国中学生考试动机的本质与主流，是我们在考试动机的咨询指导中必须坚持的主旋律。

二、耐心启发考生端正考试动机

我们在启发考生端正考试动机的过程中，着力强调了以下三点。

（一）全面认识考试的功能

考试作为一种评价手段，具有检测、调节、激励、选拔等多方面的功能。所谓考试的检测功能，是指对学生某一阶段学习成效的系统检验和测查，以便起到

查缺补漏，提高学生学习质量与效率的作用；所谓考试的调节功能，是指通过考试及时反馈教师的教学成效与不足，以便对教师的教学活动实施监控，更好地提高教学质量；所谓考试的激励功能，是指合理运用计分、评语等形式，有效地激发学生的学习欲望，培养学生的学习兴趣，增强学生的学习信心，调动学生学习的积极性；所谓考试的选拔功能，是指根据社会的需要和国家的承受能力，为高一级学校选送德智体全面发展，具有培养前途的新生力量。由此可以看出，全面认识考试的功能，对于防止或克服考试动机的狭隘化和功利化倾向，保证考试动机沿着健康的方向发展，具有重要意义。

（二）把应考的个人目标和社会需要统一起来

考生的考试动机十分复杂。只有在自己的主导性动机达到社会所需要的程度时，才会对个人的应考行为产生稳定和持久的推动作用。假如在应考的过程中过份强调自己的个人价值和具体目标，忽略或轻视社会的整体价值和长远目标，就会造成考生的短期行为，甚至助长极端个人主义倾向。所以，考生必须通过参与社会调查等多种方式，深刻认识考试背后所蕴涵的社会意义，切实把个人应考的具体目标与社会的现实需要和长远需要有机结合起来，这样才能树立正确的考试动机，对自己的考试过程产生积极的推动作用。

（三）将自己的求胜动机控制在适宜水平

心理学的实验表明，中等强度的动机最有利于问题的解决，过强或过弱的动机都对解决问题具有消极影响，应考过程也同样如此。一般说来，考生都具有较强的求胜动机。但是，如果考生对自己的实际能力缺乏客观了解，一味强化求胜动机，将会给自己带来较多的挫折体验。因此，考生应根据个人的实际情况进行自我设计，既不把应考的目标定得过高，也要注意充分挖掘自己的内在潜力，这样才能使自己的动机水平保持在合理的状态。

第二节 考试焦虑

考试焦虑是我们在咨询实践中经常碰到的问题。要帮助学生排解考试焦虑，必须深刻理解考试焦虑的含义、形成机制、主要特征、影响因素及过度考试焦虑的危害，并且要结合考试焦虑的诊断问题进行综合分析，这样才能提出有针对性的干预对策。

一、考试焦虑的含义、形成机制与主要特征

（一）考试焦虑的含义

西方学者大多把考试焦虑定义为一种单一的情绪状态。例如，曼德勒和沃森（Mandler & Watson，1966）提出，考试焦虑是处于失助和紊乱状态下的一种情绪；沃尔普（Wolpe，1966）强调，考试焦虑是一种习得的、条件性的情绪反应；

瓦因和萨拉森（Wine & Sarason，1979）主张，考试焦虑是同注意密切联系的一种情绪状态。也有学者试图采用综合的视角来看待考试焦虑现象（Sieber，1980）。

陈永胜（1989）在对考试焦虑问题进行系统研究后提出，考试焦虑具有三种基本成分：一是以担忧为特征，由消极的自我评价或他人评价所构成的认知反应；二是同自主神经系统活动增强相联系的特定生理反应；三是通过防卫或逃避所表现出来的行为反应。因此，考试焦虑是在一定的应试情境激发下，受个体认知评价能力、人格倾向与其他身心因素制约，以担忧为基本特征，以防御或逃避为行为方式，通过不同程度的生理反应所表现出来的一种情绪状态①。

（二）考试焦虑的形成机制

考试焦虑的形成机制如图 7-1 所示：

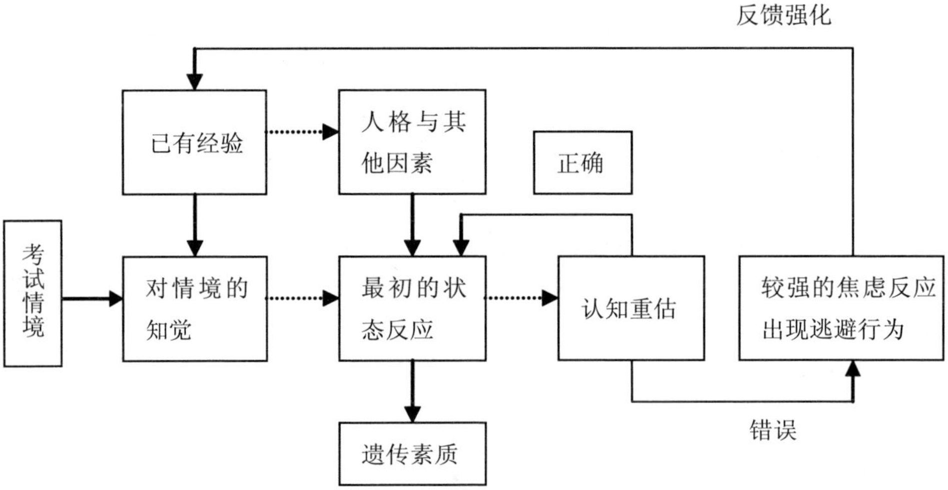

图 7-1 考试焦虑的形成机制

从图 7-1 可以看出，考试情境出现，这是一种现实的应激源或考试焦虑的直接原因。考试情境的类型是多种多样的，不同类型的考试情境对应试者刺激的强度不同。一般性的、小型的考试（如期中、期末考试），其刺激强度较弱；而重要的、大型的考试（如高考、求职录用考试），则有较强的刺激作用。

当个体置身于考试情境的刺激之下时，受已有学习经验的启示与调节，应试者便会形成对考试情境的知觉。例如，考场气氛如何？考试的组织程序怎样？是何种类型的考试？此次考试对个人有何威胁？虽然这种知觉判断最初还是不深刻的，但在能否构成对个体的威胁这一点上，应试者已经获得了必要的信息。假如

① 陈永胜．考试焦虑若干问题探讨［J］．山东教育科研，1989（2）：18-22.

个体把考试情境觉察为对个人具有现实的危险或潜在的威胁，那么，便会导致最初的状态反应。

最初的状态反应包括一系列的生理反应，例如肌肉紧张、心跳加快、血压增高、出汗、手足发冷，也包括一系列的心理反应，例如苦恼、无助、担忧等情绪体验，有时也可能产生自我否定或胆怯的心理。这种最初的状态反应，由于受个体的遗传素质、人格倾向等多种因素的制约，因而使得个体之间在表现形式上差异很大。举例来说，神经系统脆弱的人对较弱的刺激可能产生较强的反应，而神经系统属于强型的人对较强的刺激可能产生较弱的反应；同样道理，自尊心与好胜心强的人对一般性的小型考试，也可能会高度重视，忧心忡忡，表现出明显的心理反应，而甘居人后、缺乏自尊心与好胜心的人，则对重大考试也持无所谓的态度，其心理反应自然不会明显。

接下来是认知重估。所谓认知重估，是指应试者针对个人最初的状态反应及其所处的应激条件，运用理智的力量重新进行权衡分析，试图寻求一种应对的方式。假如应试者认知重估正确，便会找到一种合理的应对方式，那么他的状态反应便会据此而得到减轻，以至能顺利完成应试任务。如果应试者认知重估错误，寻求不到一种合理的应对方式，那么他的焦虑反应便会加剧，并且会出现逃避行为。

焦虑反应加剧的表现多种多样，例如坐立不安，头痛脑昏，注意力无法集中，思维处于僵滞状态。与此同时，应试者往往采用逃避的方式进行防卫。他们或者胡乱作答，早早离开考场；或者东张西望，无心作答，趁监考人员不注意时悄悄离开考场；当然，也有采取作弊方式寻求摆脱者，但一般以逃避的方式进行防卫者居多。

强烈的焦虑反应和逃避行为在应试者心中留下深深烙印，这种感受与体验作为反馈信息输入到个体已有的经验结构中，便会在下次应试时发挥消极作用。如此恶性循环，久而久之，就有可能铸成一种人格特征，对应试过程产生更加消极的影响，出现更加强烈的焦虑反应。

以上便是对考试焦虑形成机制的一种简要概括①。

（三）考试焦虑的主要特征

从考试焦虑的形成机制可以看出，考试焦虑的形成具有以下四个明显特征：

1. 应试情境的激发性

考试焦虑是在一定情境的激发下产生的。离开特定的应试情境，就无所谓考试焦虑。因此，正确把握不同类型的直接应试情境对学生情绪的刺激作用，以及了解宏观的社会生活事件，诸如角色期待、社会称许、传统、时尚、舆论等对应

---

① 陈永胜．试论考试焦虑的形成过程及其制约因素［J］．安徽教育学院学报，1990（3）．

试情境的间接渗透与影响，对于控制考试焦虑的强度具有重要意义。

2. 认知评价的调控性

认知评价在考试焦虑的形成过程中居于主导性的调控地位。对情境的知觉和认知重估都属于认知评价的范畴，其中尤以后者为重要。因为当外界刺激作用于个体并引起个体的一定身心反应时，只有通过认知重估，确实把外界刺激看做是对自己的一种无法适应的威胁，应试者才会形成较强的焦虑反应。假如外界刺激虽然达到较高的强度，但个体具有良好的认知评价能力，应试者就能够运用理性思维恰当分析各种情势，有效地驾驭个人的情绪，以求完成应试的任务。当然，应试者这种认知评价的调控作用发挥如何，同其已有的知识储备和应试技能密切相关。但是，勿庸置疑，应试者的认知评价能力在稳定和调节情绪上起着十分重要的作用。因此，在认知学习理论关于减轻或排解考试焦虑的程序中，中心环节就是培养应试者良好的认知评价能力，这一点是给人以很大启发的，也是应当引起我们高度重视的。

3. 个体之间的差异性

人与人之间不同的遗传素质，个体之间不同的成熟水平，人们健康状况的彼此不一，应试者在认知评价能力上的差别，以及他们在人格特征、知识经验和应试技能等方面的迥异，是造成考试焦虑形成过程中个体之间差异性的内在原因。正确认识考试焦虑形成过程中的个体差异性及其成因，对考试焦虑的咨询指导具有重要意义。为什么同一刺激对不同个体会产生不同的反应？为何同样的反应就不同的个体来说可能源自于不同的刺激？为什么同一个体在不同时刻会出现不同的情绪感受？这些错综复杂的现象，归根到底都是个体差异在考试焦虑形成过程中的体现。只有深刻认识考试焦虑形成过程中的个体差异性，才能从错综复杂的现象中抓住事物的本质，使考试焦虑的咨询指导有的放矢，因人而异，取得比较好的咨询效果。

4. 反馈信息的强化性

反馈强化是考试焦虑恶性循环的重要原因。由于较强的焦虑反应及其逃避行为的痛苦体验，转化为反馈信息输入到个体已有的经验结构中，这不仅对下一次的知觉过程产生消极影响，而且还会潜移默化地影响个体的人格结构，并通过人格特征进一步作用于个体，加剧个体的焦虑反应。考试焦虑形成过程中的这一特点，为我们理解考试焦虑学生消极体验不断加剧的内部机制提供了一条线索。因此，如何控制焦虑反应所引起的反馈强化的消极后果，便成为考试焦虑咨询指导中一个值得重视的问题。

二、考试焦虑的影响因素及过度考试焦虑的危害

（一）考试焦虑的影响因素

考试焦虑的影响因素众多。个体的遗传素质、成熟水平、健康状况、人格特

征、知识经验、应考技能等身心特点对其考试焦虑水平具有明显的制约作用。家庭教育、学校教育和社会环境的影响也不可低估。

1. 个体身心特点的影响

（1）遗传素质

个体的遗传素质存在着个别差异。由于每个人受父母遗传基因的影响而在神经系统的强弱上有所不同，又由于母亲妊娠时营养不良、患病、服药或产伤所导致的神经系统的变异性，使得有些人对刺激环境极易产生紧张反应。研究发现，大约15%的焦虑症患者，其父母和同胞兄弟姐妹也患有焦虑症；此外，半数左右的焦虑症患者的同卵者具有类似的诊断（Slater & Shields，1969）。这说明，遗传素质对个体的考试焦虑水平具有一定的影响。

（2）成熟水平

在一个人发展的不同年龄阶段，考试焦虑水平高低有别，这体现着成熟背景对个体焦虑水平的影响。一般来说，小学低年级儿童，神经系统的兴奋性较强，容易受环境的刺激而激动，其考试焦虑水平相对较高；二三年级之后，随着小学生意志品质的发展，其控制自己情绪的能力有一定提高，考试焦虑水平有所下降。就初中学生来说，虽然神经系统的兴奋性增加，但由于外界压力相对较轻，因而考试焦虑的水平比较稳定。高中学生的考试焦虑水平明显升高，这既与他们身体的发育和性成熟有关，也与升学竞争的环境压力密切相关。进入大学以后，浪漫的大学生活与身心发育的成熟，使得大学生的考试焦虑水平又有所降低。

（3）健康状况

个体身心的健康状况如何，对考试焦虑水平也有一定影响。身心健康状况良好的人，精力充沛，情绪稳定，能够正确应对考试情境并作出积极反应，其考试焦虑水平较低；而患有疾病、身体虚弱、精神委靡者，对即将来临的重大考试，则会激起较强的情绪波动，产生大量的烦恼与不安，有些人甚至会彻夜失眠，其考试焦虑水平自然偏高。

（4）人格特征

人格特征决定着一个人对环境刺激的稳定反应方式。研究表明，具有争强好胜、爱出风头、抱负水平过高、性情急躁等特征的A型性格的人，容易产生高度的考试焦虑；而具有灵活性、现实性、遇事沉稳、挫折耐受力高、喜欢娱乐、善于交际等特征的B型性格的人，其考试焦虑水平较低。胆汁质与抑郁质的人，本来就处于神经系统兴奋性和抑制性较强的两端，如果再给他们增加刺激强度，就会使他们感受到更大的压力。易受刺激者会更加紧张，胆小忧虑者则更显不安，这些都会导致考试焦虑水平的升高。

（5）知识经验

一个人知识经验储存的多寡和提取的难易，在一定程度上影响着个体应试时的焦虑水平。当个体知识经验欠缺，对取得良好的考试成绩有较大阻碍时，一些人会焦躁不安，一筹莫展，这种状态会一直持续到考试结束；另一些人可能考前盲目自信，考试时心慌意乱，错漏百出，考后懊丧，久久不能平静。而知识储备较好者，如果其人格特质与其他身心素质也较好，考试焦虑水平便会较低。

（6）应考技能

训练有素的应试者，对题型、解题思路、答题要点、评分标准等问题心中有数，他们能够分清轻重缓急，井然有序地回答问题，因此在考场上显得十分轻松。而平常缺乏训练、没有很好掌握基本应考技能的人，在考场上极易产生慌乱现象，要么一头钻进难题不能自拔，要么东拉西扯抓不住要点，以致白白浪费了宝贵的时间，加剧了紧张情绪。可见，应考技能也是影响考试焦虑的一个不可小看的因素。

2. 家庭教育、学校教育与社会环境的影响

（1）家庭教育

家庭是儿童成长的摇篮。家庭教育的方式如何，对学龄儿童的考试焦虑具有重要影响。父母对孩子要求过严，期待水准过高，或家长的要求与期待不符合学龄儿童的兴趣及专长，往往会导致学龄儿童对学习与考试的厌恶情绪，甚至会形成恐学倾向或恐考倾向。父母从小就以升学、就业、特殊人才选拔和仕途金钱等为目标，对学龄儿童的学习、应考过程施加压力，无论奖惩与否，都会在学龄儿童心中留下深刻烙印，助长学龄儿童的考试焦虑。

（2）学校教育

作为人才培养基地的学校，是施行考试最频繁的场所。各级各类学校几乎每学期都要举行多种考试。假如一所学校的决策者能够深刻理解素质教育的本质与要求，努力引导教师创造轻松和谐的校园气氛，不断对考试评价制度进行改革，促使学生德、智、体全面发展，那么学生的考试焦虑水平便会大大降低。相反，如果一所学校把眼睛盯在升学率上，大搞智育至上、题海战术，学生便会终日陷于考试焦虑的痛苦之中。根据一些学者的跨文化比较研究结果，我国中学生的考试焦虑水平大大高于美国和日本的中学生。这说明，我国的基础教育特别是中学教育还没有真正转到素质教育的轨道上来，这方面存在的问题是发人深省、亟待扭转的。

（3）社会环境

社会环境对考试焦虑的影响，实际上是同家庭教育、学校教育的影响紧密交织在一起的。例如，片面追求升学率，学生的学习和考试负担过重，不仅同学校教育有关，也同整个社会已经形成的传统、期待和现实压力有关。正如林格伦所指出的，“在现代生活中存在着许多使焦虑加重加剧的情况：强调竞争；提高自己社会地位的重要性；家庭分居；以及许多人普遍感到无力按照自己的理想和标准而生活……那些精神坚强的儿童还足以抵制充满焦虑的气氛的影响，但其他一

些学生就经受不住了"①。

（二）过度考试焦虑的危害

就大多数学生来说，面临重要的考试总会引起心理紧张，产生一定的考试焦虑，这是正常的，也是无害的；但严重的考试焦虑则对学习过程具有极大危害，并会对人的身心健康造成直接或潜在的威胁。

1. 过度考试焦虑对学习过程的危害

过度考试焦虑容易分散和阻断注意过程，干扰回忆和思维活动的正常进行，使学生丧失学习的信心，影响学生对于学习环境的适应能力。

2. 过度考试焦虑对心理健康的危害

过度考试焦虑使人的意识范围变得狭窄，认知评价水准降低，情绪的自我控制力减弱，人格的正常心理结构遭受损害，人际关系处于紧张状态，社会责任感和社会规范的恪守力下降，有些人还会形成酗酒等恶习，严重者甚至有可能走上丧德败行、犯罪、自伤的道路。

3. 过度考试焦虑对身体健康的危害

过度考试焦虑可引起大脑神经活动兴奋与抑制功能的失调，形成多种类型的神经症倾向，并影响心血管系统、消化系统、呼吸系统、内分泌系统的正常功能，导致高血压、胃溃疡、哮喘、甲状腺机能亢进等疾病。

三、考试焦虑的诊断问题

在学校情境中，考试焦虑最简便的诊断方法便是自陈问卷测查。郑日昌、陈永胜（1989）曾编译了美国学者迪万和凯伦（Divine & Kylen）研制的《考试焦虑调查表》，在咨询实践中得到广泛使用。下面是该量表的全文，可供咨询人员参考②。

考试焦虑调查表

指　导　语

为了帮助你准确地把握自己在考试焦虑方面存在的问题，我们准备了这份考试焦虑调查表。请你仔细阅读每一道题目，看看它是否反映出你在应试时的经验。

如果是的话，就在该题目左边的横线上做一个标记（打√）；如果不是的

① 林格伦．课堂教育心理学［M］．章志光，肖毓秀，杨继本，等，译．昆明：云南人民出版社，1983：334-335.

② 迪万，凯伦．实用考试心理学［M］．郑日昌，陈永胜，编译．北京：书海出版社，1989：6-11.

话，则无需做任何标记。一定要如实地作答。不要花太长时间思考。要尽可能回答你看完题目后的第一个印象。假如有些题目实在难以确定，请你随便用一种方式在该题目左边的横线上做个备查的记号，因为它可能表明了某种潜在的问题。

__________ (1) 我希望不用参加考试便能取得成功。

__________ (2) 在某一考试中取得的好分数，似乎不能增加我在其他考试中的自信心。

__________ (3) 人们（家里人、朋友等）都期待我在考试中取得成功。

__________ (4) 考试期间，有时我会产生许多对答题毫无帮助的莫名其妙的想法。

__________ (5) 重大考试前后，我不想吃东西。

__________ (6) 对喜欢向学生搞突然袭击考试的教师，我总感到害怕。

__________ (7) 在我看来，考试过程似乎不应搞得太正规，因为那样容易使人紧张。

__________ (8) 一般来说，考试成绩好的人将来必定在社会上取得更好的地位。

__________ (9) 重大考试之前或考试期间，我常常会想到其他人比自己强得多。

__________ (10) 如果我考糟了，即使自己不会老是记挂着它，也会担心别人对自己的评价。

__________ (11) 对考试结果的担忧，在考试前妨碍我准备，在考试中干扰我答题。

__________ (12) 面临一场必须参加的重大考试，我会紧张得睡不好觉。

__________ (13) 考试时，如果监考人来回走动注视着我，我便无法答卷。

__________ (14) 如果考试被废除，我想我的功课实际上会学得更好。

__________ (15) 当了解到考试结果的好坏将在一定程度上影响我的前途时，我会心烦意乱。

__________ (16) 我知道，如果自己能集中精神，考试时我便能超过大多数人。

__________ (17) 如果我考得不好，人们将对我的能力产生怀疑。

__________ (18) 我似乎从来没有对应试进行过充分的准备。

__________ (19) 考试前，我身体不能放松。

__________ (20) 面对重大考试，我的大脑好像凝固了一样。

__________ (21) 考场中的噪音（如日光灯的响声、送暖气或送冷气的声音、其他应试者发出的声音）使我烦恼。

__________ (22) 考试前，我有一种空虚、不安的感觉。

__________ (23) 考试使我对能否达到自己的目标产生了怀疑。

__________ (24) 考试实际上并不能反映出一个人对知识掌握得究竟如何。

__________ (25) 如果考试得了低分数，我不愿把自己的确切分数告诉任何人。

__________ (26) 考试前，我常常感到还需要再充实一些知识。

__________（27）重大考试之前，我的胃不舒服。
__________（28）有时，在参加一次重要考试的时侯，一想起某些消极的东西，我似乎都要垮了。
__________（29）在即将得知考试结果前，我会感到十分焦虑或不安。
__________（30）但愿我能找到一个不需要考试便能被录用的工作。
__________（31）假如在这次考试中我考得不好，我想这意味着自己并不像原来所想象的那样聪明。
__________（32）如果我的考试分数低，我的父亲和母亲将会感到非常失望。
__________（33）对考试的焦虑简直使我不想认真准备了，这种想法又使我更加焦虑。
__________（34）应试时我常常发观，自己的手指在哆嗦，或双腿在打颤。
__________（35）考试过后，我常常感到本来自己应考得更好些。
__________（36）考试时，我情绪紧张，妨碍了注意力的集中。
__________（37）在某些考试题上我费劲越多，脑子也就越乱。
__________（38）如果我考糟了，且不说别人会对我有看法，就是我自己也会失去信心。
__________（39）应试时，我身体某些部位的肌肉很紧张。
__________（40）考试之前，我感到缺乏信心，精神紧张。
__________（41）如果我的考试分数低，我的朋友们会对我感到失望。
__________（42）在考前，我所存在的问题之一是不能确知自己是否作好了准备。
__________（43）当我必须参加一次确实很重要的考试时，我常常感到全身恐慌。
__________（44）我希望主考人能够察觉，参加考试的某些人比另一些人更为紧张，我还希望主考人在评价考试结果的时候，能对此加以考虑。
__________（45）我宁愿写篇论文，也不愿参加考试。
__________（46）公布我的考分之前，我很想知道别人考得怎样。
__________（47）如果我得了低分数，我认识的某些人将会感到快活，这使我心烦意乱。
__________（48）我想，如果我能单独进行考试，或者没有时限压力的话，那么，我的成绩便会好得多。
__________（49）考试成绩直接关系到我的前途和命运。
__________（50）考试期间，有时我非常紧张，以至于忘记了自己本来知道的东西。

考试焦虑调查表由三部分内容组成。表 7-1 列出了考试焦虑调查表的内容归类与所属题目序号。

表 7-1　考试焦虑调查表的内容归类与所属题目序号

类　别	测查内容	题目序号
考试焦虑的来源	1. 担心考糟了他人对自己的评价	3，10，17，25，32，41，46，47；
	2. 担心对个人的自我意象增加威胁	2，9，16，24，31，38；40；
	3. 担心未来的前途	1，8，15，23，30，49；
	4. 担心对应试准备不足	6，11，18，26，33，42；
考试焦虑的表现	1. 身体反应	5，12，19，27，34，39，43；
	2. 思维阻抑	4，13，20，21，28，35，36，37，48，50；
其他	一般性的考试焦虑	7，14，22，29，44，45。

考试焦虑调查表的使用程序是：

第一步，仔细阅读指导语，按照指导语的要求依次完成 50 个问题。

第二步，参照考试焦虑调查表的内容归类与题目序号，看看在每类测查内容的规定题号内，个人有哪几道题打了√。

第三步，针对个人打√的题目，结合其所属的类别，进行自我分析概括。例如，我对考试焦虑的第一种原因反应最强烈的方面是："我不想使我父母失望，他们望子成龙心切，我怕他们难过"；我对考试焦虑的第二种原因反应最强烈的方面是："我期望在考试中得到最高的分数。或许我的期望太过分了。假如实际得分与自己的期望不符，我便会感到痛苦不堪。我不能忍受在考试结果中我没有成为尖子。"根据个人的实际情况，依此类推。通过这样的分析概括，就能找出导致个人考试焦虑的主要原因，同时也就能抓住自己考试焦虑的主要表现。有了这种有条理的分析概括，便能为考试焦虑的自我排解打下基础。

四、考试焦虑的自我排解

考试焦虑可以通过多种方法进行自我排解。我们在咨询实践中，着重向考试焦虑的学生推荐了三种简便实用的方法，即自信训练、放松训练和系统脱敏。其中，放松训练和系统脱敏的有关内容在本书第二章已经作了介绍，这里仅介绍自信训练的有关程序及内容。

自信训练是运用交互抑制原理，通过使考试焦虑的学生自我表达正常的情感和自信心，使得那些消极的自我意识得到扭转，借以削弱或消除其考试焦虑的一种自我训练方法。

自信训练的设计直接针对着考试焦虑的担忧成分。研究表明，当一位应试者充满担忧的情感时，便会在大脑皮层产生保护性抑制，妨碍正常的认知活动，担忧也是多种心因性疾病的温床之一。

那么，如何通过自信训练来克服考试焦虑的担忧成分呢？

下面是自信训练的两大步骤：

（一）学会察觉个人消极的自我意识

某些考试焦虑的学生在临考前对自己消极的自我意识往往察觉不到。这是由于此种消极的自我意识已经成为习惯化的东西，应试者早已对此熟视无睹、不觉为奇了。要扭转这种情况，需要应试者仔细留心个人在临考前的细微生理变化，以便通过身体反应的知觉来促进自己对个人消极的自我意识的察觉。

一般来说，当个体得到不久将参加一次十分重要的考试的消息以后，假如具有神经性倒胃或面部肌肉紧张感等生理变化，通常便意味着大脑已出现了消极的潜意识，即对即将来临的考试已朦胧地浮现出某些担忧的念头。针对这些潜意识或朦胧的念头，把它清晰地用书面语言表达出来，也就是在一张白纸上把这些担忧的想法逐条记下，这种做法可以把个体朦胧的潜意识提高到意识的水平，从而可使个体清楚地意识到自己当前消极的自我意识究竟有哪些。这是自信训练的第一步，也是非常重要的一步。

（二）养成向消极的自我意识挑战的习惯

当你逐条记述下个人消极的自我意识以后，下一步就要训练自己向消极的自我意识挑战，这是自信训练的决定性步骤。

所谓挑战，是指针对消极的自我意识中的不合理成分进行自我质辩，其中包括指出这种消极意识的不现实性和不必要性，阐明由此对个人造成的危害，并明确今后应取的态度。

下面，举例加以示范说明。

例，“我担心其他同学在这次考试中都比自己强。”

自我质辩：1. 这种担心有必要吗？毫无必要！班里确实有比自己更强的同学，但也有不如自己的同学，因而担心其他同学都比自己强，这是无根据的。考试固然意味着同他人竞争，但就个人的发展来说，归根结底是同自己“竞争”，就是说，通过考试检查自己掌握知识的情况，以便根据存在的问题加以改进。因此，把注意力放在担心其他同学都比自己强上，这种担忧多么幼稚！2. 此种担忧有危害吗？岂止是有，危害还不轻呢！这种担忧使自己离开当前的中心任务而把精力白白浪费在毫无价值的猜测上，这种担忧助长了自己的自卑情绪，使自己丧失了应有的信心和勇气；这种担忧是一种精神上的枷锁，对自己的思想起着一种禁锢的作用。3. 那么，应采取怎样的态度？要记住：抓住中心，排除杂念，立足于自我潜能的发挥，善于汲取其他同学成功的经验，这就是自己应有的态度。

总之，通过这样一种向消极的自我意识挑战的练习，可以帮助考试焦虑的学生树立正确的自我意象，增强参加考试的信心和自知力，减轻或克服考试焦虑的担忧成分，以一种新的姿态、新的精神面貌出现在应试的环境中。

第三节　应考技能

在咨询实践中，求询的学生也非常关注应考技能这一话题。我们在应考技能的咨询指导中，着重强调了应考技能的自我测查、形成良好的学习习惯、培养高效快速的记忆技能、掌握科学的复习方法、做好考前准备工作、把握临场应对策略这样六个方面的问题。

一、应考技能的自我测查

在应考技能的咨询指导中，我们首先要求求询的学生就应考技能进行自我测查，以了解他们在应考技能方面存在的问题。我们使用的诊断工具系迪万和凯伦编制的《学习习惯与应考技能自我测查表》。下面是由郑日昌、陈永胜编译的量表的全文：①

学习习惯与应考技能自我测查表

指　导　语

请你在下面每一陈述左边的横线上，写上“是”或“否”字，以表明当这种陈述涉及到你的时候，它基本上是真实的还是虚假的。假如你不能确定，请划一个“?”。只有在你真正如实地对这些陈述进行反应的情况下，此测定对你才是有价值的。

________（1）直到临考前的晚上，我才对需要复习的大部分功课进行突击。

________（2）当准备应考的时候，我变得紧张、不安，或由于某些其他原因而难以学习。

________（3）在参加论述题考试前，我阅读所有与此次考试内容有关的材料。

________（4）我常常得反复读几遍，才能理解一份材料。

________（5）在阅读课中，我抓不住重点。

① 迪万，凯伦．实用考试心理学［M］．郑日昌，陈永胜，编译．北京：书海出版社，1989：50-56.

__________ (6) 在答论述题之前，我先把答案考虑好，写在草稿纸上。

__________ (7) 在阅读时，遇到生词或无法从上下文中确定某个词的含义，我就查字典。

__________ (8) 除了重要的引证之外，我用自己的话记笔记，而不照搬作者的语言。

__________ (9) 考试期间，我紧张不安，不能像平常那样从容作答。

__________ (10) 我在零星的纸片上记笔记，而不记在笔记本上。

__________ (11) 在阅读中，有时我记下纲要，画出简图，或将有代表性的观点制成图表。

__________ (12) 我实际上连一个完整句子包括哪些成分都不知道。

__________ (13) 我常常需要有一定的压力才能学习。

__________ (14) 我定期复习。

__________ (15) 我的学习常常被来访者、电话和其他娱乐打断。

__________ (16) 只有在完成指定的学习任务后，我才做其他事情，我把这作为一项制度。

__________ (17) 我常利用做作业的时间玩耍、约会、看电影、散步、读小说、看电视或听音乐。

__________ (18) 有时，当我坐下来学习时，才意识到自己对课外作业究竟是什么还不清楚。

__________ (19) 我用学校里所学的书本知识来帮助自己理解外部世界中的各种事情。

__________ (20) 我把听课笔记认真整理并妥善保存。

__________ (21) 在写论文时，我不知结论怎样写。

__________ (22) 我往往无意中将不重要的材料记在笔记本上，这些材料考试中根本用不上。

__________ (23) 开始写作前，我要拟提纲，或拟定一份写作计划。

__________ (24) 我是在阅读课完了以后才记笔记，而不是边读边记要点。

__________ (25) 交论文之前，我通常要花几天时间来进行推敲，以便在定稿前，能把论文修改得更好一些。

__________ (26) 有时我不能如期完成作业，或匆匆忙忙地应付一下便交上去。

__________ (27) 我不喜欢某些教师或课程，这影响了我的学习成绩。

__________ (28) 我常常发现，自己还没弄清读的究竟是什么，便已看了好几页了。

__________ (29) 我常常跳过阅读时所碰到的表格和图解。

__________ (30) 我把书上的重点或难点作上标记，以便复习时能对此格外留心。

__________ (31) 我有一个卡片簿或索引本，用来记录生词和词义。

__________ (32) 阅读过程中，在一章结尾，我经常停顿一下，以便归纳本章要点。

__________ (33) 当我在学习中遇到问题时，我会毫不犹豫地提出来跟老师进行讨论。
__________ (34) 看书时，有时我会自言自语读出声来。
__________ (35) 我感到教师对我很冷淡。
__________ (36) 即使我知道正确的答案，我也时常害怕在课堂上背诵或回答问题。
__________ (37) 我常常睡眠不足，因而上课时昏昏欲睡。
__________ (38) 碰到新词汇适用的场合，我就去应用它们。
__________ (39) 我有一个明确的学习计划表，列出了学习时间和地点。
__________ (40) 我在学习时好做白日梦。
__________ (41) 我在学习时常常坐不住，因而无法把精神集中在学习任务上。
__________ (42) 开始学习新功课之前，我对先前学过的材料进行复习。
__________ (43) 如果没有正当理由，我一定坚持执行自己的学习计划。
__________ (44) 有时，我边看电视边学习，或者一边听同房间的人谈话，一边学习。
__________ (45) 在某一课程上我花费时间过多，而在其他课程上时间则不够用。
__________ (46) 学习时，我常常站起来，来回走走，看看报纸，或吃点零食。
__________ (47) 我喜欢想出具体的例子，来证明所学到的一般原理和规则。
__________ (48) 开学初，我静不下心来，难以认真考虑功课。
__________ (49) 有时，我到了课堂上或坐下来学习时，才发现没带所需的课本、铅笔、笔记本或其他学习用品。

__________ (50) 我利用某一课程中所学的知识，来理解其他学科的东西。
__________ (51) 有时，我对所学材料进行“过度学习”，就是说，当第一次能够正确背诵时，并不立即停止学习，还要再背几遍。
__________ (52) 我实在不知道一篇论文究竟应当怎样开头。
__________ (53) 我对自己的功课感到担忧。
__________ (54) 准备应考时，有时我试图把书本上的话一字不漏地记在脑子里。
__________ (55) 我借助间接光线阅读，而不在直接光线下阅读。
__________ (56) 在对某章内容详细阅读之前，我先把这一章的内容大体浏览一遍。
__________ (57) 我感到教师是我的朋友。
__________ (58) 我发现自己的学校生活大多是有趣的。
__________ (59) 在多数情况下，我是带着某种材料仅仅记到考试结束这样的想法，为应付考试而学习的。
__________ (60) 我尽快阅读，以便能迅速而准确地完成指定的作业。

《学习习惯与应考技能自我测查表》的内容归类与题目序号安排见表7-2。

《学习习惯与应考技能自我测查表》的标准答案，即具有良好的学习习惯与应试技能的受测者所应选择的正确答案见表7-3。

表 7-2 学习习惯与应试技能自我测查表内容归类与所属题目序号

归类序号	测查内容	题目序号
A	一般性的学习习惯与学习方法	12，13，14，15，16，17，18，19，37，38，39，40，41，42，43，44，45，46，47，48，49，50，51，53，55；
B	阅读习惯与技能	4，5，7，11，28，29，30，32，34，56，60；
C	对学校的态度	27，33，35，36，57，58；
D	记笔记和写论文	8，10，20，22，23，24，25，26，31，52；
E	准备与应试	1，2，3，6，9，21，54，59。

表 7-3 学习习惯与应试技能自我测查表的标准答案

归类序号	测查内容	标准答案	
		答“是”的题目序号	答“否”的题目序号
A	一般性的学习习惯与学习方法	14，16，19，38，39，42，43，47，50，51；	12，13，15，17，18，37，40，41，44，45，46，48，49，53，55；
B	阅读习惯与技能	7，11，30，32，56，60；	4，5，28，29，34；
C	对学校的态度	33，57，58；	27，35，36；
D	记笔记和写论文	8，20，23，25，31；	10，22，24，26，52；
E	准备与应试	3，6；	1，2，9，21，54，59。

《学习习惯与应试技能自我测查表》的使用方法如下：

第一步，根据指导语的要求，在每一题目左侧横线上填写“是”或“否”的答案。

第二步，仿照表 7-3 的格式造表，将表中的“标准答案”改为“个人答案”，然后在“是”、“否”两栏内分别填上个人实际所选的题号。

第三步，对照“标准答案”分析个人所选的答案。例如，“准备与应试”这部分内容，“标准答案”中答“是”的题目序号是 3 和 6，如果受测者将这两道题答成“否”，说明受测者在写作应试的准备工作方面存有缺陷。其他部分测查内容的对照分析与此类似。通过个人实际选择答案与标准答案的对照分析，受测者就能比较客观地发现自己在学习习惯与应考技能方面存在的主要问题，从而为以后纠正不良学习习惯、提高应考技能提供了方便。

二、形成良好的学习习惯

良好的学习习惯包括：学习计划明确，学习制度健全并能始终坚持，学习过程中注意力集中，具有正确的阅读习惯，学习中遇到疑难务必搞懂弄通，等等。

根据日本学者的抽样调查，半数以上的中学生在存疑即问、快速阅读和务求甚解方面是有漏洞的。我们在咨询过程中则发现，不少中学生有计划但不明确，有制度却又往往不能坚持下去，还有的在注意力集中和阅读习惯方面存有一定问题。

在咨询实践中，咨询者应当针对求询者存在的问题提出具体的改进措施。例如，在阅读习惯上，要指导喜欢“一掠而过”、不求甚解的学生放慢阅读速度，对重要的概念、原理、规则细细去读，反复咀嚼，力求搞懂搞透；而对阅读速度慢，喜欢用手指着字阅读，或者默读时出声的学生，则应指导他们纠正不良习惯，加快阅读速度。

三、培养高效快速的记忆技能

记忆是应考的先决条件。没有高效快速的记忆技能，就无法应对时间紧、容量大的重要考试。学习心理学所揭示的记忆的一般规律，如理解记忆、及时复习、多通道记忆等，在咨询指导中是不容忽视的。除此之外，咨询者还可指导求询的学生学会一些简便易行的快速记忆方法，以提高他们的应考技能。在咨询过程中，我们着重向求询者推荐了“奇幻联想记忆术”。

所谓“奇幻联想记忆术”，是利用表象联想的原理，以动态、代替、夸张等近乎离奇的手段，将识记者头脑中的已有经验同所需学习的新知识联系起来，以增强记忆的强度和灵活性。实验证明，这种方法对于挖掘、利用大脑右半球的潜能具有不可忽视的作用。

下面，我们举一个具体的例子来说明“奇幻联想记忆术”的训练程序。

例如，记忆“饼干，狗，电话，篮子，歌唱，领带，地毯，云彩，书，苹果”这 10 个互不相关的单词。采用“奇幻联想记忆术”，其记忆的方法便是：想象一只狗坐在一块重 300 公斤的大饼干上打电话，这简直不可思议，但通过这种奇特、动态、夸张的联想，识记者对“狗，饼干，电话”的记忆便会经久不忘；接着想象一个装着数百万部电话的巨大篮子在放声歌唱，几百万条领带像音符一样从篮子中吐出，这些领带编织成一条巨大的地毯，好似一朵云彩在空中飘浮，白云聚在一起，组成一本巨著，一个苹果在聚精会神地读这本书。这些想象说起来都是近乎荒谬的，然而，正是这种奇幻的联想，在识记者脑中留下深刻的印象，从而可带来高效快速的记忆结果。

指导中学生有意识地经常进行这种“奇幻联想记忆术”的训练，对提高中学生的应考记忆技能，无疑是大有好处的。

四、掌握科学的复习方法

复习是指在学习的过程中，对已经学过的知识进行整理加工，使之得到巩固和提高。

根据中学生的实际情况，主要应掌握以下一些科学的复习方法。

（一）及时复习法

及时，就是在学过知识后的较短时间内，进行巩固和强化。在一项心理学的实验中，要求三个组的学生识记一首诗，第一组间隔一天后进行复习，只需四次就记住了；第二组间隔三天后进行复习，需要六次才能记住；第三组间隔六天后进行复习，则需七次方可记住。这说明，及时复习不仅能够节省时间，而且可以提高效率。

（二）分散复习法

许多实验表明，集中复习不如分散复习效果更好。在分散复习时，到底间隔多少时间为宜，没有一个硬性的标准，需要根据学习材料的难易、学习者的年龄特征和兴趣状态灵活掌握。一般来说，学习十个外语生词，或者两个数学公式，可在学后的当天复习一两遍，第二天再复习一遍，第三天不用复习，第四天复习一遍，第五天、第六天不用复习，第七天继续复习一遍，以后就可随着期中、期末或者考前复习来复习。

（三）归纳整理法

归纳整理是指在理解、消化的基础上，将分散的知识集中起来，化零为整，构成条理化、系统化的知识结构。这是一种较高层次的复习方法。中学生已经具有了较高的思维能力和一定的自学能力，因此采用归纳整理的方法，将学过的知识串接起来，列成表格或画出相互关系的示意图，这样不仅可以使自己牢固掌握知识的内在结构，而且还有助于提高思维的整体性品质。

（四）查缺补漏法

这是一种根据个人的知识掌握水平弥补缺陷的方法。采用这种方法需要较高的自知力。考生可根据自己平时的作业情况和考试成绩，找出复习的重点，然后围绕常见错误或易疏忽的地方，进行重点复习。有些考生将自己过去经常出错的题目汇编成错题簿，有针对性地进行补救性练习，收到很好的效果。

（五）多样复习法

复习方法单调，容易使人感到疲倦、乏味；而采取多样化的复习方法，眼、耳、口、手灵活使用，则可激发复习兴趣，提高复习质量。苏联的一位教育心理学家曾要求学生解答五道现成的数学题和五道学生自编的数学题。经过若干时间后重测，发现学生对自编题目的保持效果比解答现成题目的保持效果高出两倍。这一实验充分说明了多样化识记与复习的优越性。

五、做好考前准备工作

做好考前准备工作，对于考生从容应试、克服考场中的慌乱现象具有重要作用。一般来说，下述问题可作为考前准备工作的要点：

1. 个人对应试准备不好的危害明确了吗？
2. 个人对本次考试的目的清楚了吗？
3. 个人了解了本次考试的范围了吗？
4. 考试的时间、地点弄清楚了吗？
5. 应考前个人进行了充分的复习了吗？
6. 个人的考试焦虑排除了吗？
7. 考试所需而考场又允许携带的考试用具准备齐全了吗？
8. 考试前养成了良好的学习习惯了吗？
9. 个人对考试树立起积极的态度了吗？
10. 应考前个人进行了高效快速的记忆方法训练了吗？
11. 应考前个人的生活节奏和营养健康状况正常吗？

假如应考者对上述准备问题的回答都是肯定的，那就意味着临考前的准备工作做得比较充分；如果对某些问题的回答尚不能肯定，则应加强这些方面的准备工作，以便更有把握地参加考试。

六、把握临场应对策略

临场应对策略直接关系到考生的考试成绩，因而倍受考生关注。概括起来看，以下七种临场应对策略应当引起考生的高度重视。

（一）通读试卷，总揽全局

这是临场应对的首要策略。许多考生拿到试卷以后，没有快速浏览一遍的习惯，觉得这样做浪费时间。其实，在通读试卷方面花费一点时间是很有必要的，因为通过快速浏览试卷，可以了解试卷的整体状况，如题型、题量、难易程度、答题要求、分值分配等，此外还可以发现试卷中有无缺页、残页、字迹模糊等意外情况。这种对试卷全局的总体把握，实际上正是为了防止在答题的过程中出现盲目性或重大失误，以便从整体上控制解题时间，确保答题质量。

（二）珍惜时间，沉着冷静

对考生来说，考场上最珍贵的莫过于时间。然而，并非每个考生都懂得合理利用时间的重要性，有些考生恰恰是在利用时间这一方面存在较大失误，比如注意力不集中，答题啰嗦，分不清主次，因为一道难题而耗费过多的时间等。所以，集中精力，排除干扰，沉着冷静，按照先易后难、简明作答、突出重点、留有余地这些利用时间的基本要求精心解题，对于提高应考效率是非常重要的。

（三）细心审题，明确题意

审题在答题过程中意义重大。一旦题意弄错，则将损失惨重。所谓审题，就是搞清题目中所给的条件和问题，明确题目的要求。考生在审题方面常见的问题有：尚未看清题目要求，就不假思索地盲目答题；有些考生审题时漫不经心，结果造成题意理解方面的失误，出现答非所问或张冠李戴现象；有的试题包括几个小问题，或者一道试题出现在试卷的正反两面，许多考生因疏忽大意，漏答了其中的部分内容，这种失分现象是十分可惜的。所以，细心审题，尤其是抓住题目中的关键词，了解出题者的真正意图，应当成为临场应对策略中一个极为重要的环节。

（四）区分难易，灵活处理

就整张试卷而言，总有容易的题目和较难的题目，其分布状况大多呈“阶梯型”。对难易程度不同的题目，应当采取不同的方式灵活处理。有些考生在答容易的题目时，往往掉以轻心，结果常常留下“容易题，容易错”的遗憾。因此，在容易题上的得分与失分，关键在于仔细不仔细。越是容易的题目越不可麻痹大意，这是应考成功的一大要领。还有一些题目，看起来简单，实际上并不容易，这就需要考生多加思索，以防因思想上的疏忽而失分。攻克难题是考生最感棘手的问题。其实，任何难题都不可能超出考试大纲的范围，有些题目貌似很难，只不过是变换了一下题型或角度，只要深入分析，抓住本质，解答这类题目并不困难。因此，面对难题千万不能心慌意乱，而要采取多角度思考、善于类比、展开联想等多种方式尝试回答，若实在理不出答题的头绪，可将此题暂时搁置，作出标记，待其他题目做完之后，再来寻求解题策略。

（五）书写工整，条理清楚

卷面是考生留给阅卷教师的第一印象。所以，考生在答题时一定要注意保持卷面整洁，做到字迹工整，条理清楚，这样才能避免不必要的失分。有些考生喜欢在试卷上东涂西改，不仅字迹潦草，而且缺乏条理，这些考生的试卷虽然在内容上并没有多少错误，但也很难获取高分。当然，强调书写工整，条理清楚，并不是要求考生一笔一划、慢条斯理地答题，而是要求在时间允许的前提下，尽可能使卷面达到整洁规范的要求。在准确工整的基础上尽力加快书写速度，力求做到快、准、齐、美，应该是考生努力的方向。

（六）注重核查，不争头卷

复核检查是应考的一个重要环节。“智者千虑，必有一失”，应考过程尤其如此。因此，考生在做完试题后，一定要利用剩余的时间仔细对答案进行核查校验。例如，有无曲解题意之处，有无漏题笔误现象，有无计算马虎。将这些疏忽错漏逐一订正，可以有效地提高卷面分数。有些考生争强好胜，似乎头一个交卷也是自己得意的资本。殊不知，抢交头卷恰恰是失分的一个重要原因。而真正在考场上取得高分的人，往往是那些小心谨慎、反复核查、有错即改、最后交卷的考生。

（七）考完一门，放弃一门

初高中阶段的重大考试，往往会在几天内连考几门课，在这种情况下，采取“考完一门，放弃一门”的策略大有益处。如果在一门学科考过之后，急于和同学对答案，甚至热衷于讨论已考过的问题，不仅会浪费时间和精力，而且有可能波及个人的情绪，给之后的考试带来不利影响。所以，一门考试结束以后，不管考好考坏，都不要再去追究。要把全部精力都集中到下一门学科的考试上，等到全部科目考完之后，再来权衡利弊得失，这才是成功应考的明智之举，值得广大考生牢牢记住。

第四节　职业选择

在升学与就业指导中，职业选择指导是其中的重要环节。大中学生的职业选择指导主要集中在高考学生的专业选择指导和大中学校毕业生的择业观念指导两大方面。

一、高考学生的专业选择指导

在高考学生的专业选择指导中，引导学生清醒地认识当前高中学生职业选择的新特点，指导他们合理收集高等学校招生的专业信息，掌握填报志愿容易出现的问题及其注意事项，对于帮助考生实现自己的职业理想具有重要意义。

（一）当前高中学生职业选择的新特点

在确立社会主义市场经济体制之前，高中学生对政府官员、科学家、律师、记者这些社会地位较高的职业，表现出浓厚的兴趣，对“最理想职业”的回答大多集中在这些领域。近年来，高中学生的择业倾向发生了很大变化。在中国青年报组织的“2000年高考考生填报志愿趋向调查”中，7 000余名考生把“企业家”作为首选目标，其选择率达20.8%，排在第二、第三、第四位的理想职业，分别是“工程师”、“教师”和“科学家”，而“政治家”、“记者”并没有进入“最理想职业”的热门排行榜中。这种择业倾向的改变有力地说明，越来越多的高中学生把择业的视角转向市场，他们开始把市场中创造物质财富最直接且收益最丰厚的职业领域，作为自己职业选择的重点目标，而逐渐弱化了对那些社会地位较高、却缺少高薪回报的职业领域的兴趣。显然，这种职业选择的务实化倾向构成了高中学生职业理想的新特点。

改革开放以来，教师职业在高中学生的高考专业选择中，一直被列入“冷门”范围。为什么在“2000年高考考生填报志愿趋向调查”中，教师职业排名第三，由“冷门”专业一跃而为“热门”专业呢？实际上这也是高中学生的职业理想更加务实的具体体现。经过多年来的努力，我国教师的政治地位有了很大提高，生活待遇不断改善。特别是随着“科教兴国”战略的实施，教育作为一种新兴产业，正在显示出越来越强大的生命力。师范院校在就读收费甚至免费就读方面的优惠政策，以及同企业、政府机关相比，教师岗位所具有的相对稳定性和风险较小的特点，都成为吸引一些高中学生特别是农村女生积极报考的重要原因。在2001年的师范院校招生录取工作中，华东师范大学计划招收学生620人，而以第一志愿填报、处于控制线之上的考生竟然多达 4 000 人，录取比例高达 1 :6。这种“师范热”现象在前些年是不敢想象的。总之，只有把教师职业的“升温”现象，放到高中学生的职业理想更加务实这一大背景、大趋势中加以审视，才能找到正确的答案。

（二）高考学生专业选择的指导策略

1. 指导学生合理收集高等学校招生的专业信息

收集高等学校的招生信息，对于帮助高考学生恰当地进行职业定位，实现自己的职业理想，具有重要意义。就收集信息的具体内容而言，范围相当广泛。主要包括：高等学校的专业要求与毕业去向，就业比率，近年来的录取情况。

（1）专业要求与毕业去向

专业要求与毕业去向是考生报考的基本依据。这些信息如果掌握得不够充分，考生就无法确定基本的选择方向。

从宏观方面划分，常见的专业要求与毕业去向如下。

理工类专业要求学生具有浓厚的思维兴趣、敏锐的推理能力、丰富的想象能力和一定的动手操作能力，毕业后主要从事自然科学和工程技术研究、教学、管理、生产、开发等工作。

农林类专业对学生的数学基础、化学基础、生物基础有较高要求，毕业后主要从事农林技术开发、资源环境保护、土地规划等工作。

医科类专业要求学生具有相当的数学基础和扎实的化学、生物学知识，毕业后主要从事医学科研、医疗保健、药物生产、卫生管理等工作。

文科类专业要求学生具有较强的文字运用和政策水平，毕业后主要从事人文社会科学研究、教学、政法宣传与管理、文字处理等工作。

财经类专业要求学生不但具有较强的抽象逻辑思维能力和较好的文字处理能力，还要精通数学和外语，毕业后主要从事金融、贸易、企业管理等工作。

师范类专业要求学生具有教书育人的良好素质，特别是有较高的言语表达和组织能力，毕业后主要从事教学、校务管理与科研工作。

艺体类专业要求学生具有艺术和体育方面的专长，并且具有基本的文化素质，毕业后主要从事与艺术和体育有关的社会工作或教学工作。

军事类专业要求学生具有较高的政治素质、综合文化素质和身体素质，毕业后主要从事军队、公安和警察系统的科学研究、技术开发和实际管理工作。

（2）就业比率

就业比率是近年来考生越来越关注的问题。如果某一专业的就业比率多年来一直保持在较高的水平，说明这一专业的社会需求旺盛，市场发展前景看好；如果某一专业的就业比率近年来稳步提升，说明这一专业具有一定的潜在社会需求，市场发展前景有可能向好的方面转化；如果某一专业的就业比率多年来始终维持在较低的水平，甚至还有下滑趋势，说明这一专业的社会需求疲软，市场发展前景不容乐观。

掌握了上述就业比率方面的趋势性信息，再结合有关传媒的动态报道，就可为自己的职业选择提供较为可靠的参考依据。

（3）录取情况

录取情况包括高等学校在某一地区的录取分数及录取人数。无论是录取分数还是录取人数，都是动态指标，不易把握。但是，通过分析最近三年高等学校在某一地区的最低录取分数线及实际录取人数，还是可以得出一个大致的印象的。这种通过分析历史数据推断出来的信息，虽然有可能与高等学校当年的实际录取情况不完全吻合，但出入一般不会太大，所以仍有一定的参考价值。当然，在高考改革的步伐不断加快，考试科目和招生规模变化较大的情况下，采用历史数据分析的方法面临越来越大的风险，因而在使用这些分析数据时应当格外谨慎。

2. 指导学生把握填报高考志愿容易出现的问题

从考生填报志愿的情况来看，主要容易出现以下三个方面的问题。

（1）对于招生信息的了解不够充分

充分了解招生信息，是做好志愿填报工作的前提条件。然而，许多考生不明白这个简单的道理，他们把了解招生信息的任务完全寄托在家长和教师身上。诚然，家长和教师在帮助学生了解招生信息方面承担一定的辅导职责，但家长和教师的辅导职责并不能取代考生自己的责任和义务。如果把了解招生信息的任务完全寄托在家长和教师身上，考生自己对国家和地方在高等学校招生方面的政策一无所知，或者对不同层次的高等学校近年来招生的具体情况知之甚少，在这种信息严重缺乏或不对称的情况下填报志愿，成功的可能性微乎其微。

有些考生对高等学校的招生信息比较关注，但其关注的范围过于狭窄。他们仅仅将注意力集中在自己最向往的学校或专业方面，而对个人的能力、志趣、生理条件等诸多要素是否与其相互匹配，却很少考虑或完全忽略。一旦考试过后分数过低，或自己的生理条件达不到理想学校或专业的录取要求，这些考生将产生极大的失落情绪和慌乱心理，因为他们平时没有做好对其他不同类型学校招生信息的了解工作，这样就难免出现随意填报现象，给自己带来不可挽回的损失。

（2）对于第一志愿的填报不够慎重

一般来说，第一志愿表明了考生最愿学习的专业和准备前往学习的院校，因而录取院校对第一志愿的考生非常重视。近年来，重点高校的第一志愿录取率达到80%以上，有些高校甚至达到90%以上。如果第一志愿没有选好，很可能会出现高分落选的情况。

虽然第一志愿的选择如此重要，不少考生在填报时仍然采取了草率的态度。例如，有些考生一厢情愿，好高骛远，侥幸心理十分突出，他们在自己考分并不理想的情况下，抱着凭运气试试看的想法，在第一志愿中填报自己没有把握的学校，这样做的结果是可想而知的。一些农村考生虽然竞争实力较强，考分较高，但在自卑心理的驱使下，填报第一志愿时过于保守，不敢填报名牌院校，接到录取通知书后，发现比自己考分还低的同学竟然上了名牌院校，后悔万分。有些考生眼界狭隘，存有“父母在，不远游”等传统的旧观念，不愿到边远地区就学，或者不愿选读农、林、水、地、矿等从业条件较为艰苦的专业，这样就使得第一志愿的选填范围大大缩小，竞争的压力明显增加。还有一些考生虽然早已作好了第一志愿的填报准备，但却忽略了自己在生理上的局限性，如近视、色盲、皮肤过敏、听力弱等，这也给他们第一志愿的填报带来困难。考生在第一志愿填报中存在的问题，归根到底还是对第一志愿的重要性认识不到位造成的，或者是由于自身的心理弱点导致的，因而应当作为志愿填报工作中必须引起高度重视的一个问题，认真加以对待。

（3）对于志愿梯度的把握不够准确

拉开志愿间的档次，这不仅仅是一个填报技巧问题，而且是关系到能否考上大学的利害攸关的问题。强调选报好第一志愿，提高第一志愿的命中率，但这毕竟是要争取的事情，并不等于现实。因此必须作好第二手的准备，万一第一志愿录取不上，还要争取其他志愿能被录取。由于学校不同、专业不同、报考的人数不同、各校的录取分数线不同，所以就自然地形成了一个从高到低的录取梯度。
考生只有遵循这一规律，确定合理的选报对象，才能最大限度地提高录取机会。

众多考生虽然明白填报志愿应该拉开梯度的道理，但在实际填报时却对梯度的把握不够理想。如有些考生的志愿填报构成了明显的“平列”状态，所有的志愿都定位在录取分数比较接近的学校上。尽管这种填报方式表明考生对自己的实力很有信心，但从填报志愿科学化的角度来看却是不可取的，因为一旦自己的分数低于所报院校的最低录取线，就存在着志愿落空的危险。

在填报志愿中，不但填报的学校要体现出明显的“梯度”，就是填写同一学校中的不同专业也应该体现出明显的“梯度”。有些考生对这个问题不够重视，结果成绩明明高于所报学校的最低录取分数线，仍然未被录取，其原因就在于所填的不同专业的录取分数都比较高，其成绩没有达到所填专业的要求，且不服从调剂。这种教训是十分深刻的。

3. 指导学生因人制宜、科学合理地填报高考志愿

在填报志愿的过程中，为了避免失误，使志愿的填报因人制宜，科学合理，需要注意以下四个方面的问题。

（1）严格按照规定填写有关表格

考生填写志愿表时，一般要填写五种表格或卡片，即准考证、考生登记表、考生志愿表、考生志愿代码登记表及考生卡片。考生填写的考生登记表、考生志

愿表、考生志愿代码登记表和考生卡片中的每批院校的志愿必须一致，而且学校的代码与该校的名称要相符。在除准考证之外的四种表格或卡片中，都有填志愿的任务，按录取的先后顺序分为四栏：提前录取院校（包括军事院校、公安院校和少数经批准的其他院校）；第一批录取院校（包括全国重点院校和经教育部与省、自治区、直辖市招生委员会批准参加第一批录取的院校）；第二批录取院校（指第一批院校以外的一般本科院校）；第三批录取院校（指专科录取院校和一些本科院校所办的专科专业）。各省、自治区、直辖市普通高校招生办公室，每年5月下旬或6月初公布每栏中该地区招生的院校和专业，以及学校和专业的代码。各地招生机构在组织高校录取时，均按上述四批志愿进行。前一批高等院校未录取完，下一批高校不会开始录取。也就是说，上一批高等院校录取与下一批高等院校录取互不影响。因此，考生在填写志愿时，必须严格按照要求在指定的栏目内填写。在提前录取院校栏内，每个考生可按顺序填报两个志愿学校，其他三栏每个考生可按顺序每栏填报三个志愿学校，每个志愿学校中可填写三个系（科）或专业。

在填写志愿表格时需要注意：①志愿表格中除高考成绩外，其余内容全部由考生本人逐项填写，不得委托他人代写。②填写志愿表格时一定要用钢笔书写，切勿使用圆珠笔，而且要做到书写工整，字迹清楚，不得涂改。③凡报考外语和艺术院校专业的考生，可兼报文史类的其他系（科）或专业；报考科技外语专业和体育院校专业的考生，可兼报理工农医类的系（科）或专业。④考生必须按照当年省、自治区、直辖市招生委员会公布的各类院校在本地区的招生计划，认真、慎重地选择每批志愿，将选择好的各批志愿学校及专业仔细填入志愿表格中指定的栏目内，不可草率填写；志愿表格上交后，一律不准更改。⑤考生所填的每张志愿表格中各批志愿学校及专业的顺序要严格一致，学校与专业的代码要准确无误，以便将考生的各项信息正确地输入计算机内储存。

（2）实事求是地估计自己的“实力”

同一种专业一般分布于不同层次的不同高校，选择专业必须选择相应的高校，选择高校则先要恰当估计自己的“实力”。不同水平的考生心态并不一样。完全有把握考上的考生，重点是考虑报什么学校更为理想；成绩差的考生，则担心是否能被录取。因此，考生选报的学校各不相同。但是，对所有考生都有一个共同的要求，就是实事求是地估计自己的“实力”。

实力当然是指德智体的综合情况。在目前录取新生的过程中，德育、体育的考核差别不大，因而学业水平就显得更为重要。在正式填报之前，考生一般需要考虑：本省、自治区、直辖市的计划录取人数是多少？本校在省、自治区、直辖市内处于什么水平？考生本人的高考成绩在学校和班级大体处在什么位置？本校历年来的升学情况如何？今年的考试水平是提高趋势还是降低趋势？经过这样的综合权衡以后，选择什么层次的学校就基本可以确定了。

值得指出的是，考生估计自己的实力，要尽量选择情绪稳定的时候进行，这样才能对自己作出客观的评价。

（3）把握填报志愿的基本指导思想

选报专业之前，首先要确定基本的指导思想。一般情况下，考生应把力求稳妥、确保入学作为基本的指导思想。按照这一指导思想填报志愿，无论对第一志愿的填报，还是对第二志愿、第三志愿的填报，考生都会采取谨慎的态度，而且在"是否愿意调剂"、"是否服从安排"等栏目，也将选择肯定的回答。采用这种指导思想选择志愿，成功的可能性较大。因为在这种思想指导下作出的选择，竞争性相对减小，即使选择有误，招生单位还可调剂录取。

应当强调指出的是，选好第一志愿非常重要。考生千万不能存有第一志愿落空之后，第二志愿还有很大希望的想法。因为在录取工作中，招生学校首先在第一志愿内录取。如果考生的第一志愿未被录取，与其第二志愿竞争的将是别的考生的第一志愿，该校将首先录取这些考生，这样第二志愿的录取希望就极为渺茫。第三志愿的情况也同样如此。

为了增加考生的录取机会，每个考生在填报志愿时都应全面考虑三批录取院校所有的志愿。这是因为，录取工作是一项十分繁杂的工作，涉及的因素很多。从宏观的角度看，一些主要的因素招生部门可以控制，但从微观的角度看，每年的录取工作又变化无常，这是任何部门都无法控制的。如每年报考各院校第一志愿的人数，是无法准确估计的，因而在填报志愿中"有心栽花花不开，无心插柳柳成阴"的情况，屡见不鲜。为此，凡有一定竞争能力的考生，都应全面考虑三个层次院校的志愿，将所有志愿栏填满，争取有更多的录取机会。第二、第三层次的院校也存在不同的调档控制线，所以必须考虑好它们之间从高到低的合理梯度，否则就会出现浪费志愿的情况。

（4）切勿忽略填报志愿中的细节问题

填报志愿时，如果忽视某些细节问题，将会减少录取机会，对此应当加以警惕。

按照国家规定，军事、公安、武警、体育、艺术类高等院校采用提前单独录取的办法，在其他院校录取之前进行。提前单独录取一般采用"一次投档"的方式，即凡第一志愿报考提前单独录取院校的考生，只要考试成绩进入规定的最低控制分数线，其档案材料全部一次提供给这些院校，由学校审查录取。提前单独录取结束以后，未被录取的考生档案将全部退回招生办公室，经过重新整理，参加下批提档，因此不会影响以后各批院校的录取。可见，考生如报考了提前单独录取的院校，等于增加了一次被录取的机会。有条件的考生不应错过这样的机会。

在《普通高等学校招生体检标准》中，规定了 16 种疾病或生理缺陷者不能报考普通高等学校，此外还规定了对某些疾病或生理缺陷者限报的专业。考生应当根据体检的结果，对照体检标准，选报适合自己的专业，否则将会因为身体条件而被淘汰出局。

少数院校或专业只录取男生或女生，或男女存在一定的比例，还有某些学校或专业对身高、体重等有一些特殊的要求。这些细节问题若疏忽大意，也会影响自己的录取机会。

二、大中学校毕业生的择业观念指导

对于具有求职需要的大中学校毕业生来说，能否找到适合自己的工作，关键在于择业观念是否正确。根据我们的咨询实践，树立正确的择业观念需要注意以下几个问题。

（一）把握个人的价值定位

当前社会处于转型时期，人们的价值观念趋向多元化。但是，无论人们的价值观念怎样变化，只有把个人的价值取向与社会的需要统一起来，在为社会作出贡献的同时，使自己的能力得到充分发挥，进而得到应有的回报，这样的价值定位才是具有生命力的。否则的话，一味追求物质待遇优厚的单位却不考虑自己的实际条件，努力寻求舒适轻松的工作岗位而逃避艰苦环境的锻炼，总想以很小的身心投入换来最大的价值回报，这些在价值定位上的种种误区，将使具有求职需要的大中学校毕业生面临极大的求职压力和困扰。

（二）敢于向社会偏见提出挑战

社会需要多种多样的就业岗位。从本质上说，各种不同的就业岗位只有劳动复杂程度的区别，而没有高低贵贱的划分。在城市社区从事家政、餐饮、贸易、环保等工作，或者在农村从事种养、流通、农副产品加工等工作，都是社会不可缺少的就业岗位，因而是有价值的，或者说应当受到社会的尊重。女修脚工刘慧贤，干了 20 多年修脚工作，至今仍不顾路远夜深，到孤寡老人、离退休人员家中及敬老院为人修脚，受到人们爱戴；她还刻苦学习医疗知识，掌握了治疗脚病的许多技术，成为一名在治疗脚病方面颇有建树的专业人才。这种干一行、爱一行、专一行，勇于向社会偏见挑战的精神，是值得广大大中学校毕业生学习的。

（三）适时调整自己的择业目标

调整择业目标的方式很多，其中最重要的是找准自身的从业优势，扬长避短，选择最适合自己发展的职业领域。例如，某些服务业的岗位一般要求年龄在 20 岁左右，对学历的要求也比较宽，积极到这些岗位求职，录用的机会就会大大增加。再如，某些技术含量较低的国有、集体、民营企业，一般希望录取年龄有优势而学历在高中以上的青工，这些企业应当是高中毕业生求职的主要目标。总之，扬长避短，以务实为本，把多方求职与自谋职业、主动创业有机结合起来，这样就业的路子才能越走越宽广。

（四）走出“这山望着那山高”的择业误区

由于经济与社会的发展，现在的青年人有了更为广阔的就业路子，选择职业的自由度明显增加。于是，“跳槽”，频繁地更换工作，似乎成了一种时尚。这种倾向也对一些即将走向工作岗位的大中学校毕业生产生了不良影响，使这些学生出现了“这山望着那山高”的择业偏差。

跳槽具有一定的好处，如可以学到更多的东西，积累更丰富的职业经验等。但凡事都有个“度”的问题。频繁地更换工作，会带来很多负面影响。譬如，跳槽者需用大量的时间、精力去了解和熟悉新的单位，学习新的工作制度，掌握新的工作技能，建立新的人际关系，这些都是跳槽的成本。但是，跳槽的收益，需要一个较长的时间才能体现出来，青年人往往没有这个耐心等待，所以又会出现新的跳槽。正是由于这个原因，频繁跳槽的人往往很难在某一领域有大的建树。另一方面，青年人跳槽对单位的发展十分不利。当一个单位培养了一批青年人，希望他们大展宏图的时候，他们却舍弃本单位一走了之，单位不得不再重新招聘新人并进行培训，这无疑增加了运行的成本。日本的企业对有频繁跳槽经历的人一般是不予重用的，他们十分看重团队精神，所以员工对企业怀有深厚的感情。由此可以看出，采用“铁饭碗”的方式将一个人牢牢固定在一个工作岗位，存在一定的弊端；但是，频繁地更换工作岗位，无论对个人还是集体，也都具有不可低估的消极影响。

职业理想是实现社会理想的桥梁，而正确的择业观念又是实现职业理想的前提。所以，树立脚踏实地的思想，作好长期吃苦的准备，这样才能在选择职业的过程中少吃苦头，少走弯路。相反，好高骛远，“这山望着那山高”，一厢情愿地频繁出入于招聘的场所，这种不切实际的择业理念将为求职的同学带来数不尽的烦恼。这个问题必须引起高度警惕。

第五节　求职技巧

随着就业形势的日益严峻，大中学生的就业压力越来越大。了解并掌握一些求职技巧，有助于学生提高就业的成功率。求职技巧主要包括求职信的撰写技巧和求职面试技巧。

一、求职信的撰写技巧

求职信是指求职者在准确获悉就业信息后，根据招聘广告或简章的要求，用书面形式向招聘部门推荐自己的一种应征书。

在当今社会中，求职信应征是比较普遍的一种形式，特别是那些不善言谈而书面表达能力又强的求职者，更应发挥自己笔杆子的长处，通过求职信推销自己。

一封有分量或得体的求职信，应当符合以下要求。

（一）行文规范

求职信最好采用打印方式，这样显得正规、整洁、美观，容易给用人单位留下良好的第一印象。信的开头应注意对收信人称呼的恰当表述，并应写上适当的问候语。信的主体是求职的原因、个人的特长以及能否胜任应聘岗位的具体分析。信的结尾则应写上表示祝愿或敬意的话，署好姓名，注明日期，并将有关证明材料附于信后（如履历表、身份证、毕业证、获奖证书及有关作品的复印件等）。在求职信中一定不能出现错字或语病，那样有可能使招聘人员对求职者的知识素养产生怀疑。

（二）重点突出

求职的原因和个人在应聘岗位上所具有的独特优势，应当构成求职信的重点内容。对此，要准确把握，讲清说透。如在说明求职的原因时，可把个人对于应聘岗位的社会价值予以充分肯定，这样可以很自然地体现出应聘者的价值取向，增加用人单位对应聘者价值倾向的了解。在阐述自己的应聘优势时，可从年龄、知识结构、兴趣爱好、学业成绩、自身特长、获奖作品等不同的侧面加以说明，对于最突出的方面则应重点强调，这对于加深招聘人员的印象将起到重要作用。

（三）诚实谦虚，富有个性

大中学生尤其是中学生，无论在知识领域还是在社会经验方面，都很有限。若在求职信中不敢正视这一现实或多方予以回避，甚至出现夸夸其谈、自吹自擂的现象，势必造成用人单位的反感。因此，应聘的同学应当在求职信中实事求是地介绍个人的优点，坦率地承认自己在知识经验特别是专业技能方面存在的不足，这种诚实谦虚的态度往往会给用人单位留下放心的印象。此外，利用“第一印象”的原理，使用与众不同的方式推销自己，也会赢得用人单位的好感。一位应聘的同学在求职信中写道：“我是一双眼睛，正把你们深情地注视；我是一只耳朵，正聆听你们求才若渴的心声！”招聘人员看后很欣赏这位应聘同学的文笔和个性，于是对他给予了更多的关注。

（四）恰当显示进取精神

在求职信中恰当反映应聘者的积极进取精神，通常会给用人单位留下好的印象。但是，如果这种进取精神的显示过于锋芒毕露，将会起到相反的效果。因此，显示进取精神应该自然、含蓄，注意留有余地，并且要有创新精神，这样才能达到预期的目的。一位同学在求职信中，把自己的照片放大，剪成扑克牌大小，反贴在一张红桃 A 上，在照片的下端写着：“我将是你手中的一张好牌。”求职信寄出后，很快收到了面试通知。用人单位的老总一见面就问他：“你为什么不寄一张王牌过来，却只是一张红桃 A 呢？”该同学回答：“我是冲着广告上那句‘招纳贤才、共创大业’而来的。我并不想做大王，也不想做小王，只希望为老总横刀立马，冲锋陷阵，共创大业。”他的巧妙回答，深得老总的欣赏，结果自然如愿以偿。

二、求职面试的技巧

面试是求职者为了获得某种职位与招聘人员直接交往的过程。很多学生的求职经历表明，如果不懂得面试的一般程序和面谈的基本技巧，很容易失去一些宝贵的就业机会。

根据我们的咨询实践，面试前指导学生注意以下十个问题，可大大增加成功的机会：

（一）衣着大方

面试前必须考虑应聘的是什么部门，何种职业，以选择合适的衣着。最好穿比较正式的服装，不要过于修饰打扮，以便给招聘者留下庄重、朴实、大方的印象。

（二）充满自信

自信心是成功面试的重要条件之一，招聘者往往很看重这一点。为了显示出自信的姿态，应聘的同学应该面带微笑，沉着冷静，彬彬有礼，而不要表现出拘谨或做作的不良神态。

（三）表述得体

应聘的同学在自我介绍的过程中，要尽可能地使用普通话，讲话的速度不应太快，声调也不宜太高。在讲述自己的特长时，不妨带些感情色彩，这样可使对方受到一定的情绪感染。

（四）妙用眼神

俗话说，眼睛是心灵的窗户。面谈时，应聘同学的眼睛要密切地注视对方，用眼神表示出自己的诚恳、谦恭等良好的个性修养，但不可长时间地盯着对方，这样会使人产生不礼貌的感觉。

（五）善于倾听

每个人都喜欢尊重自己的人。应聘的同学应学会倾听的技巧，耐心听对方讲话；在招聘者讲话的过程中，适时以点头、微笑、恰当的短句等行为方式，给予对方必要的反应。这种倾听技巧的使用将大大增加对方的好感。

（六）应答简洁

应聘的同学应使用简短、明确的语言，干脆利索地回答对方提出的问题。切不可在回答问题的过程中，拖泥带水，啰嗦重复，抓不住要点，那样很容易使招聘者产生厌烦的情绪。

（七）坦言缺点

有时在让对方了解了自己的优势的前提下，应聘的同学不妨坦率地讲述一些自己的缺点，这可以使招聘人员形成你能客观公正地评价自己，而不自吹自擂的印象，从而赢得招聘者对你的好感，使面试获得成功。

（八）见解独特

对招聘人员的提问，给予不落俗套的回答，可以增加录取的概率。有家公司的老总在面试中对所有的应聘者都说了同样的一句话："你的运气真好，一只脚已经跨入了本公司的大门。"结果，所有赞同此话的应聘者均被淘汰，只有一位回答"能不能入选，关键在实力而不在运气"的应聘者，受到老总的青睐而被聘用。

（九）妙语献策

面试时选择恰当的时机进言献策，也会赢得招聘人员的欣赏。有位应聘者在与某家具商场的经理面谈时，用幽默的语言出了这样一个点子：在楼梯口放张床垫，再配上一个告示牌，醒目地写上"踩断一根簧，送你一张床"。经理听后大加赞赏，很快请他担任了商场的公关部负责人。

（十）灵活应变

面试中总会遇到一些意想不到的情况，需要应聘者灵活应对，以便增加成功的可能性。有家外贸单位招聘报单人员，面试者众多，绝大多数人都用中文回答问题。看到负责面试的外方经理流露出不满意的神情，有位面试者灵机一动，大胆地用英语与之交谈，果然被这家外贸单位优先录用。

【建议参考资料】

1. 郑日昌，陈永胜．考试焦虑的诊断与治疗［M］．哈尔滨：黑龙江科学技术出版社，1990.

2. 陈永胜．高中生心理健康教育导读［M］．济南：明天出版社，2002.

【问题与思考】

1. 你觉得考试动机的指导需要关注哪些问题？
2. 结合咨询案例，制订一份帮助学生排解考试焦虑的干预方案。
3. 试述应考技能指导的工作要点。
4. 你认为大中学生职业选择指导的着力点应该放在哪里？
5. 除了求职信撰写和面试技巧外，求职中还需掌握什么技巧？
6. 如何指导学生以辩证的方法妥善处理升学与就业中的各种矛盾？

第八章　青春期性心理咨询

【本章提要】

中小学生异性交往的引导思路、大学生恋爱问题的疏导策略、青春期过度手淫的预防要领以及青春期性变态倾向的干预对策是青春期性心理咨询的重点。

中小学生的异性交往经历了疏远、接近、爱慕三个阶段。遵循“适度”与“自然”的原则，对中小学生的异性交往问题进行科学指导，有助于中小学生建立正常、融洽的异性朋友关系。

大学生恋爱疏导的主要策略包括：不能对大学生谈恋爱问题简单化地予以指责；大学生恋爱问题的疏导贵在真诚、实际；帮助大学生及时从恋爱挫折中解脱出来。

过度手淫的预防要点是：引导青少年形成对手淫现象的恰当认识；加强对青少年日常生活细节的指导；帮助青少年掌握克服手淫习惯的方法。

了解性身份障碍、恋物倾向、异装倾向、窥阴倾向和同性恋倾向的含义、主要表现与形成原因，掌握相应的预防与干预要领，是体现学校性心理咨询专业水准的一个重要方面，需引起学校心理咨询人员的足够重视。

【学习重点】

1. 明确中小学生异性交往的引导思路。
2. 把握大学生恋爱问题的疏导策略。
3. 熟悉青春期过度手淫的预防要领。
4. 了解青春期性变态倾向的干预对策。

【重要术语】

异性交往　恋爱疏导　过度手淫　性身份障碍　恋物倾向　异装倾向　窥阴倾向　同性恋倾向

第一节　中小学生的异性交往

一、中小学生异性交往的年龄特点

根据发展心理学的研究，中小学生的异性交往具有以下年龄特点。

（一）异性疏远期

一般在 10—13 岁。这个时期的男女学生倾向于与同性伙伴交往，对异性大多采取回避的态度。这一现象通常存在两种变式：一种是厌恶同龄的异性，在学校里同班男女同学之间往往互相指责；另一种是喜欢接近年龄大的异性，这实际上是性心理发展过程中的一种代偿形式。

（二）异性接近期

一般在 14—15 岁。这个时期的青少年正经历着急剧的生理、心理转折。青春的萌动和性意识的觉醒，使他们充满了对异性进行探索的欲望和相互接近的冲动。男女生都倾向于在异性面前表现自己。女生特别注意打扮，喜欢在男生面前流露女性特有的妩媚；男生则倾向于显露学识，喜欢在女生面前展现自己的才华或技能。这一阶段的男女生由于比较羞涩，个别接触一般还不频繁。

（三）异性爱慕期

一般在 16—18 岁。这个时期的青少年逐渐萌发了求偶的愿望，一些有胆量的男女学生开始主动寻找机会向自己爱慕的异性表白心迹，但他们对爱情的认识是朦胧肤浅的。有的学生因缺乏性道德知识，加上外界不良因素的诱惑，容易出现越轨行为。

二、中小学生异性交往需遵循的原则

引导中小学生在异性交往中遵循“适度”与“自然”的原则，对于他们建立正常、融洽的异性朋友关系具有重要意义。

（一）适度原则

这一原则是指异性同学之间的交往程度要适当，交往方式要恰当，既避免萌生对某一异性朋友的过度依恋，也不致因异性之间的频繁交往而引起外界的不满。

遵循这一原则，必须注意：1. 在与异性同学交往的过程中，应尽量保持与同性同学的交往，使交往的范围不致过于狭窄。很多研究表明，既能与同性同学保持良好关系，又能与异性同学建立良好关系，这样的学生其个性发展才是最完善的。因此，在发展与同学的友谊时，不要与异性同学有过于密切的接触，更不能脱离与同性同学的交往。2. 在与异性同学交往时，所言所行要留有余地，不能毫无顾忌。在谈话中涉及两性之间的一些敏感性话题，要尽量予以回避。与异性朋友的身体接触，一定要把握好分寸。由于班级工作或学习上的原因，与某位异性同学长期交往时，更要注意把握交往的分寸，尽量减少一对一的交往机会，不要走得“太近”、“太深”，以免超越正常的交往界线。

（二）自然原则

这一原则是指在与异性交往的过程中，言语、表情、行为举止都要自然大方，既不拘谨也不做作，以便建立正常的人际关系。

在性意识不断觉醒，但心理发展还不够成熟的情况下，中小学生的异性交往经常表现出许多矛盾。例如，渴望与异性同学交往，但表面上又显示出紧张、退缩或不好意思；很想与异性同学建立友谊，但又担心同学、老师、家长对此形成偏见；乐于寻找那种与异性交往的朦胧感受和愉悦情调，但又唯恐陷入早恋的旋涡，影响自己的前程。这些矛盾往往会使中小学生在与异性交往中表现出不自然的倾向。

要做到自然地与异性交往，就要正确认识和处理与异性朋友的关系，最好能像对待同性朋友那样对待异性朋友。在实际的交往中，首先要克服羞怯心理，言语、表情应自然大方，不要过于紧张。在多次交往熟悉之后，男女同学之间也不宜过于随便、轻浮，言谈需文雅，举止应得体，要时刻保持自己在异性面前的仪态。此外，在与异性交往时还要做到坦荡无私，以诚相待，相互信任，这是与异性朋友保持良好关系的前提条件。

三、引导中小学生恰当认识早恋的危害

在中小学时期，男女学生之间产生好感甚至相互接近的愿望是可以理解的。但是，中小学生的学习任务很重，特别是在初、高中阶段，需要面对人生发展的重大选择，在这样一种情况下，过早地把精力放到谈情说爱上，显然具有多方面的危害。

（一）早恋对中小学生的学习具有不良影响

男女学生一旦过早涉入“爱河”，往往会消耗大量的时间，整天情意绵绵，神情恍惚，这样势必造成学习成绩的下滑。一些学习成绩很好的同学，早恋之后学习成绩急剧下降，就是有力的证明。

（二）早恋将使中小学生承受沉重的心理压力

在学习压力已经很大的情况下，如果再加上早恋带来的社会压力，如舆论的或家长的干涉，会使当事学生的情绪受到极大冲击，心理素质脆弱的学生甚至有可能出现心理危机，造成终生遗憾。

（三）早恋也往往孕育着失身或失足的危险

由于中小学生的情感容易冲动，自制力有限，在伦理道德方面的判断很不成熟，也无力承受爱情和婚姻所必须担负的社会责任与义务，在这种情况下谈恋爱，便很有可能出现意想不到的尴尬难题，甚至会导致失身的痛苦或受到道德与法纪的惩处。

我们认为，在咨询过程中向求询的学生通俗地说明以上道理，对于帮助他们克服早恋的倾向是大有益处的。

第二节　大学生的恋爱问题

一、大学生恋爱的基本状况、特点及影响因素

（一）大学生恋爱的基本状况

大学生恋爱的基本状况，可以通过国内多年来积累的一些调查数据反映出来。

中央教育行政学院心理学教研室的调查发现，大学生对恋爱问题持三种态

度：认为在大学期间可以谈恋爱的占调查总人数的51.7%；认为不可以谈恋爱的占36.1%；持无所谓态度的占12.2%。

国防科技大学和长沙大学的调查显示，对恋爱持“动力论”，即认为谈恋爱利多弊少、恋爱是“合动力”的人数占调查总人数的21%；对恋爱持“阻力论”，即认为大学生谈恋爱弊多利少、爱情对学业是一种阻力的人数占调查总人数的15%；对恋爱持“平衡论”，即认为大学生谈恋爱利弊均衡的人数占调查总人数的64%。

西南师范大学（现西南大学）黄希庭等人的调查表明，大学生在对待爱情与事业的关系上，73%—74%的被调查者赞同爱情应当服从事业，79%—81%的被调查者赞同把爱情摆在学习和工作之上是不恰当的，61%—64%的被调查者赞同爱情不是人生的唯一目的，33%的被调查者赞同没有体验过爱情的幸福就不知道生活的价值，此外还有13%的被调查者赞同把爱情放在生命和事业之上，57%—69%的被调查者赞同在热恋时多付出些时间是不可避免的。

以上几个调查结果虽有一些出入，但总的来看，我国当代大学生对恋爱问题持肯定态度的多，持否定态度的少，另外还有一些学生处于中间或游离状态。

关于大学生的择偶标准，上海市的一项调查发现，半数以上的男大学生择偶的结构模式是：德→德貌→德才；50%以上的女大学生择偶的结构模式是：德才→才德→德。这一调查结果表明，无论男女大学生，在选择伴侣上都把思想品德和学识才干列为主要的标准，这说明大学生的择偶观总的来看是健康的。当然，“郎才女貌”的旧的择偶标准对大学生也有不可忽视的影响。另据四川的一项调查，男大学生对择偶条件的排列顺序是：品德人格，相貌，聪颖贤惠，身体健康，懂得生活，兴趣广泛，性格，事业心，才华，操持家务；女大学生对择偶条件的排列顺序是：品德人格，事业心，才华，兴趣广泛，机智刚强，懂得生活，身体健康，相貌，比自己强。这一调查结果同上海的调查结果基本上是一致的。

（二）大学生恋爱的主要特点

大学生的恋爱除上述态度和认识方面的表现之外，还具有以下三个特点值得重视。

1. 大学生谈恋爱的年龄有提前的趋向

目前大学生谈恋爱的时间有两个高峰：一年级下学期到二年级是第一次高峰，大学四年级是第二次高峰。例如，长沙地区一些高校的调查指出，在低年级大学生中，男生谈恋爱者约占男生总人数的30%；女生谈恋爱者约占女生总人数的40%。

2. 大学生谈恋爱的方式愈益公开化

目前大学生谈恋爱已不再以含蓄、深沉为美，越来越多的大学生热衷于公开场合的密切交往，有的甚至以当众拥抱、接吻为耀，这种对西方恋爱方式的模仿有增长趋势。

3. 部分大学生的恋爱动机不够端正

有些大学生是以感官满足和实利需要去谈恋爱的。他们一味追求对方的容貌、体态、言谈、风度，或者在内心倾慕对方的家境、地位、名誉、实惠。具有这种恋爱动机的学生，喜欢脚踏几只船，“这山望着那山高”，摇摆性很大。

有些大学生是在好奇心、从众心理的支配下去谈恋爱的。他们对恋爱问题从来没有深思熟虑，只是看到别的同学谈恋爱了，自己不甘落后，或想显示自己的“实力”，盲目地卷入爱情的热流。

还有一些大学生是以填补内心空虚、满足情欲冲动为目的去谈恋爱的。这种学生通常对爱情极不严肃，今天卿卿我我，甜言蜜语，明天就可能不理不睬，甚至反目为仇，因恋爱问题走上犯罪道路而不能自拔的事件近年来也时有发生。

4. 大学生中的未婚同居现象逐渐增多

据广东省性学会主持编辑的《2007 广东性学报告》披露，一项涉及全国 24 个省市的 2 000 名本专科学生的调查显示，赞成大学生同居的占调查总人数的 28.4%，任其自然的占调查总人数的 57.6%，表示明确反对的仅占调查总人数的 13.5%。此外，76.6% 的未婚同居女性认为同居对自己身体产生了严重影响，62.4%的女性对自己的同居行为表示后悔①。

（三）大学生恋爱的影响因素

我们认为，大学生恋爱的上述状况和特点是受多种因素影响的。

首先，性生理成熟的年龄提前，性意识不断增强，是大学生恋爱年龄提前的一个内在原因。

其次，近年来西方一些不健康的带有挑逗和刺激性的文化产品对部分大学生产生了消极影响，造成某些大学生恋爱动机不够端正，恋爱方式不合国情。

再次，家庭和社会环境中的一些消极因素，例如社会上“早恋风”、“多角恋爱风”的影响，也是造成大学生恋爱年龄提前、人数增多的一个原因。

最后，在对影响大学生谈恋爱的因素进行分析时，还不应忽略以下事实对大学生的影响：一些大学生理想、信念缺乏，学习动力不足，在正当的精力得不到合理引导和使用的情况下，他们只好把时间和精力消磨在花前月下。

二、大学生恋爱问题的疏导策略

我们认为，在咨询过程中，应当对大学生的恋爱问题采取以下一些疏导策略。

（一）不能对大学生谈恋爱问题简单化地予以指责

对大学生谈恋爱问题采取粗暴指责和过分压抑的态度，对大学生的心理平衡

① 林洁，吴里扬．女大学生未婚同居，62.4%后悔［N］．中国青年报，2007-9-3.

十分有害。指责或压抑可造成大学生抑郁、烦躁、过敏、多疑等不良的心理品质，影响大学生的心理健康。因此，对大学生谈恋爱问题采取硬性指责和压抑的态度，显然是行不通的。

我们赞赏这样的说法："爱情犹如蓬生的春草，不让冒尖也要冒尖；又如奔流的清水，想阻也阻不成。"① 只有春风化雨，因势利导，帮助大学生妥善处理好在恋爱过程中遇到的问题，才能有效地促进大学生的健康成长。

（二）大学生恋爱问题的疏导贵在真诚、实际

当代大学生重实际，厌恶夸夸其谈与说教；讲真诚，不喜欢虚情假意的奉承。针对大学生的这些特点，在咨询过程中进行恋爱问题的疏导与帮助，必须真诚坦率，中肯实在，努力被求询的学生理解和接受。

例如，你向求询的学生抽象地谈论爱情的意义，不如向他们坦率地谈谈过来人的一些切身经验和体会，这样会使求询者感到更实在、更具体，从中能受到更多的启发和教育。

适当地介绍一些名人名言，对大学生思考爱情和人生的价值也是有益的，常常会受到求询的学生欢迎。

与求询的学生一起讨论如何恰当处理好爱情与事业、爱情与友谊、爱情与道德的关系，对大学生的待人处事、恋爱交往有比较具体的指导价值。比如，有些求询的学生把握不准爱情与友情的分寸，自作多情、强人所爱或捕风捉影、伤害友情的事情时有发生，对这类问题进行具体指导，求询者往往口服心服，对咨询人员充满尊重和感激之情。

（三）帮助大学生及时从恋爱挫折中解脱出来

由于在大学中存在着很多限制大学生谈恋爱的因素，因此，大学生在恋爱过程中常常会遇到挫折。对大学生的恋爱挫折进行恰当的疏导帮助，对缓解大学生的心理冲突、摆脱情绪困扰具有重要作用。

大学生在遭受恋爱挫折之后，其心理反应复杂多样。主要包括：

1. 羞辱感，觉得自尊心受到严重损害；
2. 苦闷感，焦虑和痛苦的体验交织来临；
3. 报复心理，试图寻找机会拿对方出气；
4. 绝望心理，感情脆弱者甚至想自伤自毁。

针对大学生恋爱受挫后的心理反应，咨询人员应帮助当事学生进行冷静的分析，既要明确遭受挫折的主客观因素，总结教训，积累经验，又要从受挫状态下摆脱出来，失恋不失志，在对理想与事业的追求中去弥合心灵的创伤，捕获新的爱情。

对于那些情感脆弱、处于绝望状态或死亡边缘的学生，咨询人员则应进行必

① 胡近．大学生心理学［M］．上海：上海交通大学出版社，1987：159.

要的危机干预，通过与有关方面的协调、监护，帮助此类学生渡过感情上的难关，逐步恢复到能够进行自我控制的常态水平。

第三节　过度手淫的危害及其预防

处在青春期的学生，如果缺乏必要的生理卫生和心理健康知识，常常会形成一些不良的行为习惯，给自己带来很大的心理压力。过度手淫便是这样一种现象，亟需在咨询过程中加以引导。

一、过度手淫的界定

手淫又叫自慰，指通过自我抚弄及刺激生殖器以获得性快感和性满足的行为。

作为一种自我满足性欲求的行为，偶尔手淫是正常的，有些研究甚至发现，适度手淫还可在一定程度上缓解性冲动带来的紧张和焦虑。但是，如果形成手淫的习惯，发展成为过度手淫，即一周出现几次或更多的手淫现象，则会对青少年的身心健康产生不良影响。

据国外调查，约有70%—90%的男性青少年和50%左右的女性青少年有过手淫行为。国内的一项调查指出，中学生中有手淫行为的约占35%。

接触不健康的文化传媒，内裤过紧，不注意生殖器官的清洁卫生，过多食用刺激性的食品，均可成为过度手淫的诱因，其中以不健康的文化传媒对青少年手淫习惯的形成影响最大。

二、过度手淫的危害

（一）过度手淫对青少年生理健康的影响

从生理方面来说，过度手淫会影响青少年今后的性生活质量。一方面，过于频繁地刺激性器官，可能导致阳痿、早泄或女子性冷淡。如果手淫成习，甚至认为通过手淫可以代替性生活，则会成为同性恋、自恋等病态人格的温床。另一方面，过于随意地刺激性器官，会使生殖器出现损伤，如充血、破溃等。女性经常手淫，则有可能由于不洁而导致外阴部及尿道炎症。

（二）过度手淫对青少年心理健康的影响

从心理方面来说，过度手淫使不少青少年陷于矛盾状态。一方面，他们为手淫发生时的兴奋、快感而满足；另一方面，他们在手淫过后普遍有一种懊悔感、羞耻感、恐惧感和自责感，特别是在听到别人讲起手淫的危害之后更是如此。可见，手淫的最大恶果在于此种行为成习后造成的心理创伤和痛苦体验，这些心理创伤和痛苦体验往往又会转换为躯体症状，如失眠、多梦、疲乏无力、注意力不集中，记忆力减退、学习成绩下降等，形成恶性循环。

三、过度手淫的预防

过度手淫的预防可从以下三个方面着手。

（一）引导青少年形成对手淫现象的恰当认识

青少年中存在的手淫现象，关键不在于其出现率的多寡，而在于对手淫现象的认识是否恰当。在我们看来，手淫作为一种不良的自我满足性欲求的行为，是不宜模仿或尝试的。但是，已经发生了这种行为，也并非什么可耻的举动，更不是什么道德败坏或低级下流。手淫的恶果不仅仅在于对机体神经系统的刺激及以后性功能的影响，更严重的影响是在心理方面。因此，引导青少年恰当地认识手淫现象的利弊得失，提高青少年在性心理方面的自我认识与自我控制能力，对于预防过度手淫至关重要。

（二）加强对青少年日常生活细节的指导

指导的具体内容包括：1. 经常清洗外阴，消除积垢对生殖器的刺激；2. 不要憋尿，避免膀胱过分充盈而引起刺激；3. 内裤不宜过紧；4. 多吃新鲜蔬菜和豆类食品，少吃刺激性食物；5. 定时睡觉、起床，睡前避免过度兴奋；6. 不接触色情读物和影视作品，警惕不健康网站的色情诱惑；7. 如包皮过长，应及时进行手术治疗。

（三）帮助青少年掌握克服手淫习惯的方法

采用以下方法，对于克服手淫的习惯具有一定的帮助。

1. 自我暗示法

当性冲动即将出现时，马上进行自我提醒："过度手淫有害健康。"经常进行这样的自我暗示练习，对提高个人的自我控制能力、减少手淫行为的发生率具有一定的效果。

2. 兴趣转移法

经常参加集体活动，培养多方面的兴趣爱好，特别是在出现手淫欲望的时候，及时把精力转移到自己感兴趣的活动中去，可在一定程度上起到预防手淫的作用。

3. 专注学习法

利用大脑皮层的优势法则，有意识地增强学习的优势兴奋灶，使其他部位处于抑制状态，这样也有助于克服手淫的习惯。

第四节　性变态倾向的诊断与干预

在对青春期学生进行性心理健康指导的同时，对那些存在一定的性变态倾向的学生，也不应采取忽略或鄙视的态度；而应根据咨询人员的工作条件，向他们提供力所能及的诊断与帮助。本节将着重介绍学校情境中常见的性变态倾向的诊断与干预要点。这些常见的性变态倾向包括：性身份障碍；恋物倾向；异装倾向；窥阴倾向；同性恋倾向。

一、性身份障碍

（一）性身份障碍的含义

性身份障碍是指有变换自身性别的强烈欲望。

理解性身份障碍这一术语，需要注意以下几点：1. 个体不否认自身的性生理状态，但在意识上把自己视为异性，或者希望自己成为异性；2. 对自己本身的性别有持续、强烈的痛苦感，渴望成为异性或坚持本人就是异性；3. 持续性地专注于异性的活动；4. 此障碍必须至少存在六个月才可作出明确诊断。

（二）性身份障碍的主要表现

性身份障碍的主要表现是男性女性化或女性男性化。

在幼儿期即出现性身份障碍的男孩，在穿衣打扮、行为举止和心理偏好方面喜欢模仿女孩或以女孩自居。他们沉湎于女孩的游戏和活动，举止文静，动作女性化，不喜欢与男孩一起活动。他们甚至厌恶自己的外生殖器，希望变成女孩。上学后，这些女性化举止会受到其他男孩的羞辱、嘲笑，并且越来越孤立。至青春期，男性女性化的举止会有所减轻并且恢复正常的性别角色，但追踪研究表明，1/3—2/3 有性身份障碍的男生在青春期或以后，往往表现出同性恋的倾向。

在幼儿期即出现性身份障碍的女孩，在穿衣打扮、行为举止和心理偏好方面喜欢模仿男孩或以男孩自居。她们对洋娃娃之类的玩具不感兴趣，热衷于体育运动和激烈争斗的游戏，行为粗犷，动作男孩化，不喜欢与女孩一起活动。她们厌恶女性的生理特征，甚至声称自己就是男孩。上学后，她们喜欢结交男伴，并且很受其他男生的欢迎。至青春期，大部分女性男性化的举止会明显收敛，但仍有部分女生保留男性化的特征，并逐渐显露出同性恋的倾向。

（三）性身份障碍的形成原因

1. 遗传性生理因素的影响

与性别发育有关的遗传性生理因素（性染色体、性激素、生殖器等），如果出现一定程度的变异，都有可能引发性身份障碍。例如，女孩雄性激素水平高则有可能男子气较重，生性好动，举止粗犷；男孩雌性激素水平高则有可能女子气较重，生性温柔，举止文雅。

2. 家庭教养方式的影响

儿童的性别认同既与先天素质有关，又与后天环境密不可分。其中，家庭的教养方式和生活环境对孩子的性别认同具有重要影响。一些家长出于补偿心理的需要，把男孩当成女孩养育或把女孩当成男孩养育，有可能造成孩子的性别认同失调。此外，父母角色缺失或弱化，也有可能引起子女的性别认同障碍。例如，父母离异后，跟随母亲生活的男孩因缺少父亲的“示范”，易受母亲的影响而缺乏阳刚之气；父亲在家没有地位，易使子女产生轻视男性的潜在意识；子女与异性父母关系过于亲密，或过分依赖异性父母，也容易出现性别认同障碍。

3. 社会环境的影响

社会环境对性别角色认同具有评价、暗示和诱导作用。例如，社会上普遍存在的“重男轻女”现象，易使女性产生自卑心理。1992 年上海 16 所高校涉及 2 190 人的问卷调查表明，37%的女生希望改变自己的性别，而男生中希望改变性别者只占调查样本总数的 3.6%。这说明社会导向对青少年的性别认同具有深刻影响。此外，影视作品中的性别角色形象，对儿童青少年的性别认同也具有不可忽视的影响。当儿童青少年缺乏正确的性别意识时，他们对影视作品中性别认同失调行为的偶然性模仿，有可能发展成为稳定的性身份障碍。

（四）性身份障碍的预防与干预

在性身份障碍的预防与干预中，需要注意以下两点。

1. 对儿童进行性启蒙教育

正常儿童三岁左右即可分辨自己的性别。因而性启蒙教育在幼儿阶段便应列入议事日程。在幼儿以及学龄初期儿童的游戏活动中，要引导儿童多扮演与其性别相符的角色；在幼儿园和小学教师的师资配备中，要通过政策引导鼓励更多的男性任教，以便为儿童的性别认同提供良好的示范作用。

2. 采用行为疗法进行矫正

对已经形成性身份障碍的学生，可采用行为疗法加以矫正。具体的矫正方法包括“差别强化”和“榜样示范”。

所谓“差别强化”，是指对具有性身份障碍的学生所出现的符合性别角色的行为进行鼓励或奖赏，对不符合性别角色的行为进行批评或惩罚。这种“差别强化”，有利于提高正性目标行为的发生率，降低负性目标行为的发生率。

所谓“榜样示范”，是指通过角色扮演，为具有性身份障碍的学生提供学习的正向“样板”。“榜样示范”既可采用个别咨询的方式，也可采用团体咨询的方式。

二、恋物倾向

（一）恋物倾向的含义

恋物倾向属于性偏好障碍中的一种类型，指在强烈的性欲望与性兴奋的驱使下，反复收集异性使用的物品。

具有恋物倾向的青少年多为男性，所恋之物以女性内衣、内裤、乳罩、卫生巾、鞋袜较为多见，也有的恋女性的头发、头饰、化妆品等。

（二）恋物倾向的主要表现

具有恋物倾向的青少年具有一定的强迫意向，他们往往会冒着风险去猎取刺激物，在猎取过程中常伴有焦虑和自责情绪，经常陷于希望改变又难以自拔的矛盾心理。

恋物倾向的主要表现是：

1. 一般对异性本身并无兴趣，兴趣集中在体现异性性特征的物品上；
2. 个别青少年对女性身体的某一部分（头发、指甲等）感兴趣；
3. 喜欢窃取并收集女性使用过的、有异味且易引起性兴奋的贴身用品；
4. 形成了一种习惯性的动力定型，难以控制。

（三）恋物倾向的形成原因

1. 与条件反射有关的生理因素

大部分具有恋物倾向者都具有某种偶然的性兴奋经历。诺那布（E. A. Nonob）曾描述过一个典型的案例。有位恋物癖患者，年轻时通过浴室门上的锁孔，看到洗澡中的女人脱下的鞋袜及身体的一部分，结果引起了性兴奋。以后，只要一看见女人的鞋袜，他就会产生性兴奋。这说明，多次条件反射所建立的动力定型，是恋物倾向形成的生理原因。

2. 与性格缺陷有关的个性因素

具有恋物倾向的青少年在性格上往往具有胆怯、退缩、自卑等缺陷。性成熟使得具有恋物倾向的青少年经常产生强烈的性冲动，而性格上的缺陷又使得他们不敢大胆地与异性直接交往，所以有些青少年便选择了利用异性贴身用品满足性欲望的方式。

3. 与传统习俗有关的社会因素

恋物倾向所选择的眷恋物，可能与儿童时期对异性亲属、保育人员等的特殊感情有关，也可能与一定的社会习俗有关。例如，日本某些具有恋物倾向的人，将女性的后颈部视为最能引起性兴奋的部位。这种独特的恋物倾向，来自于日本的民间传统和文学作品的过度渲染。

（四）恋物倾向的预防与干预

1. 尽可能弱化青少年对异性的神秘感

采取封闭的方式限制异性青少年之间的交往活动，反而会引起他们更大的好奇心；一旦这种好奇心按照正常的途径无法实现，有的青少年就可能铤而走险，采取偏离常态的方式设法满足自己的性冲动。所以，从预防的角度来看，为青少年创造异性交往的良好条件，鼓励青少年积极参加健康向上的异性交往活动，是打破青少年对异性的神秘感，防止他们采取反常举动的重要策略。

2. 通过性教育提高青少年的性成熟度

性教育不宜空泛抽象，而应帮助青少年了解性生活的基本常识，引导他们明确自尊、自重、自爱的道理，同时要说明社会道德在规范性行为方面的现实意义，这对于提高青少年的性成熟度，防范与恋物有关的性心理变态具有积极意义。

3. 采用厌恶疗法矫正恋物倾向

具体做法是：当具有恋物倾向的求助者产生恋物欲念时，便使用催吐、电击等方法，使其产生不舒服的感受；多次使用后，可帮助具有恋物倾向的青少年建立厌恶性条件反射，减少其恋物倾向的发生率。

厌恶性条件反射的建立也可通过想象的方式进行，这种方式可能更适合于学校情境。

三、异装倾向

（一）异装倾向的含义

异装倾向是恋物倾向的一种特殊形式，指对异性衣着特别喜爱，反复出现穿戴异性服饰的强烈欲望并付诸行动，由此引起性兴奋。

具有异装倾向的青少年不是为了直接追求性刺激或寻求性体验，而是在内心追求异性的一种外在象征。

某些青少年的异装倾向从恋物倾向发展而来，以男性居多。

异装倾向与恋物倾向的区别在于：前者是通过穿着异性服装来获得性满足，后者是以接触异性贴身衣物而引起性兴奋；二者虽然都寻求性快感，但后者在寻求性刺激、宣泄性冲动方面强度更甚；具有异装倾向的青少年很少出现手淫现象，而恋物倾向者一般都伴有手淫行为。

（二）异装倾向的主要表现

具有异装倾向的青少年最初穿着异性服装具有一定的隐蔽性。他们通常将异性衣物存放在鲜为人知的地方，个人独处时偶尔拿来试穿，通过镜子进行自我欣赏。以后异装行为逐渐频繁，有的青少年开始公开着异装出入于公众场所，个别人甚至只穿女性的贴身衣物，在公众面前故意卖弄。

（三）异装倾向的形成原因

1. 个体生理因素

有些异装倾向者具有明显的性生理功能障碍，他们需要借助穿着异性服装来达到性兴奋，获得性满足。

2. 个体人格因素

弗洛伊德认为，穿着异性服装是为了防止恋母乱伦的罪恶感，或减少阉割焦虑，因而可将其视为某些人人格发展中的退化现象。

有些青少年在异性交往中受到挫折，性欲受到压抑，产生了自卑感、退缩感等人格缺陷，因而试图通过穿着异性服装来获得心理补偿，间接地满足自己的性欲望。

3. 家庭教养因素

有些家庭从小将男孩子按照女孩子的样子打扮，使之形成了习惯，并在童年期过早地获得了性兴奋的体验，这种情况延续到青春期后，异装倾向便进一步加剧。

4. 社会心理因素

社会对男女具有不同的角色期待。一般来说，男性处于优势地位，在社会上的支配机会较多；女性处于弱势地位，容易引起舆论的同情。因此，一些生性胆怯的男性青少年便希望借助异性打扮，获得社会的扶助；而那些生性要强的女性青少年则希望借助于异性打扮，满足自己的支配欲望。

（四）异装倾向的预防与干预

1. 加强对青少年生活方式的引导

在改革开放的年代，青少年追求新异刺激、喜欢张扬个性是可喜的现象，但要引导青少年注意东西方文化背景的差异，不可过分模仿异性装扮，更不可混淆两性之间的角色，这对于防止异装倾向的滋生具有积极意义。

2. 准确甄别具有异装倾向的学生

当青春期学生出现穿着异性服装的强烈愿望，经常装扮成异性形象，借此来达到性兴奋与性满足的目的，持续半年以上，且不要求改变自己的临床解剖生理特征时，可确诊为异装倾向。

3. 采用认知行为技术进行干预

（1）疏通阶段：消除异装倾向者的紧张、戒备心理，咨询双方建立信任的情感，帮助求助者树立康复的信心。

（2）矫正阶段：运用厌恶性条件反射原理，使用催吐等技术，使异装倾向者形成穿着异性服装的厌恶心理。

（3）引导阶段：鼓励具有异装倾向的青少年进行正常的异性交往，通过异性之间的情感交流，缓解或满足自己的性冲动。

四、窥阴倾向

（一）窥阴倾向的含义

窥阴倾向也属于性偏好障碍中的一种类型，指反复窥视异性下身、裸体，或他人性活动，以满足引起性兴奋的强烈欲望。

具有窥阴倾向的青少年多为男性，窥阴者对自己的行为后果有明确的自知力，但在性冲动的刺激下，无法有效地控制自己的行为。

（二）窥阴倾向的主要表现

1. 窥视的手段隐秘，不易被人发现。如从门缝里偷看，站在高处偷看，或借助于反光镜、望远镜偷看。以偷看女性洗澡、排便为主，也有偷看夫妻房事者。

2. 窥视时往往伴随着手淫，有的窥阴者事后通过回忆发生手淫。

3. 反复窥视，形成恶习。即使被人发现后受到辱骂处罚，自己也产生悔恨心理，但仍然控制不住冲动。

（三）窥阴倾向的形成原因

1. 幼年时期的记忆

有的青少年曾在幼年时期看到过母亲或姐妹的裸体，窥视过父母的性交行为，对此记忆深刻，长大后便形成了窥视的不良习惯。

2. 色情文化的诱惑

青少年在阅读过色情书籍或从网上观看过色情影视图像后，往往会激起强烈的性冲动。有些青少年不满足于书本文字或虚拟图像的间接刺激，在现实生活中又难以通过正常途径满足个人的性欲望，于是便选择了窥阴这种带有风险的性满足方式。

3. 性压抑的影响

有些内向、腼腆、孤僻的青少年缺乏自信心，不敢与异性正常交往，便试图借助窥阴来满足自己的性欲望；有的智力低下的青少年同样具有性的冲动，他们难以通过正常渠道与异性接近，也只好采取了窥阴这种不正当的方式。

（四）窥阴倾向的预防与干预

1. 引导家长注意夫妻性行为对年幼儿童的影响

鉴于青少年的窥阴倾向与幼年时期的记忆有关，所以引导家长注意夫妻性行为对年幼儿童的影响，便成为预防工作的重要一环。尤其是那些居住条件较差的家庭，夫妻性行为一定要注意隐蔽性，千万不要给年幼儿童留下带有强烈性刺激的经久记忆。

2. 努力为青少年创造健康向上的社会文化环境

无论是家庭、学校还是社会，都担负着引导青少年健康成长的社会责任。当前，要特别关注色情文化特别是不健康网络信息对青少年性心理的消极影响。利用网络的中文平台，对青少年进行图文并茂、多媒体传播、科学生动、通俗易懂的性教育，是摆在中国学校心理咨询工作者面前的一项紧迫任务。

3. 采用综合治疗手段矫正青少年的窥阴倾向

引导具有窥阴倾向的青少年深入探索幼年期的性记忆经历，以及个人在性交往中的创伤性经验；采用看图想象的方法，使求询的青少年形成对窥阴行为的厌恶性条件反射；使用系统脱敏、思维阻断等技术，对矫正青少年的窥阴倾向都有一定的帮助。

五、同性恋倾向

（一）同性恋倾向的含义

同性恋倾向属于性指向障碍（起源于各种性发育和性定向的障碍）中的一种类型，指对同性成员持续表现出性爱的倾向。

有研究表明，从同性恋倾向发展到真正的同性恋，大约需要 1—2 年时间。真正的同性恋不仅具有同性交往的精神恋爱特征和拥抱、抚摸、亲吻等肉体接触，而且还发生口交、肛交等性行为。同性恋多见于男性。

同性恋可按不同的标准加以分类。一般把同性恋分为素质性同性恋和权宜性同性恋两种类型。前者的同性恋主要由遗传素质引发，后者的同性恋多与特殊的生活环境有关。也有人把同性恋分为主动型同性恋和被动型同性恋。前者从精神到性兴奋时的身体姿态均体现出男性的主动特征，后者则从精神到性兴奋时的身体姿态均体现出女性的被动特征。

（二）同性恋倾向的主要表现

具有同性恋倾向的青少年在进入青春期前就具有一定的性身份障碍，平时喜爱装扮成异性角色，服饰、体态、举止乃至讲话方式和腔调都与异性相近。与成年同性恋者不同的是，具有同性恋倾向的青少年很少陷入各种情欲活动，真正诉诸同性性行为的并不多见。如果对青少年当中存在的同性恋倾向不加关注，这类青少年很可能演化成真正的同性恋者。

同性恋倾向与性身份障碍的主要区别在于，后者并不过分关注某一同性，也没有以同性作为性满足对象的意愿。

（三）同性恋倾向的形成原因

1. 机体素质性因素

素质性同性恋可能由性染色体异常引起，也可能由性激素异常引起。国外有人调查了 40 对单卵双生子，发现只要其中有一个是同性恋者，另一个也必定是同性恋者（100%的一致率）；而 26 对双卵双生子中，只有 12%是一致的。这一调查结果证明，素质性同性恋与遗传因素有关。

2. 特殊的环境因素

在一个没有异性或极少异性的环境里，容易把人们对异性的欲望转移到同性身上。例如，男女分开的寄宿学校、监狱、军队、寺庙、修道院等同性聚集的场所，往往是同性恋行为的多发区。这时易发生精神上的恋爱关系，尤以女性多见。但当寄宿学生、监狱中的犯人、退役军人、还俗的僧侣有接触异性的机会时，他们会很快抛弃原先的伴侣，而把兴趣转向异性。所以，人们把由特殊环境所引发的同性恋倾向称为权宜性同性恋。

3. 家庭教养因素

幼年时期家庭不恰当的教养方式，容易使儿童出现性别认同障碍。性别认同障碍得不到及时矫正，至青春期后则有可能发展成为同性恋倾向。这说明，家庭教养方式也是青少年同性恋倾向的形成原因中一个不可忽略的因素。

(四) 同性恋倾向的预防与干预

1. 采取宽容的姿态对待同性恋问题

如何看待同性恋问题？在不同的文化背景中以及不同的历史时期，人们的看法并不一致。以美国为例，1974 年美国精神病学会曾投票通过不再将同性恋归为精神疾病的分类之中，但在以后的精神科医生调查中，发现半数以上的精神科医生依然把同性恋视为变态行为。我国目前对同性恋问题也存在着不同的看法。有人旗帜鲜明地加以反对，有人表示不宜提倡，有人主张采取宽容的态度，甚至还有人提出将同性婚姻纳入立法议程。对同性恋社会影响的有关研究则发现，同性恋者的聪明才智与社会贡献并不比异性恋者低，同性恋者也不比异性恋者具有更高的犯罪率和反社会行为，同性恋的最大危害在于对艾滋病的传播具有助长作用。因此，我国著名精神病学家陈学诗等人（1997）认为，处理同性恋问题的着力点应该放到“寻找有效的办法来阻止艾滋病的蔓延”①。我们认为，以一种更加开放和宽容的姿态来对待同性恋问题，应当成为同性恋预防与干预的基本出发点。

2. 向具有同性恋倾向的学生表达关爱

咨询人员对具有同性恋倾向的学生不应持有鄙视、厌恶或遗弃的态度，而应向其表达关怀、理解与尊重的情感，使其充分感受人间的真情与温暖。这对于帮助具有同性恋倾向的学生摆脱情绪上的困扰具有积极意义。

3. 同性恋倾向的干预必须坚持自愿原则

如果具有同性恋倾向的学生不愿接受干预治疗，切不可采取强制性措施。只有在具有同性恋倾向的学生觉得自己的行为与大多数人的行为不符，真正希望加以改变的前提下，咨询人员才可对其采取干预措施。

4. 针对不同类型的同性恋倾向进行干预

权宜性同性恋倾向只需合理地调整生活环境，适当地进行异性交往技巧训练，或引导其将性欲转移到学习与其他有益的活动中去，大多能在较短时间内纠正与同性之间的非正常接触。

素质性同性恋倾向的干预相当困难。在学校情境下，最好将疑有此种倾向的学生转介到有关专门机构接受检查与治疗。

【建议参考资料】

1. 岳文浩，赵耕源．现代临床心理学手册［M］. 济南：山东科学技术出版社，1997.

2. 陈家麟，骆伯巍．青春期性心理卫生［M］. 哈尔滨：黑龙江科学技术出版社，1998.

---

① 陈学诗．现代精神疾病治疗学［M］. 济南：山东科学技术出版社，1997：463.

【问题与思考】

1. 中小学生异性交往的年龄特点及应遵循的原则有哪些？
2. 大学生恋爱的主要特点是什么？
3. 在咨询过程中，如何对大学生的恋爱问题进行疏导？
4. 怎样针对青春期学生的过度手淫问题进行预防性的教育？
5. 青春期存在哪些常见的性变态倾向？怎样进行预防和干预？
6. 如何针对当代学生性早熟的新特点进行预防性的性心理咨询？

第九章　神经症的诊断与干预

【本章提要】

做好焦虑症、抑郁症、恐惧症、强迫症、疑病症和神经衰弱等常见神经症的诊断及干预工作，有助于帮助当事学生减轻心理痛苦，恢复心理平衡。

焦虑症是一种以焦虑情绪为主的神经症，包括惊恐障碍和广泛性焦虑两种亚型。抑郁症是一种以持久的心境低落为主要特征的神经症，包括心因性抑郁、疑病性抑郁、焦虑性抑郁、隐匿性焦虑、假性痴呆型抑郁五种亚型。恐惧症是一种以过分和不合理地惧怕外界客体或处境为主的神经症，包括场所恐惧症、社交恐惧症、特定的恐惧症三种亚型。强迫症是一种以强迫症状为主的神经症，所谓"强迫症状"是指患者反复出现与自己本意相反、毫无意义、无法摆脱的思想和行为。疑病症是一种以担心或相信患严重躯体疾病的持久性优势观念为主的神经症，包括原发性疑病症和继发性疑病症两种亚型。神经衰弱是一种以脑和躯体功能衰弱为主的神经症。

在神经症的心理治疗或干预中，有些方法是各种神经症的治疗或干预都需要使用的，有些方法则对某种类型的神经症更具实效，关键是根据患者的具体情况，因人而异，对症干预。

【学习重点】

1. 了解神经症的基本含义及诊断标准。

2. 明确焦虑症、抑郁症、恐惧症、强迫症、疑病症和神经衰弱等常见神经症的诊断要点。

3. 把握焦虑症、抑郁症、恐惧症、强迫症、疑病症和神经衰弱等常见神经症的干预策略。

【重要术语】

神经症　焦虑症　抑郁症　恐惧症　强迫症　疑病症　神经衰弱

按照《中国精神障碍分类与诊断标准第 3 版》（CCMD-3）的界定，神经症是一组主要表现为焦虑、抑郁、恐惧、强迫、疑病症状，或神经衰弱症状的精神障碍。其症状标准是，至少有下列一项：恐惧；强迫症状；惊恐发作；焦虑；躯体形式症状；躯体化症状；疑病症状；神经衰弱症状。其严重标准是：社会功能受损或无法摆脱的精神痛苦，促使其主动求医。其病程标准是：符合症状标准至少已三个月，惊恐障碍另有规定。其排除标准是：排除器质性精神障碍、精神活性物质与非成瘾物质所致精神障碍、各种精神病性障碍，如精神分裂症、偏执性精神病及心境障碍等。

下面分别介绍焦虑症、抑郁症、恐惧症、强迫症、疑病症和神经衰弱的诊断要点及干预策略。

第一节　焦虑症

焦虑症又称焦虑障碍或焦虑性神经症，是一切神经症表现的基础，也是所有神经症的一种共同症状。

一、概念界定与流行病学特点

焦虑症是一种以焦虑情绪为主的神经症。主要分为惊恐障碍和广泛性焦虑两种亚型。

惊恐障碍是一种以反复惊恐发作为主要原发症状的焦虑症。这种发作并不局限于任何特定的情境，具有不可预测性。

广泛性焦虑是一种以缺乏明确对象和具体内容的提心吊胆及紧张不安为主的焦虑症，并伴有显著的植物神经系统症状、肌肉紧张和运动性不安。

欧美等国对焦虑症的患病率报道有所差异。例如，英国教科书中引用的资料显示，惊恐发作 6 个月的患病率为 6%—10%，广泛性焦虑的年患病率为 25%—64%；美国学者韦斯曼（Weissman，1986）披露的数据表明，惊恐发作 1 个月至 1 年的患病率为 0. 4%—1. 2%，广泛性焦虑 1 个月至 1 年的患病率为 2. 5%—6. 4%。

我国 12 个地区神经症的流行病学调查发现，焦虑症的患病率为 1. 83%。

二、临床表现与诊断鉴别

惊恐障碍的主要临床表现是：急性发作时常有明显的植物神经系统症状，如心悸、剧烈心跳、心慌、呼吸困难、胸闷、胸痛、四肢发麻等，甚至出现不能控制的发抖、出汗；有时害怕自己完全失去控制而大声呼救；发作时短则 1—20 分钟，长则数小时；有的患者一生中仅发作数次，也有的患者反复发作。

广泛性焦虑的主要临床表现是：时常担忧、不安、害怕，虽明知是主观上的过度焦虑，但仍无法控制；易激惹，好神经过敏，注意力不集中，记忆力和思维能力下降；具有口干、恶心、心悸、尿频、多汗等植物神经功能亢进现象；另外还有不宁、易乏、失眠或梦魔等运动性症状和睡眠障碍；起病缓慢，常无明显诱因，病程一般延续数年之久。

《中国精神障碍分类与诊断标准第 3 版》（CCMD-3）提出的惊恐障碍与广泛性焦虑的诊断标准如下。

（一）惊恐障碍

1. 症状标准

（1）符合神经症的诊断标准。

（2）惊恐发作需符合以下四项：

①发作无明显诱因、无相关的特定情境，发作不可预测；

②在发作间歇期，除害怕再发作外，无明显症状；

③发作时表现强烈的恐惧、焦虑，及明显的自主神经症状，并常有人格解体、现实解体、濒死恐惧，或失控感等痛苦体验；

④发作突然开始，迅速达到高峰，发作时意识清晰，事后能回忆。

2. 严重标准

病人因难以忍受又无法解脱，而感到痛苦。

3. 病程标准

在一个月内至少有三次惊恐发作，或在首次发作后继发害怕再发作的焦虑持续一个月。

4. 排除标准

（1）排除其他精神障碍，如恐惧症、抑郁症，或躯体形式障碍等继发的惊恐发作。

（2）排除躯体疾病如癫痫、心脏病发作、嗜铬细胞瘤、甲亢或自发性低血糖等继发的惊恐发作。

（二）广泛性焦虑

1. 症状标准

（1）符合神经症的诊断标准。

（2）以持续的原发性焦虑症状为主，并符合下列两项：

①经常或持续的无明确对象和固定内容的恐惧或提心吊胆；

②伴有自主神经症状或运动性不安。

2. 严重标准

社会功能受损，病人因难以忍受又无法解脱，而感到痛苦。

3. 病程标准

符合症状标准至少已六个月。

4. 排除标准

（1）排除甲状腺机能亢进、高血压、冠心病等躯体疾病的继发性焦虑。

（2）排除兴奋药物过量、催眠镇静药物，或抗焦虑药的戒断反应，强迫症、恐惧症、疑病症、神经衰弱、躁狂症、抑郁症，或精神分裂症等伴发的焦虑。

三、心理治疗或干预对策

焦虑症状严重时需要采用药物控制病情。在学校，除了要做好焦虑症状严重者的及时转介工作外，对于焦虑症状较轻的患者，可从认知调整、情绪疏导和行为矫正三个方面着手，进行适当的心理治疗或干预。

（一）认知调整

认知调整的关键是帮助患者摆脱不合理观念的纠缠。例如，具有广泛性焦虑的学生会经常担心自己有可能发展成严重的精神病；针对这种情况，引导他们认清焦虑症与精神病在症状表现、发病机理和预后等方面的区别，对于消除其误解具有重要作用。

（二）情绪疏导

焦虑症患者往往伴有抑郁情绪，时常感到委屈、压抑、悲观、失望，这些消极低落的情绪体验，无疑会进一步加重焦虑的症状。因此，采用解释、鼓励、疏泄等方法，激发患者的生存欲望，增强患者的治疗信心，能够在一定程度上缓解焦虑症患者的伴发性抑郁情绪。

（三）行为矫正

放松训练、系统脱敏、自我催眠、生物反馈等行为疗法，对改善焦虑症状具有一定疗效。

1. 放松训练

根据文献报道，放松训练对缓解广泛性焦虑的症状具有明显疗效。渐进性肌肉放松训练、静坐或静卧、凝视、默念等简单易行的放松训练方法，有助于焦虑症状的改善。

2. 系统脱敏

系统脱敏的具体程序在本教材的第二章也有详细介绍。这里需要强调的是，必须要求焦虑症患者按照个人的实际情况，从弱到强排列出引起个人焦虑的具体事件或情境，依次进行想象脱敏，这样才能达到治疗的目的。

3. 自我催眠

夜晚临睡前，心中反复呈现“我很疲乏，我很疲乏，很想入睡，很想入睡……”等单调乏味的语词刺激，可在数分钟内使患者进入自我催眠状态，容易入睡或睡得较好。睡眠质量的改善，实际上也就在某种程度上缓解了焦虑症状。

4. 生物反馈

生物反馈是借助专用的电子仪器，由患者自动调节不随意的内脏活动功能，而使患者的自我觉察症状加以改善的行为治疗技术。对焦虑症的治疗通常采用肌电反馈疗法，即通过反馈装置示波器，让焦虑症患者获悉电位的数值，指导患者主动控制电位的强弱，肌肉紧张则电位增高，肌肉松弛则电位降低。如此主动控制，反复训练，对消除患者的焦虑症状可具有明显的疗效。

第二节 抑郁症

抑郁症又称抑郁性神经症。由于部分抑郁症患者存在明显的自杀倾向，所以抑郁症的诊断与干预问题格外引人关注。

一、概念界定与流行病学特点

抑郁症是一种以持久的心境低落为主要特征的神经症。一般把抑郁症划分为心因性抑郁、疑病性抑郁、焦虑性抑郁、隐匿性焦虑、假性痴呆型抑郁五种亚型。

心因性抑郁亦称反应性抑郁，由外界强烈刺激而引发。如生活中的不幸事件，不能与同学和睦相处，父母离异等，都可成为抑郁症的诱因。发病初期焦虑不安，情绪沮丧，甚至企图自杀。随着精神创伤逐渐愈合，抑郁症状有所缓和；以后若重受刺激，症状又会复发。

疑病性抑郁起因于某种器质性疾病的治疗。若治疗后仍未好转，患者会出现疑病和抑郁情绪，甚至怀疑自己的所有器官都有疾病，抑郁倾向更加明显，后期可能出现自杀倾向。

焦虑性抑郁的主要特点为坐立不安，易激惹，失眠，精神恍惚。

隐匿性焦虑的主要特点是失眠，并伴有身体某些部位的不适。患者会对这些不适感到不安，但不肯把自己的想法暴露出来，亦有自杀倾向。

假性痴呆型抑郁的主要特点是对周围事物不感兴趣，情绪低落，反应迟缓，造成痴呆的假象。经过治疗可以痊愈。

据文献报道，抑郁症已经成为21世纪最流行的情绪疾病。有人估计，全球约有5亿多人正在遭受抑郁症的折磨，平均每10人左右便有1人患抑郁症；中国约有抑郁症患者3 000万人以上。按照世界卫生组织（WHO）公布的数据，抑郁症的全球发病率为11%。

二、临床表现与诊断鉴别

抑郁症的基本特征是自觉情绪低落、压抑、郁闷、沮丧。具体临床表现包括以下六个方面：1. 对生活的兴趣明显减退，甚至丧失了业余爱好，不愿意参加娱乐消遣；2. 感到身心疲惫，精力不足，思维迟钝，反应缓慢，对学习、生活缺少信心；3. 自我评价降低，夸大自己的缺点，自卑、内疚，常回忆不愉快的往事，或遇事好往坏处想，但仍有自知力，愿主动求治；4. 具社会退缩倾向，不愿与他人过多交往，交往时缺乏自信；5. 伴头痛、背痛、肢体不适等多种躯体症状和睡眠障碍；6. 觉得生活无意义，对个人前途悲观失望，严重者甚至认为活着还不如死去，有自杀意念。

《中国精神障碍分类与诊断标准第3版》（CCMD-3）提出的抑郁发作的诊断标准如下。

（一）症状标准

以心境低落为主，并至少有下列四项：

1. 兴趣丧失，无愉快感；
2. 精力减退或疲乏感；
3. 精神运动性迟滞或激越；
4. 自我评价过低、自责，或有内疚感；
5. 联想困难或自觉思考能力下降；
6. 反复出现想死的念头或有自杀、自伤行为；
7. 睡眠障碍，如失眠、早醒，或睡眠过多；
8. 食欲降低或体重明显减轻；
9. 性欲减退。

（二）严重标准

社会功能受损，给本人造成痛苦或不良后果。

（三）病程标准

1. 符合症状标准和严重标准至少已持续两周。
2. 可存在某些分裂性症状，但不符合分裂症的诊断。若同时符合分裂症的症状标准，在分裂症状缓解后，满足抑郁发作标准至少两周。

（四）排除标准

排除器质性精神障碍，或精神活性物质和非成瘾物质所致抑郁。

抑郁症患者常伴有行为障碍，而抑郁症状则较为隐蔽，因此在诊断中应注意区分行为问题个体的抑郁症状和抑郁症患者的行为问题。一般情况下，抑郁症患者的行为问题多见于抑郁症状之后，且较轻微；而行为问题个体如果出现抑郁症状，大多发生于行为问题之后，抑郁症状表现较轻。

在诊断该症时，还应注意把抑郁症与神经衰弱加以区分。一些神经衰弱患者存在轻度的抑郁症状，但自杀倾向、强迫症状、恐惧症状以及食欲增加只适合于抑郁症。

三、心理治疗或干预对策

抑郁症的药物治疗主要以抗抑郁剂为主。在抑郁症的心理治疗中，认知—行为治疗、短程动力治疗和人际治疗疗效比较理想。

（一）认知—行为治疗

认知—行为治疗的主要目标集中在意识层面，试图通过认知图式的调整改变抑郁症患者不合理的认知方式，并且运用认知演习、角色排练、自立训练、家庭作业等认知与行为相结合的方法，促使患者应用新的认知方式去适应环境。

抑郁症患者常见的不合理认知图式主要包括：消极地看待自己的过去、现在和将来，于是形成无能、无用和无前途等思维定势；喜欢用片面、极端和完美的标准评价事物及自身，因而出现僵化、武断和过于自责等认知偏差。

针对抑郁症患者的上述不合理认知图式，可运用以下四个步骤进行干预。

1. 引导患者寻找个人习惯化的“自动思想”。例如，患者遇到某一熟人不与自己打招呼，便会马上出现“他对我有意见”的想法，这种想法就是一种习惯化的“自动思想”。

2. 启发患者认清“自动思想”即不合理认知图式的危害。在这一过程中，要重在“点拨引导、举一反三”，力戒“包办代替、强行灌输”。

3. 帮助患者形成新的认知方式。新的认知方式的核心是辩证思维，即学会用全面的、发展的、对立统一的观点看问题。

4. 鼓励患者在行动中巩固和强化新的认知方式。具体措施包括：

（1）认知演习

要求患者一次次、一件件地想象在各种具体情境下，如何运用新的认知方式灵活应对。

（2）角色排练

在治疗人员配合下，让患者细心体验不同生活情境中的角色要求，学会恰当地展现自己的角色行为。

（3）自立训练

指导患者在现实生活中主动使用新的认知方式来锻炼自己的行为能力。

（4）家庭作业

督促患者以写日记的方式自我反省，总结经验，汲取教训，努力巩固治疗成效。

（二）短程动力治疗

短程动力治疗的理论基础是弗洛伊德的精神分析学说，但这种治疗方法摈弃了精神分析方法中的冗长、宽泛等缺陷，将治疗的重点放到抑郁症患者早年的“抑郁情节”上，从而使精神分析的动力治疗具有了“短程化”的色彩。

抑郁症患者必须具备以下四个条件，才可成为短程动力治疗的对象：1. 具有较好的领悟能力；2. 具有较强的求治动机；3. 具有较高的挫折忍耐性；4. 具有较稳定的人际关系。

在治疗的具体技术方面，短程动力治疗强调以下几点：

第一，治疗师的态度。要求治疗师设身处地地理解患者的困惑和苦恼，尽力避免空洞的安慰和劝告。

第二，干预的主动性。鉴于短程动力治疗一般控制在 10—20 次，整个疗程通常只有 3—4 个月，所以治疗从一开始便应体现出积极主动的特征。

第三，医患关系格局。倡导一定程度的移情关系，尤为关注移情与抑郁症之间的有机联系。

第四，焦点探询与分析。从核心症状入手，发掘根源，剖析原因，有的放矢地给予阐释与指导。

（三）人际治疗

人际治疗以迈耶和沙利文（Meyer & Sullivan）的个人与环境相互作用理论为依据，注重此时此地人际关系对抑郁倾向的影响，治疗的目的在于帮助患者提高人际交流能力，进而改善抑郁症状。

人际治疗通常每周进行一次面谈，12—16 次为一疗程。开始时，治疗师需花费一定时间倾听患者的诉说，了解其临床症状与内心体验；随后，治疗师的主要任务是寻找患者在人际关系方面存在的问题，根据问题提出治疗目标并进一步设计改进方案。

抑郁症患者常见的人际关系问题大体可划分为四大类：1. 因亲人亡故而引起的丧恸长期得不到排解，陷入持久的忧伤之中；2. 长期的人际冲突；3. 角色转变后的适应不良；4. 人际交往太少或人际关系难以维持。

针对抑郁症患者常见的人际关系问题，一般采取下述不同的干预策略：对持久丧恸者，着重帮助他们宣泄内心悲痛，提供情感支持，重建生活信心；对人际冲突者，着重帮助他们寻找冲突症结，改变过高期望，发展交流策略；对适应不良者，着重帮助他们认清环境变化，找准角色定位，重新适应环境；对人际交往太少或关系难以维持者，着重帮助他们查找主观原因，开拓社交机会，积累社交经验。

第三节 恐惧症

恐惧症又称恐惧性神经症。在中国以往的精神疾病分类与诊断标准中，将恐惧症称为恐怖症，《中国精神障碍分类与诊断标准第 3 版》（CCMD-3）将其改为现名。

一、概念界定与流行病学特点

恐惧症是一种以过分和不合理地惧怕外界客体或处境为主的神经症。通常分为场所恐惧症、社交恐惧症、特定的恐惧症三种亚型。

场所恐惧症是以某些特定环境为惧怕对象的恐惧症。

社交恐惧症是以社交场合和人际接触为惧怕对象的恐惧症。

特定的恐惧症是以场所恐惧和社交恐惧未包括的特定物体或情境为惧怕对象的恐惧症。

恐惧症在人口中的患病率缺乏大样本调查的确切数据。阿戈拉斯（Agras，

1969）的调查发现，严重的恐惧症病例在人口中占0.2%。我国学者陈复平（1986）、向孟泽（1986）的调查显示，恐惧症的发病率在0.11%—0.6%之间。

在西方国家，场所恐惧症最为多见，其次是社交恐惧症；我国和日本等东方国家，社交恐惧症最为多见。

二、临床表现与诊断鉴别

健康人对某些事物（如毒蛇、猛兽、暴力场面、致命疾病等）也会产生惧怕心理，这种与特定情境相吻合的惧怕心理是正常的。恐惧症患者的惧怕对象往往是健康人不惧怕的事物，甚至是健康人所喜爱的对象，如热闹场所、熟人、可爱的小动物等。患者对惧怕对象的反应极为强烈，常伴有发抖、出汗、心律加快、惊叫等，有时还会出现晕厥现象。患者在理性上搞不清楚自己恐惧的原因，往往给人留下恐惧过分、不合情理的印象。

《中国精神障碍分类与诊断标准第3版》（CCMD-3）提出的恐惧症及其亚型的诊断标准如下。

（一）恐惧症

1. 符合神经症的诊断标准。
2. 以恐惧为主，需符合以下四项：

（1）对某些客体或处境有强烈恐惧，恐惧的程度与实际危险不相称；

（2）发作时有焦虑和自主神经症状；

（3）有反复或持续的回避行为；

（4）知道恐惧过分、不合理，或不必要，但无法控制。

3. 对恐惧情境和事物的回避必须是或曾经是突出症状。
4. 排除焦虑症、分裂症、疑病症。

（二）场所恐惧症

1. 符合恐惧症的诊断标准。
2. 害怕对象主要为某些特定环境，如广场、闭室、黑暗场所、拥挤的场所、交通工具（如拥挤的船舱、火车车厢）等，其关键临床特征之一是过分担心处于上述情境时没有即刻能用的出口。
3. 排除其他恐惧障碍。

（三）社交恐惧症

1. 符合恐惧症的诊断标准。
2. 害怕对象主要为社交场合（如在公共场合进食或说话、聚会、开会，或怕自己做出一些难堪的行为等）和人际接触（如在公共场合与人接触，怕与他人目光对视，或怕在与人群相对时被人审视等）。
3. 常伴有自我评价低和害怕批评。

4. 排除其他恐惧障碍。

（四）特定的恐惧症

1. 符合恐惧症的诊断标准。

2. 害怕对象是场所恐惧和社交恐惧未包括的特定物体或情境，如动物（昆虫、鼠、蛇等）、高处、黑暗、雷电、鲜血、外伤、打针、手术，或尖锐锋利物品等。

3. 排除其他恐惧障碍。

诊断中应将正常儿童发育过程中出现的恐惧反应（如怕虫、怕火、怕黑暗、怕生人等），同恐惧症加以区别。正常儿童的恐惧反应为一时性反应，通常在事情过后，反应即消失，且年龄越大反应强度越弱。这类恐惧很少对儿童的行为产生严重影响。恐惧症患者的恐惧反应时间持久，有的持续一年以上，明显地干扰个体的正常行为与生活。

三、心理治疗或干预对策

对单一恐惧症的药物治疗，鲜有疗效肯定的文献报道。采用认知领悟疗法、行为疗法、森田疗法等心理干预方法治疗恐惧症，疗效显著的报道则屡见不鲜。

（一）认知领悟疗法

在某种意义上，认知领悟疗法是把认知调整与精神分析有机结合起来的一种创新性实践。该疗法的关键是把握患者当前恐惧的核心症状，采用精神分析的溯源方法寻找早年的创伤性根源，然后启发患者从新的角度认识自我、控制自我，最终促成症状的改善。

钟友彬（1989）主张，使用认知领悟疗法治疗社交恐惧症中的异性恐惧症状，除了要向患者讲解必要的性知识，帮助其在观念上消除性压抑，还要让患者逐步认识并领悟到，自己的异性恐惧症状是心理不成熟的表现，这对于帮助患者消除症状具有重要作用。①

贾新丽（1991）、张广余（1992）、戴福强（1993）、林发祥（1994）等人，采用认知领悟疗法治疗不同类型的恐惧症患者，都取得了明显疗效。

（二）行为疗法

在治疗恐惧症中，系统脱敏是最常用的行为治疗技术。赵耕源（1988）曾用系统脱敏技术对一例惧怕高空的患者进行治疗，取得理想效果。他让患者按照计划，每日三次站在高楼窗前外眺，每隔三四天增加一层楼的高度；若出现恐惧症状，立即采用肌肉放松和深呼吸方法加以抑制，八周后治愈。李宏珊（1993）采用想象系统脱敏技术治疗一例惧怕别人咳嗽、“擤鼻涕”声的患者，也取得满意疗效。

---

① 钟友彬．对人恐怖症和社交恐怖症［J］．中国心理卫生杂志，1989，（2）．

除了系统脱敏技术之外，暴露疗法这种行为治疗技术对治疗恐惧症也有显著疗效。暴露疗法的程序与系统脱敏相反，治疗师不是要求患者逐步接近环境或事物，而是一开始就把患者引入引起恐惧的现实情境中，或者让患者反复回忆引起恐惧的特定情境。在这种带有强制性的刺激下，患者会获得极度惶恐的情绪体验；但随着刺激的不断重复，患者的惶恐情绪便可逐步得到抑制。庄柏翔（1992）使用现实情境暴露方法，治疗怕见人的恐惧症病人，仅仅在现实情境下暴露两三次后，症状即见改善。

（三）森田疗法

使用森田疗法成功治疗恐惧症的报道在逐渐增多。根据王彦玲等（2000）的报告，采用门诊式森田疗法治疗社交恐怖症 44 例，经过 3—14 次治疗，治愈 26 例，占 59. 1%；好转 15 例，占 34. 1%；总有效率为 93. 2%。门诊式森田疗法与住院式森田疗法相比，前者更经济、灵活，适用于症状较轻和领悟力、忍耐力较强的恐惧症患者。

第四节　强迫症

强迫症也称强迫性神经症。在各种神经症中，强迫症的症状特征最为鲜明，因而比较容易识别。

一、概念界定与流行病学特点

强迫症是一种以强迫症状为主的神经症。所谓“强迫症状”，是指患者反复出现与自己本意相反、毫无意义、无法摆脱的思想和行为。

强迫症大多在青年期发病，有的患者在少年期便表现出强迫征兆，至青年期症状进一步加重。根据美国国立精神卫生研究所（Crapport，1989）对五个社区 1. 8 万居民的调查，强迫症的患病率为 1. 9%—3. 3%。英国的全国性调查（Bebbington，1998）显示，强迫症的月患病率为 1%，女性高于男性。我国 12 个地区的流行病学调查结果表明，强迫症的患病率为 0. 3%。

二、临床表现与诊断鉴别

强迫症的主要临床表现是强迫思想与强迫行为。

强迫思想是强迫症状在认识层面的体现。强迫性怀疑、强迫性回忆、强迫性联想、强迫性思维，都属于强迫思想的范畴。例如，写好信后总是怀疑自己写错了字或漏掉了内容，属于强迫性怀疑；听过歌曲后一遍又一遍地回旋于脑际，无法摆脱，属于强迫性回忆；看见汽车一定要想到压死人的情景，属于强迫性联想；脑子里反复出现一些荒谬的、无意义的想法，如“椅子为什么有四条腿”，便构成了强迫性思维。

强迫行为是强迫症状在行为层面的体现。强迫行为的表现多种多样。强迫性计数（如反复数自己走了多少级台阶），强迫性洗手（一天可达十几次，一次持续十几分钟），强迫性检查（如反复检查自己的衣服鞋袜是否放整齐），强迫性仪式动作（如以手拍胸部，以求逢凶化吉），等等，都是一些常见的强迫行为。强迫行为的心理机制在于患者重复完成某一动作本身所衍生出来的满足感。例如，患者通过一遍又一遍地洗手这种强迫性动作，解除了内心的不安与压力，从而使自己获得满足的体验；如此反复循环，逐渐发展成为一种具有神经症特点的反应模式。

强迫症状有时严重，有时较轻。当患者心情不好、疲劳体弱时，强迫症状比较突出；当患者心情愉快、精力充沛时，强迫症状明显减轻。女性患者在月经期间，强迫症状有可能加重。

《中国精神障碍分类与诊断标准第3版》（CCMD-3）提出的强迫症的诊断标准如下。

（一）症状标准

1. 符合神经症的诊断标准，并以强迫症状为主。至少有下列一项：

（1）以强迫思想为主，包括强迫观念、回忆或表象，强迫性对立观念、穷思竭虑、害怕丧失自控能力等；

（2）以强迫行为（动作）为主，包括反复洗涤、核对、检查，或询问等；

（3）上述的混合形式。

2. 病人称强迫症状起源于自己内心，不是被别人或外界影响强加的。

3. 强迫症状反复出现，病人认为没有意义，并感到不快，甚至痛苦，因此试图抵抗，但不能奏效。

（二）严重标准

社会功能受损。

（三）病程标准

符合症状标准至少已三个月。

（四）排除标准

1. 排除其他精神障碍的继发性强迫症状，如精神分裂症、抑郁症，或恐惧症等。

2. 排除脑器质性疾病特别是基底节病变的继发性强迫症状。

诊断中应注意将强迫症与正常儿童的强迫现象区别开来。正常的学龄儿童有时也会出现强迫现象，如反复玩弄手指，摇头，走路时喜欢反复数栏杆、触摸路旁的灯柱、踩路沿走等。不应把儿童在特定发育年龄出现的这种强迫现象视为异常行为。只有在这类呆板机械的强迫行为个人无法克制，并且对正常学习和生活构成不良影响的时候，才可考虑是否属于病理现象。

诊断中还应注意强迫症与精神分裂症的区别。精神分裂症患者在发病早期强迫症状较突出，但该症通常伴有以下症状的一种或数种：思维障碍——破裂性思维、思维离奇、被控制感、被揭露感、各种妄想等；感知觉障碍——幻觉等；行为退缩或冲动；情感淡漠。

三、心理治疗或干预对策

在强迫症的心理治疗或干预中，除可使用认知领悟疗法、疏导心理疗法、森田疗法外，还可使用思维阻断法、示范仿效法、反应防止法等行为矫正的方法进行对症治疗。行为矫正的技巧能够使患者的强迫症状暂时减轻，但完全消除强迫症状比较困难。

（一）思维阻断法

此法适用于治疗强迫观念。治疗之前，训练患者处于全身肌肉放松状态。治疗时，要求患者尽量思考一个使自己陷入强迫状态的问题，此时由医生或患者本人大喊一声“停止”，将患者的思考转到另一方向。如此反复多次，喊声可逐渐降低，以至在患者低声自语的情况下，患者的强迫思考也会有效停止。除大喊之外，使用电流刺激患者的肢体，或指导患者用手拉弹套在另一腕上的橡皮圈，均可起到阻断强迫思维的作用。

（二）示范仿效法

此法适用于治疗强迫性动作。根据马克斯等人（Marks et al，1973）的报告，对强迫性洗手的患者进行当场示范（如治疗师拿起放在地上的饼干来吃），要求患者与治疗师一起做。经过多次示范仿效，患者的强迫性洗手动作明显减少。

（三）反应防止法

此法适用于治疗强迫行为。将引起患者强迫行为的情境列出（由轻到重）。在治疗师的监督下，每当患者在某种情境下出现强迫行为的时候，立即对其加以阻止。经过两周左右的治疗，一般可见成效。

第五节　疑病症

疑病症亦称疑病性神经症，是一种波动性明显、迁延难愈的精神障碍。

一、概念界定与流行病学特点

疑病症是一种以担心或相信患严重躯体疾病的持久性优势观念为主的神经症。通常将疑病症分为原发性疑病症和继发性疑病症两种亚型。

原发性疑病症是指无精神病性征候和躯体疾病且伴有焦虑或抑郁情绪的疑病倾向。继发性疑病症是指在脑器质性疾病、药物或酒精中毒、功能性精神病以及躯体疾病基础上诱发的疑病状态。

目前尚无完整的疑病症流行病学调查资料。根据天津地区的调查，疑病症的患病率为0.01‰。一般认为，疑病症的男性患者多于女性，文化落后地区疑病症较多见，青少年多患原发性疑病症。

二、临床表现与诊断鉴别

疑病症患者对自身的健康或疾病过分担心，害怕自己得了某种严重疾病，或认为自己已经患有严重疾病，其烦恼的严重程度与患者的实际健康状况很不相称。尽管各种检查结果并不支持患者的揣测，医生也耐心加以解释，但患者往往对检查结果的可靠性持怀疑态度，对医生的解释感到失望，继续到其他医院反复要求检查或治疗。由于患者的注意力大部分集中于健康问题，以致学习、生活和人际交往受到明显影响。

上述症状在不同患者身上的表现不尽一致。有的患者疑病性不适感十分明显，可伴有焦虑或抑郁情绪；有的患者疑病观念比较突出，躯体不适或心境变化则不显著；有的患者怀疑的疾病较模糊或较广泛；有的患者仅为单一的疑病症状，表达明确而具体。

另有一类常见于青少年的疑病症状，患者坚信自己的身体外表（如嘴唇等部位）存在严重缺陷，或坚信自己的身体发出难闻的臭味，或坚信自己得了某种寄生虫病。这类观念不为医生的解释所动摇，带有明显的情绪色彩。

《中国精神障碍分类与诊断标准第3版》（CCMD-3）提出的疑病症的诊断标准如下。

（一）症状标准

1. 符合神经症的诊断标准。

2. 以疑病症状为主，至少有下列一项：

（1）对躯体疾病过分担心，其严重程度与实际情况明显不相称；

（2）对健康状况，如通常出现的生理现象和异常感觉作出疑病性解释，但不是妄想；

（3）牢固的疑病观念，缺乏根据，但不是妄想。

3. 反复就医或要求医学检查，但检查结果阴性和医生的合理解释，均不能打消其疑虑。

（二）严重标准

社会功能受损。

（三）病程标准

符合症状标准至少已三个月。

（四）排除标准

排除躯体化障碍、其他神经症性障碍（如焦虑、惊恐障碍，或强迫症）、抑郁症、精神分裂症、偏执性精神病。

原发性疑病症的诊断，关键是在神经症的范畴内把握疑病状态的临床特征；在诊断继发性疑病症时，关键是把握原发疾病的临床特征，以及在此基础上所形成的疑病倾向。

三、心理治疗或干预对策

疑病症通常以心理治疗为主。对容易接受暗示的疑病症患者，可采用暗示疗法进行干预；对已经形成疑病思维定势的患者，可采用注意力转移等方法加以调整。从临床心理治疗的实践来看，支持疗法和森田疗法对治疗疑病症效果明显。

（一）支持疗法

支持疗法的基本特点是耐心倾听并鼓励患者诉说，并运用解释、保证等技巧，帮助患者克服疑病观念。在支持性治疗的过程中，急于向患者解释其症状的“不合理性”，或公开宣称患者无病，不仅不能消除患者的疑病观念，还有可能恶化治疗关系。正确的做法是：帮助患者认识自己；引导患者从对自身的过分关注转向外部世界；鼓励患者积极参加各种有意义的文体社会活动，逐渐摆脱疑病观念。疑病症患者在得到支持性治疗后，往往在短时间内效果明显，但过不多久病情又会复发。因此，充分认识疑病症治疗的艰巨性、复杂性，与患者建立长期联系，通过直接面谈、电话咨询或网上交流等不同的方式，不断给予患者以支持和鼓励，既是支持疗法的自然延伸，也是对心理治疗师专业素质的实际考验。

（二）森田疗法

近年来使用森田疗法治疗疑病症的案例逐渐增多。马志国（2006）在心理咨询中使用森田疗法，使一位患有疑病症的青年摆脱了痛苦①。在使用森田疗法进行治疗的过程中，治疗师需引导患者对自己的不适症状采取“听其自然”、“不理不睬”的态度和接受的方式，也就是对自己的症状及情绪变化完全服从，不予抗拒，力争以正常生活为目的去左右行动。采用这样一种“听其自然，为所当为”的治疗原则，可使患者逐步摆脱心理矛盾，生活态度发生根本转变，逐渐从症状的束缚中解放出来，最终达到心理适应和心理平衡。森田疗法既可用于门诊治疗、住院治疗，也可采用通信治疗等方式实施，因而在学校心理咨询中有较高的推广价值。

第六节　神经衰弱

在美国和西欧发达国家的新版精神疾病分类与诊断标准中，已取消了“神经衰弱”的命名；但在《中国精神障碍分类与诊断标准第 3 版》（CCMD-3）中，

---

① 马志国．告别疑病症，让心灵走出“避难所”［J］．中国青年研究，2006，(2)：84-87.

仍对“神经衰弱”加以保留，不过该诊断条目的提示指出：现场测试证明，我国神经衰弱的诊断也明显减少。

一、概念界定与流行病学特点

神经衰弱是一种以脑和躯体功能衰弱为主的神经症。

在我国大学生中，神经衰弱是最常见的一种神经症类型。据 1985 年兰州地区的一项抽样调查，在 4 868 名大学生中，患神经衰弱的有 413 人，占调查总人数的 8.48%；其中，大学二三年级是发病的高峰期，男女学生患病之比为 1.85∶1，理科学生的患病率高于文科。张发健（1999）① 对西北师范大学 1988 年至 1998 年因病休退学的 192 名学生进行调查，结果发现因患神经衰弱退学的学生 28 人，占病休退学总人数的 15.1%。

二、临床表现与诊断鉴别

神经衰弱的临床表现复杂多样，症状呈弥散状态，难以定位，但概括起来主要有三大方面。

一是脑功能衰降。具体表现为两种情况：1. 精神易兴奋，容易激动，经常出现急躁、发怒、伤感、烦恼、焦虑等情绪体验；2. 精神易疲劳，用脑稍久便感到十分疲惫，严重者甚至一用脑或翻书阅报就觉得头昏脑胀。由于脑力易疲劳，注意力难以集中，记忆力减退，因而学习效率明显下降。

二是睡眠障碍。包括入睡困难，多梦，易惊醒，醒后觉得不解乏，白天思睡，昏昏沉沉，委靡不振，全身感到酸软无力，等等。

三是植物神经功能紊乱。主要表现为心悸，心慌，多汗，胸闷，气短，食欲不振，消化不良，便秘或腹泻，尿频，月经不调，遗精，等等。

当然，上述症状并非每个患者全部具备，有些患者只表现出其中的一部分症状，在程度上也有所不同。但精神易兴奋、脑力易疲劳、睡眠存在障碍、有继发性焦虑、学习能力下降、病程持续三个月以上，则是神经衰弱患者普遍存在的症状特征。

《中国精神障碍分类与诊断标准第 3 版》（CCMD-3）提出的神经衰弱的诊断标准如下。

（一）症状标准

1. 符合神经症的诊断标准。

2. 以脑和躯体功能衰弱症状为主。特征是持续和令人苦恼的脑力易疲劳（如感到没有精神，自感脑子迟钝，注意不集中或不持久，记忆差，思考效率下

---

① 张发健．西北师大学生因病休退学情况调查分析［J］．甘肃科技，1999，15（1）．

降）和体力易疲劳，经过休息或娱乐不能恢复。并至少有下列两项：

（1）情感症状。如烦恼、心情紧张、易激惹等，常与现实生活中的各种矛盾有关，感到困难重重，难以应付。可有焦虑或抑郁，但不占主导地位。

（2）兴奋症状。如感到精神易兴奋（如回忆和联想增多，主要是对指向性思维感到费力，而非指向性思维却很活跃，因难以控制而感到痛苦和不快），但无言语运动增多。有时对声光很敏感。

（3）肌肉紧张性疼痛（如紧张性头痛、肢体肌肉酸痛）或头晕。

（4）睡眠障碍。如入睡困难、多梦、醒后感到不解乏，睡眠感丧失，睡眠觉醒节律紊乱。

（5）其他心理生理障碍。如头晕眼花、耳鸣、心慌、胸闷、腹胀、消化不良、尿频、多汗、阳痿、早泄，或月经紊乱等。

（二）严重标准

病人因明显感到脑和躯体功能衰弱，影响其社会功能，为此感到痛苦或主动求治。

（三）病程标准

符合症状标准至少已三个月。

（四）排除标准

1. 排除以上任何一种神经症亚型。

2. 排除分裂症、抑郁症。

诊断中必须注意：神经衰弱症状若见于神经症的其他亚型，只能诊断为其他相应类型的神经症；神经衰弱症状常见于各种脑器质性疾病和其他躯体疾病，此时应诊断为这些疾病的神经衰弱综合征。

三、心理治疗或干预对策

神经衰弱的心理治疗可以采用悟践心理治疗、教育治疗等多种方法。

（一）悟践心理治疗

悟践心理治疗是中国学者独创的一种慢病快治的综合治疗方法（李心天，1959）。悟践心理治疗的目的是：端正患者对疾病的认识，使其相信神经衰弱可以治愈，从而消除苦恼、悲观、焦虑，甚至绝望等消极情绪；鼓励患者调动自身一切力量同疾病作斗争，树立必胜的信心。悟践心理治疗的主要内容包括：1. 解决认识问题，帮助患者掌握神经衰弱的医疗知识，使其树立正确的态度和信心；2. 解决方法问题，引导患者积极参加多种治疗活动，学会太极拳和气功，掌握消除失眠等症状的有效方法；3. 解决习惯问题，针对患者的各自特点，制定循序渐进、有助于恢复正常生活的日程表，鼓励患者每天坚持按日程表活动，建立科学的生活制度和生活方式。悟践心理治疗既可用于个别治疗，也可用于集体治疗。多年来的应用实践证明，这种方法对神经衰弱具有比较理想的疗效。

（二）教育治疗

教育治疗是一种以改善外部环境和增强内在素质为特征的综合治疗方法。其治疗的宗旨在于：创造良好的外部环境，减轻或消除患病学生的心理压力，提高患病学生的心理素质，通过科学用脑、劳逸结合、加强文体活动锻炼等途径，促使神经衰弱的学生克服不良的学习习惯和生活习惯，排除情绪困扰及有关人际障碍。在学校心理咨询的实践中，对神经衰弱的教育治疗应当给予高度重视。

【建议参考资料】

1. 姜佐宁．神经症与精神疾病［M］．北京：北京医科大学出版社，1999.
2. 张亚林．神经症理论与实践［M］．北京：人民卫生出版社，2000.

【问题与思考】

1. 什么是神经症？神经症主要包括哪些类型？
2. 简述常见神经症的临床表现与诊断要点有哪些？
3. 神经症心理治疗或干预中应注意的问题是什么？
4. 学校心理咨询人员适合对哪些神经症症状进行干预或治疗？

第十章　人格障碍的诊断与干预

【本章提要】

偏执性人格障碍、分裂样人格障碍、反社会性人格障碍、表演性人格障碍、依赖性人格障碍和边缘性人格障碍是学校心理咨询实践中常见的人格障碍。

偏执性人格障碍是一种以怀疑和偏执为主要特征的人格障碍，包括诡辩性人格障碍和狂信性人格障碍两种亚型。分裂样人格障碍是一种以认知歪曲、情感冷淡、行为怪异、人际疏远为主要特征的人格障碍。反社会性人格障碍是一种以行为不符合社会规范、经常违法乱纪、对人冷酷无情为主要特征的人格障碍。表演性人格障碍是一种以过分感情用事或夸张言行吸引他人注意为主要特征的人格障碍。依赖性人格障碍是一种以过度依从和精力不足为主要特征的人格障碍。边缘性人格障碍是一种以不稳定的情绪状态、自我意象和人际关系为主要特征的人格障碍。

人格障碍的心理治疗或干预工作非常棘手，不仅需要极大的耐心，而且有赖于经验的积累。具体治疗方法或对策的选择应遵循因人而异、对症干预的原则，并且要适当考虑整合的视角。

【学习重点】

1. 了解人格障碍的基本含义及诊断标准。

2. 明确偏执性人格障碍、分裂样人格障碍、反社会性人格障碍、表演性人格障碍、依赖性人格障碍和边缘性人格障碍的含义与临床表现。

3. 把握偏执性人格障碍、分裂样人格障碍、反社会性人格障碍、表演性人格障碍、依赖性人格障碍和边缘性人格障碍的诊断要点及干预策略。

【重要术语】

人格障碍　偏执性人格障碍　分裂样人格障碍　反社会性人格障碍　表演性人格障碍　依赖性人格障碍　边缘性人格障碍

在《中国精神障碍分类与诊断标准第 3 版》（CCMD-3）中，人格障碍被界定为人格特征明显偏离正常，使病人形成了一贯的反映个人生活风格和人际关系的异常行为模式。其症状标准是：个人的内心体验与行为特征在整体上与其文化所期望和所接受的范围明显偏离，这种偏离是广泛、稳定和长期的，并至少有下列一项：1. 认知（感知及解释人和事物，由此形成对自我及他人的态度和形象的方式）的异常偏离；2. 情感（范围、强度及适切的情感唤起和反应）的异常偏离；3. 控制冲动及对满足个人需要的异常偏离；4. 人际关系的异常偏离。其严重标准是：特殊行为模式的异常偏离，使病人或其他人（如家属）感到痛苦或社会适应不良。其病程标准是：开始于童年、青少年期，现年 18 岁以上，至少已持续 2 年。其排除标准是：人格特征的异常偏离并非躯体疾病或精神障碍的表现或后果。

本章着重阐述在学校心理咨询实践中常见的偏执性人格障碍、分裂样人格障碍、反社会性人格障碍、表演性人格障碍、依赖性人格障碍和边缘性人格障碍的诊断及干预问题。

第一节　偏执性人格障碍

偏执性人格障碍是一种以怀疑和偏执为主要特征的人格障碍，包括诡辩性人格障碍和狂信性人格障碍两种亚型。偏执性人格障碍在一般人群中的患病率为 0. 5%—2. 5%，男性多于女性。

一、临床表现

偏执性人格障碍的主要表现是：患者心胸狭窄，固执己见，敏感多虑，常将他人无意的、非恶意的、甚至友好的言行误解为敌意；患者对人缺乏信任，经常怀疑被人利用、遭人伤害或别人对自己不忠，总是处在小心谨慎的过度戒备状态；患者的自我评价过高，过分自负，总认为只有自己才是正确的，终日提防别人会超过自己；患者喜欢不切实际的争辩，顽固地追求不合理的“权利”或利益，有的则成年累月地上告、上访；患者的人际关系紧张，在家不能与亲人和睦相处，在外不能与同学、朋友或同事融洽合作。

二、诊断鉴别

《中国精神障碍分类与诊断标准第 3 版》（CCMD-3）提出的偏执性人格障碍的诊断标准如下。

1. 符合人格障碍的诊断标准。

2. 以猜疑和偏执为特点，并至少有下列三项：

（1）对挫折和遭遇过度敏感；

（2）对侮辱和伤害不能宽容，长期耿耿于怀；

（3）多疑，容易将别人的中性或友好行为误解为敌意或轻视；

（4）明显超过实际情况所需的好斗，对个人权利执意追求；

（5）易有病理性嫉妒，过分怀疑恋人有新欢或伴侣不忠，但不是妄想；

（6）过分自负和自我中心的倾向，总感觉受压制、被迫害，甚至上告、上访，不达目的不肯罢休；

（7）具有将其周围或外界事件解释为“阴谋”等非现实性优势观念，因此过分警惕和抱有敌意。

诊断时需注意，不应把偏执性人格障碍与偏执性精神分裂症相混淆。前者没有固定的妄想，也不存在幻觉和思维障碍；后者属于精神病范畴，是严重的能力障碍，包括与现实接触能力的丧失。

三、理论解释

精神分析理论认为，偏执性人格障碍可追溯到儿童幼年与父母之间的不良互动模式。由于父母从小就对儿童过分控制甚至排斥，这种不良的早期家庭教育环境，使儿童逐渐形成了戒备、怀疑、不信任乃至敌意等人格缺陷，这样就为偏执性人格障碍的发展奠定了基础。

认知理论认为，偏执性人格障碍主要是由于错误的假设造成的。患者把“每个人都是邪恶的”、“每个人都不值得信赖”作为自己的人生信条，运用这样的人生信条去指导自己的生活实践，所以必然会出现敏感多疑、固执己见等人格障碍。

生物学理论认为，偏执性人格障碍可能存在遗传上的原因。一项对澳大利亚3 810对双生子的调查显示，如果双生子中有一个过分多疑，另一个多疑的可能性便会大大增加。

四、心理治疗或干预对策

就偏执性人格障碍的心理治疗或干预来看，虽有咨询师、治疗师采用理性—情绪治疗、短程动力治疗和家庭治疗等方法矫正患者的偏执性人格障碍，但收效并不理想。尽管如此，上述心理治疗方法仍是对偏执性人格障碍进行干预的基本方法。

（一）理性—情绪治疗

就偏执性人格障碍的治疗来说，理性—情绪治疗的重点是纠正患者的非理性观念。治疗时，要求患者按照认知重建表的排列顺序，首先探询诱发事件，然后描述当前的症状表现，接下来明确个人的非理性观念，有针对性地进行自我质辩，形成新的理性观念，最后交流干预后的感受。由于偏执性人格障碍的患者已经形成了习惯化的思维方式和行为方式，所以理性—情绪治疗是一个艰苦、缓慢的过程，对于其间出现的反复（动摇甚至抗拒），治疗前必须具有足够的估计。

（二）短程动力治疗

马兰（Malan，1976）曾用短程动力治疗方法对偏执性人格障碍患者实施干预，结果发现，短程动力治疗对减少偏执性反应有所帮助，对弱化偏执性情感也有一定作用，但总体来看，这种治疗方法在矫治偏执性人格障碍方面收效有限，其前景并不乐观。因此，应用短程动力方法矫治偏执性人格障碍，应是今后干预实践中值得进一步探讨的问题。

（三）家庭治疗

家庭治疗对青少年中的偏执性人格障碍患者具有一定疗效。家庭治疗的关键是构建新的家庭相互作用模式。每当患者出现偏执性观念或行为时，其他家庭成员都能给予体谅，并能提供新的合理的观念或行为供患者思考与仿效。家庭治疗的优势在于，可利用亲情沟通所形成的和谐氛围，让患者充分体验信任在人际交往中的价值，这对于帮助患者逐步克服怀疑、固执等人格缺陷具有积极作用。家庭治疗的局限性是，环境变量有时难以控制，治疗师需要投入大量的时间与精力。

第二节　分裂样人格障碍

分裂样人格障碍是一种以认知歪曲、情感冷淡、行为怪异、人际疏远为主要特征的人格障碍。在一般人群中的患病率为 3%，有的西方学者估计患病率约占正常人群的 7.5%；上海市青少年心理健康调查资料则显示，分裂样人格障碍占人格障碍总数的 29%左右，多见于男性。

一、临床表现

分裂样人格障碍的主要表现是：患者思维混乱，常沉湎于幻觉或幻想，喜欢信口开河，注意力转移困难；患者情感冷淡，表情呆板，缺乏积极体验，即使在亲人面前往往也表现得“不尽人情”；患者行为怪异，不修边幅，着装反常，我行我素，行为表现明显偏离文化背景的要求；患者人际疏远，缺少知己，孤独退缩，对社会称许无动于衷，对异性交往亦不感兴趣。

二、诊断鉴别

《中国精神障碍分类与诊断标准第 3 版》（CCMD-3）提出的分裂样人格障碍的诊断标准如下。

1. 符合人格障碍的诊断标准。

2. 以观念、行为和外貌装饰的奇特、情感冷淡及人际关系缺陷为特点，并至少有下列三项：

（1）性格明显内向（孤独、被动、退缩），与家庭和社会疏远，除生活或工作中必须接触的人外，基本不与他人主动交往，缺少知心朋友，过分沉湎于幻想和内省；

（2）表情呆板，情感冷淡，甚至不通人情，不能表达对他人的关心、体贴及愤怒等；

（3）对赞扬和批评反应差或无动于衷；

（4）缺乏愉快感；

（5）缺乏亲密、信任的人际关系；

（6）在遵循社会规范方面存在困难，导致行为怪异；

（7）对与他人之间的性活动不感兴趣（考虑年龄）。

诊断中应注意把握分裂样人格障碍与精神分裂症的区别。分裂样人格异常尚未达到精神分裂症的诊断标准。例如，分裂样人格障碍患者虽有信口开河现象，但不会达到语无伦次的程度，但精神分裂症患者则具有典型的语无伦次的表现。

分裂样人格障碍与偏执性人格障碍在人际交往方面也有一定的相似之处。二者的区别在于：前者主动与家庭和社会疏远，难以与人相处；后者的社交困难不是源于患者的主动疏远，而是由于过度怀疑造成的。

三、理论解释

依据精神分析理论，分裂样人格障碍主要是由于童年时缺乏父母关爱造成的。患者的父母不能接纳子女，甚至对子女加以虐待，结果使患者在孩提时代便在认知、情感、行为表现和人际交往等诸多方面形成了人格缺陷，并进而发展成分裂样人格障碍。

依据认知理论，分裂样人格障碍患者在认知模式方面存在缺陷。他们的知觉反应不够客观、完整，思维过程含混、空洞、笼统，注意力转移及接受他人情感暗示的能力弱，这样就造成他们的社会适应不良，带来一系列人际交往方面的苦恼。

依据生物学理论，分裂样人格障碍与神经递质多巴胺的活动、脑室的扩大等因素有关。也有研究指出，分裂样人格障碍与情感性障碍具有相似的遗传基础。

四、心理治疗或干预对策

分裂样人格障碍的心理治疗或干预异常困难。虽然各种心理治疗方法都可应用于此种人格障碍的治疗，但疗效并不确切。多数治疗师主张采用社交技能训练帮助患者重建社会关系，也有治疗师坚持使用精神分析方法帮助患者改善自我防御的方式。

（一）社交技能训练

社交技能训练应按照循序渐进的原则，先简单后复杂，逐步提高患者的彼此对话、自我开放、共情、合作等人际交往的技能。训练中医患双方需建立融洽的治疗关系，明确治疗的目标和具体步骤，指导患者每天坚持训练，每周进行总结。一般 8—12 周为一疗程。只要患者有求治的意愿并能积极与治疗师配合，一个疗程内，患者的人际交往技能通常会获得明显改善。

（二）精神分析治疗

精神分析治疗的重点在于帮助患者打破固有的心理防御方式，真正领悟其情感冷淡、行为怪异和社会适应不良的早期根源，并把这种根源与目前的人格表现联系起来。这种治疗是一个漫长的过程，其间会出现多次反复，甚至久久不见疗效。无论是治疗师还是患者，对此都应有充分的思想准备。

第三节　反社会性人格障碍

反社会性人格障碍是一种以行为不符合社会规范、经常违法乱纪、对人冷酷无情为主要特征的人格障碍。其在一般人群中的患病率，男性为 3.5%，女性为 1%。患者往往在童年期或少年期（18 岁前）就出现说谎、偷窃、逃学、打架、破坏公共财物、性放荡等品行问题，成年后习性不改，最终发展成为反社会性人格障碍。鉴于这种人格障碍与社会的不稳定甚至犯罪行为存在密切联系，因而引起社会的高度关注。

一、临床表现

反社会性人格障碍的主要表现是：患者自我中心，自私自利，喜欢控制别人，善于花言巧语，道德观念与法纪意识淡薄，缺乏责任感、羞耻感、悔恨感及判断是非和预见后果的能力；患者情感肤浅，冷酷无情，易激惹且不稳定，对挫折的承受力低，常以酗酒、吸毒等不良行为方式来帮助自己摆脱情感困境；患者的日常活动缺少目的性、计划性，自制力与反省力弱，行为受本能欲望、情绪冲动和偶然动机驱使，具有高度的攻击性，不能维持长久的人际关系，反复出现悖德、违纪甚至触犯法律的行为。

二、诊断鉴别

《中国精神障碍分类手册与诊断标准第 3 版》（CCMD-3）提出的反社会性人格障碍的诊断标准如下。

1. 符合人格障碍的诊断标准，并至少有下列三项：

（1）严重和长期不负责任，无视社会常规、准则、义务等，如不能维持长久的工作（或学习），经常旷工（或旷课），多次无计划地变换工作；有违反社会规范的行为，且这些行为已构成拘捕的理由（不管拘捕与否）；

（2）行动无计划或有冲动性，如进行事先未计划的旅行；

（3）不尊重事实，如经常撒谎、欺骗他人，以获得个人利益；

（4）对他人漠不关心，如经常不承担经济义务、拖欠债务、不抚养子女或赡养父母；

（5）不能维持与他人的长久的关系，如不能维持长久的（一年以上）夫妻关系；

（6）很容易责怪他人，或对其与社会相冲突的行为进行无理辩解；

（7）对挫折的耐受性低，微小刺激便可引起冲动，甚至暴力行为；

（8）易激惹，并有暴力行为，如反复斗殴或攻击别人，包括无故殴打配偶或子女；

（9）危害别人时缺少内疚感，不能从经验特别是在受到惩罚的经验中获益。

2. 在 18 岁前有品行障碍的证据，至少有下列三项：

（1）反复违反家规或校规；

（2）反复说谎（不是为了躲避体罚）；

（3）习惯性吸烟，喝酒；

（4）虐待动物或弱小同伴；

（5）反复偷窃；

（6）经常逃学；

（7）至少有两次未向家人说明外出过夜；

（8）过早发生性活动；

（9）多次参与破坏公共财物活动；

（10）反复挑起或参与斗殴；

（11）被学校开除过，或因行为不轨而至少停学一次；

（12）被拘留或被公安机关管教过。

虽然反社会性人格障碍患者经常发生违法行为，但与一般的违法犯罪还是有区别的。

第一，反社会性人格障碍患者的违法行为缺乏计划性；不法分子的违法犯罪具有明确的预谋及目的。

第二，反社会性人格障碍患者的违法行为受情绪支配，动机模糊；不法分子的违法犯罪受意图支配，动机清楚。

第三，反社会性人格障碍患者的违法行为既伤害他人与社会，又明显地伤害自己；不法分子的违法犯罪严重祸及他人与社会，本人却企图逃避责任。

三、理论解释

按照精神分析学派的观点，反社会性人格障碍起源于儿童期超我发展的不成熟与不完善。当年幼儿童得到父母的关爱、接受了父母的价值观时，其超我的发展便会趋向成熟与完善；而当年幼儿童得不到父母的关爱、拒绝接受父母的价值观时，其超我的发展便会受到阻碍，为以后形成反社会性人格障碍埋下隐患。

按照行为学派的观点，反社会性人格障碍与儿童期的观察、模仿和社会学习有关。如果儿童生活在富于进攻、无视道德和法纪的家庭环境中，并且受到不良同伴交往和淫秽暴力等消极社会氛围的影响，那么形成反社会性人格障碍的可能性就会比一般儿童大大增加。

按照生物学派的观点，反社会性人格障碍与遗传因素有一定的关系。例如，内分泌激素的研究表明，注射过大剂量雄性激素的动物会变得更具攻击性；染色体的研究发现，罪犯的 XYY 染色体异常为一般人染色体异常的 10 倍；家谱调查的研究指出，同卵双生子犯罪的一致率接近 80%，而异卵双生子犯罪的一致率只有 12%。虽然上述研究发现了遗传因素在反社会性人格障碍形成中的作用，但多数学者认为这些研究的把握性不大，因为在上述研究中很难排除环境对反社会性人格障碍形成的影响。

四、心理治疗或干预对策

由于具有反社会性人格障碍的患者缺乏良知或不愿意接受他人帮助，因而给反社会性人格障碍的治疗或干预带来很大困难。依据国内外的实践，目前对反社会性人格障碍进行治疗或干预较有成效的方法主要是认知—行为治疗和社区治疗，也有人在尝试激动治疗（agitation therapy）这种新的治疗方法。

（一）认知—行为治疗

认知治疗的重点是改变患者对社会现实的不合理信念，行为治疗的重点是矫正患者的反社会行为倾向。将认知治疗与行为治疗有机结合在一起，共同对反社会性人格障碍患者进行干预，是多年来颇受鼓励的治疗取向。但干预实践证明，认知调整对反社会观念根深蒂固的患者收效甚微，行为矫正则需要良好环境的密切配合。正如莫斯和里克（H. Moss & C. L. Rick，1981）所指出的，在反社会性人格障碍的干预中，行为矫正方案必须在高度一致的环境条件下才有可能取得成功。

（二）社区治疗

把社区中具有反社会性人格障碍的患者聚集在一起，运用团体动力学原理对其进行具体帮助，这种社区治疗的模式在西方比较流行。琼斯（Jones，1952）在社区治疗中强调，治疗组成员与反社会性人格障碍患者的坦诚交流对建立良好的治疗关系至关重要；此外，引导患者发泄消极情绪，指导患者学会控制自己的非理性行为，启发患者与他人尝试合作，对帮助患者减少反社会行为的发生频率具有积极意义。在博克安和琼斯玛（Bockian & Jonesma，2005）的社区治疗计划中，则把理性情绪治疗、心理剧治疗、家庭治疗有机融合在一起，试图通过综合性的团体互动和环境熏陶，帮助患者在认知、情感和意志层面形成短期的积极变化，并进而导致反社会性人格障碍的逐渐弱化。

（三）激动治疗

激动治疗是马滕斯（Martens，2001）率先提出的矫治反社会性人格障碍的一种新的方法。该方法主要适用于以易冲动和攻击性为主要特征的反社会性人格障碍患者。在激动治疗期间，将患者置于由其他反社会性人格障碍患者创建的受到控制的冲突情境中，以此来帮助患者认识反社会性人格障碍的社会危害，激发患者的改变意愿。马滕斯认为，激动治疗实际上不是一种孤立的治疗方法；如果能把这种方法与神经反馈和其他心理药物方法有机结合起来，就更容易取得成功。

第四节　表演性人格障碍

表演性人格障碍又被称为癔症性人格障碍或戏剧性人格障碍，是一种以过分感情用事或夸张言行吸引他人注意为主要特征的人格障碍。表演性人格障碍在一般人群中的患病率为2%—3%，多见于青年女性。

一、临床表现

表演性人格障碍的主要表现是：患者的心理发育不成熟，情绪欠稳定，喜怒无常，情感体验十分肤浅，表情夸张到近乎戏剧表演的程度，遇到挫折后容易出现歇斯底里；患者自我中心严重，极为自私，热衷于社交及刺激性强的活动，处世幼稚、骄横，喜欢指手画脚，刻意在别人前显示自己，稍不遂意，往往会以自杀进行威胁；患者容易接受暗示，依赖性强，善于花言巧语、危言耸听、哗众取宠，经常玩弄欺骗伎俩，有时连自己也真假难辨。

二、诊断鉴别

《中国精神障碍分类与诊断标准第3版》（CCMD-3）提出的表演性人格障碍的诊断标准如下。

1. 符合人格障碍的诊断标准。

2. 以过分感情用事或夸张言行吸引他人注意为特点，并至少有下列三项：

（1）富于自我表演性、戏剧性、夸张性地表达情感；

（2）肤浅和易变的情感；

（3）自我中心、自我放纵和不为他人着想；

（4）追求刺激和以自己为注意中心的活动；

（5）不断渴望受到赞赏，情感易受伤害；

（6）过分关心躯体的性感，以满足自己的需要；

（7）暗示性高，易受他人影响。

三、理论解释

精神分析理论侧重于从早期创伤经验角度，寻找表演性人格障碍的产生根源。有些精神分析学家专注于女性患者的研究，认为早年缺乏母亲的照料，使得患者把目光转向父亲，希望通过自己戏剧化的表演赢得父亲的关注。长大成人后，这些女性患者把男性当做理想化的父亲，试图通过操纵男性获得心理满足与快乐。

认知理论侧重于从知觉定势角度，分析表演性人格障碍的形成背景。表演性人格障碍患者在社会生活中关注的焦点是自身，这种习惯性的知觉模式使其远离现实世界，甚至通过情绪化的想象来满足自己的心理需要。这样就导致患者的社会成熟度发展滞后，甚至出现幼稚、骄横、做作等自我中心倾向。

社会文化理论侧重于从社会规范与期望角度，探究表演性人格障碍的宏观环境影响因素。在传统的文化背景中，女性处于依附地位，但她们又十分渴望引起世人的关注。这种女性固有的角色期待走向极端，致使患者出现虚荣、夸张、矫揉造作等人格缺陷。在现代化水平和民主意识不断提高的今天，女性的地位有很大改变，然而传统文化中的消极影响依然根深蒂固，这是在探究环境对表演性人格障碍的影响时所不能忽略的。

四、心理治疗或干预对策

表演性人格障碍的心理治疗或干预十分困难。虽然此种类型的人格障碍患者会主动寻求专业帮助，但其在接受治疗或干预期间有可能提出特殊的要求，有时还会出现情绪冲动，甚至可能采用夸张的手法诱惑专业人员。治疗实践证明，认知治疗、操作行为治疗、时限心理治疗对表演性人格障碍具有一定的疗效。

（一）认知治疗

认知治疗的核心是帮助患者从过分关注自身的知觉定势中摆脱出来。治疗过程中要针对患者的夸张性表现，使其领悟个人认识活动的幼稚性；逐步引导患者将目光转向现实生活中更有意义的方面；鼓励患者以坦率、真诚的心态与他人交往；努力克服患者矫揉造作等人格缺陷。

（二）操作行为治疗

安德鲁斯（Andrews，1984）曾依据斯金纳的操作行为原理，对表演性人格障碍患者进行治疗。治疗时由医患双方协商确立治疗目标，根据患者的靶行为，采用抑制、消退、强化、自信训练等多种手段，有针对性地进行行为矫正。治疗后与精神分析方法进行比较，结果显示：行为治疗比精神分析治疗疗效更加明显。

（三）时限心理治疗

时限心理治疗（Sifneos，1984）是把精神分析方法、行为治疗方法和人本主义治疗方法有机加以融合的一种综合性治疗方式。治疗中以激发患者改变其压抑在内心的动机为重点，与患者采用交朋友的方式进行面谈，对患者在谈话中表现出来的“吹毛求疵”加以阻断，并引导患者做“家庭作业”。治疗结果表明，这种综合性的治疗方式可在一定程度上排解患者的内心压力，逐步消除患者与环境不相协调的行为表现。

第五节 依赖性人格障碍

依赖性人格障碍又叫做被动性人格障碍或无力性人格障碍，是一种以过度依从和精力不足为主要特征的人格障碍。这类人格障碍常见于临床精神科，以女性患者居多。

一、临床表现

依赖性人格障碍的主要表现是：患者意志力薄弱，缺乏主动意识，不愿承担责任，自我感觉能力有限，喜欢依从能力强、可以提供安全保护的人；患者精力不足，容易疲劳，缺少生活兴趣，经常产生被人遗弃的感受；患者对外界刺激和身体不适十分敏感，自信心差，失助感明显，当亲密关系遇到挑战或中止时，几乎会陷于崩溃状态。

二、诊断鉴别

《中国精神障碍分类与诊断标准第 3 版》（CCMD-3）提出的依赖性人格障碍的诊断标准如下。

1. 符合人格障碍的诊断标准。

2. 以过分依赖为特征，并至少有下列三项：

（1）要求或让他人为自己生活的重要方面承担责任；

（2）将自己的需要附属于所依赖的人，过分地服从他人的意志；

（3）不愿意对所依赖的人提出即使是合理的要求；

（4）感到自己无助、无能，或缺乏精力；

（5）沉湎于被遗忘的恐惧之中，不断要求别人对此提出保证，独处时感到很难受；

（6）当与他人的亲密关系结束时，有被毁灭和无助的体验；

（7）经常把责任推给别人，以应对逆境。

三、理论解释

在精神分析人士看来，依赖性人格障碍的形成主要导源于早年生活中的过度保护。童年期父母对子女的过分关爱、呵护，不敢让子女主动接触外部世界，限制子女的人际交往，会使幼童形成依赖、回避等性格缺陷，并产生缺乏安全感以及分离焦虑等消极体验。长此下去，童年期所形成的依赖型人格缺陷，便会发展成为造成社会适应困难的依赖性人格障碍。

在行为主义者看来，青少年的依赖性人格障碍与父母不恰当的奖罚方式存在密切关系。如果父母对子女的依从行为给予过分奖励，而对子女的主动决策行为给予不恰当的惩罚，就会潜移默化地强化子女的依赖行为，弱化子女的独立行为，加之家庭成员（如母亲）的榜样示范，儿童的依赖行为就会稳定下来，逐步演化成为人格障碍。

在认知理论家看来，患者的错误理念是造成其依赖性人格障碍的根源。依赖性人格障碍患者在认识事物上存在某些不合理的假设，例如：我天生缺乏能力，需要别人的保护；如果我表现出独立的姿态，就会在生活中感受孤独。正是由于诸如此类的不合理假设，将患者引入依从与无助的误区，给其带来一系列的精神痛苦。

四、心理治疗或干预对策

在依赖性人格障碍的心理治疗或干预中，常综合运用认知治疗、行为治疗和精神分析治疗等方法，也有人采用团体治疗方法对依赖性人格障碍患者进行干预，收到一定疗效。

（一）认知治疗

认知治疗的关键是纠正患者的不合理假设，建立新的认知图式。例如，针对患者“缺乏能力需要保护”的不合理假设，可引导患者列举生活中个人取得成功的大量事例，进行自我质辩，帮助患者树立自信心，逐步改变依赖他人的思维定势，形成独立决断的思维品质；针对患者“独立就会感受孤独”的不合理假设，可引导患者主动与生活中勇于独立者进行交流，看看这些勇于独立者是否都存在孤独的感受，让事实打消患者的疑虑，并使患者逐步形成对孤独的辩证认识。

（二）行为治疗

特卡尔和卡尔森（A. Turkal & C. Carlson，1984）依据系统脱敏的原理，对依赖性人格障碍患者进行治疗。首先，由治疗者与患者一起列举依赖性人格障碍的典型表现（从轻到重）；然后，要求患者按照从轻到重的顺序在不同情境中练习独立作决定的技能；最后，引导患者将学习到的独立作决定技能迁移到日常生活中去。治疗中每周训练两次，整个疗程为两个多月。一年后的随访证明，效果良好。特卡尔和卡尔森认为，这种治疗方法可广泛应用于具有依赖障碍的患者。

（三）精神分析治疗

使用精神分析方法治疗依赖性人格障碍，需要满足以下两个条件：1. 允许患者将依赖移情于治疗师，因为这有助于促进患者情绪的成长；2. 患者必须愿意按照治疗师的要求去做，以便提高独立性和自信心。此外，在治疗过程中还应把握以下要点：1. 要有足够的时间，否则治疗师无法准确了解患者的动态变化情况；2. 患者的移情体验在治疗中具有特殊的作用；3. 当治疗陷入僵局时，需采用直接干预技术对患者提供支持；4. 耐心鼓励与相互讨论，有助于排解患者的失助感、无力感或被遗弃感。

希尔（Hill，1970）采用上述方法治疗依赖性人格障碍患者，在 50 人中仅有两例未见改善，但治疗时间最少也要数月，有些个案的治疗时间超过两年；利曼和马尔维（Leeman & Mulvey，1975）将上述方法加以简化，将疗程控制在 3—7 个月之间，六例中有五例获得了成功。

（四）团体心理治疗

萨多尔夫和科林（B. Sadolf & F. Collin，1968）采用每周一次的团体心理治疗方法，对 22 例具有被动性依赖障碍的患者进行干预。通过治疗师的引导性解释、集体讨论和相互作用，对与被动依赖有关的情绪调节作用显著。托格森（Torgersen，1980）采用罗杰斯倡导的交朋友小组方法治疗依赖性人格障碍，也取得比较好的疗效。

第六节　边缘性人格障碍

边缘性人格障碍在国内外学术界颇具争议。在美国精神医学学会出版的《精神障碍诊断和统计手册第 2 版》（DSM-Ⅱ）中，边缘性人格障碍被称为循环型人格障碍；在《精神障碍诊断和统计手册第 3 版》（DSM-Ⅲ）和《精神障碍诊断和统计手册第 4 版》（DSM-Ⅳ）中，循环型人格障碍的名称被取消，而统一使用了边缘性人格障碍这一术语。在《中国精神障碍分类与诊断标准第 3 版》（CCMD-3）中，没有出现边缘性人格障碍这一术语，其中的有关内容被列入心境障碍的分类与诊断之中。本节将依据美国精神医学学会出版的《精神障碍诊断和统计手册第 4 版》（DSM-IV），简要阐述边缘性人格障碍的诊断与干预问题。

所谓边缘性人格障碍，是一种以不稳定的情绪状态、自我意象和人际关系为主要特征的人格障碍。这种障碍在一般人群中的患病率为 3%，在精神科门诊患者中约占 19%，在住院患者中约占 20%。女性患者多于男性。

一、临床表现

边缘性人格障碍的主要表现是：患者的情绪处于重复不断的复杂变化中，喜怒无常，易激惹，有时极为兴奋，有时郁闷寡欢；患者的自我意象混乱，当其感受到他人的关心时会产生强烈的自我认同感，当其害怕失去他人的关心时则会戏剧性地转向愤怒与疏离；患者对周围的人充满怀疑，此时将某人看做朋友，彼刻就可能将这人视为仇人，人际关系紧张且很不稳定；患者的行为表现具有不可预测性，不仅会出现冲动性的自毁行为，有时也会以自杀来威胁别人。

二、诊断鉴别

依据美国精神医学学会出版的《精神障碍诊断和统计手册第 4 版》（DSM-IV），边缘性人格障碍的诊断标准如下。

一种表现为人际关系、自我形象和情感的不稳定，同时有明显冲动性的行为模式。开始于成年早期，出现在各种情境中，至少有下述五项：

1. 拼命努力以不被抛弃；
2. 人际关系既热切又不稳定，常常不是把别人理想化，就是诋毁别人；
3. 自我知觉与自我意象长期不稳定；
4. 行为冲动，具有自我毁灭的特性（如乱花钱，性乱，吸毒）；
5. 频繁做出自杀的姿态，或威胁，或自伤；
6. 情绪极度不稳定（如，短期内出现抑郁，易激惹，焦虑）；
7. 持续地感受到空虚；
8. 容易生气或发怒；
9. 在压力下，会变得偏执或有分离状态。

三、理论解释

生物学理论注重从遗传素质、生化代谢异常、内分泌失调和额叶功能受损等不同的角度揭示边缘性人格障碍的形成原因。例如，家谱调查的结果发现，在边缘性人格障碍患者中，其近亲患此种障碍的几率比一般人高五倍，说明遗传素质对边缘性人格障碍的形成具有一定影响。

精神分析理论注重从早期人际关系失调角度寻找边缘性人格障碍的形成根源。儿童在其成长的过程中，如果有过重大的人际关系纷争、人际关系转变、人际关系丧失等特殊生活经历，往往会给其带来深刻的消极情绪体验，形成具有分裂特征的防御机制，并进一步影响其在青少年时期乃至成人阶段人格结构的健全发展。

社会文化理论注重从文化变迁和环境渗透角度探讨外界刺激对患者情绪波动和人格稳定性的影响。例如，多项调查显示，边缘性人格障碍在首次发作时，50%的患者具有不良生活事件或生活变迁的诱发因素；持续的或慢性的应激源（如家庭重要成员长期患病卧床，需要他人照料），对边缘性人格障碍的形成影响更为深刻。

四、心理治疗或干预对策

边缘性人格障碍的治疗费时费力，有时一例患者的治疗周期就达数年之久。目前，治疗边缘性人格障碍较有成效的方法或模式主要包括：移情焦点治疗，联合家庭治疗，四大象限归纳治疗。

（一）移情焦点治疗

此方法系由克恩伯格（O. Kernberg）在客体关系理论的基础上，经过 40 年的不懈努力，逐步发展成熟并将其推广到边缘性人格障碍的治疗实践中。该方法的主要特点是：第一，强调建立稳定的治疗关系；第二，高度重视治疗师的反移情能力；第三，把治疗的焦点放在帮助患者识别其行为与感觉之间的关系上；第四，及时限制患者的习惯性不良行为；第五，通过正面引导阻止患者的自毁性行为。治疗实践表明，移情焦点治疗对帮助患者重建人格结构具有积极的意义。

（二）联合家庭治疗

所谓联合家庭治疗，是指把对患者的个别指导和家庭的支持性干预有机结合起来，以充分发挥个别干预和集体干预的双重功效。一般每周对患者进行一次个别指导，每次一小时左右；家庭聚会式情感支持的次数，则视需要灵活确定。治疗的核心是帮助患者形成独立自主的生活方式，逐步摆脱自我认同的困扰和情绪的不成熟性。

（三）四大象限归纳治疗

所谓四大象限，即把边缘性人格障碍患者的心理与行为活动划分为内省知觉、感觉情感、行为行动、认知思维四大区间，然后按照内省知觉—感觉情感象限、感觉情感—行为行动象限、行为行动—认知思维象限、认知思维—内省知觉象限的不同组合，针对其症状表现及其来源，选择不同的治疗方法。例如，内省知觉—感觉情感象限的症状表现及其来源与过去事件的无意识部分密切相关，因而适合选择精神分析、来访者中心等方法进行干预；感觉情感—行为行动象限的症状表现及其来源与情绪情感的现实知觉密切相关，因而适合选择格式塔等方法进行干预。以此类推。总之，这是一种具有折衷和整合色彩的治疗模式，在边缘性人格障碍治疗或干预的实践中值得关注。

【建议参考资料】

1. 刘毅．变态心理学［M］．广州：暨南大学出版社，2005.

2. 博克安，容斯莫．人格障碍治疗指导计划［M］．张宁，译．北京：中国轻工业出版社，2005.

【问题与思考】

1. 什么是人格障碍？人格障碍主要包括哪些类型？
2. 常见人格障碍的临床表现与诊断要点有哪些？
3. 在学校心理咨询中适合对哪种类型的人格障碍进行干预？

第十一章　特殊障碍的诊断与干预

【本章提要】

本章所称的特殊障碍，是指在儿童青少年期某些特有的心理障碍，对心理发展具有深刻影响而应引起关注的心理障碍或某些不良行为习惯引发的障碍，如注意缺陷与多动障碍、品行障碍、适应障碍、网络成瘾等。

注意缺陷与多动障碍是一组同时具有注意缺陷和活动过度或冲动的行为障碍。品行障碍是指儿童少年在品德上反复出现、持续存在并构成对外界不良影响或严重影响的行为障碍。适应障碍是在一定的应激源影响下，由于个体的身心素质不良所导致的社会适应功能性障碍。

特殊障碍的心理治疗或干预工作必须充分考虑儿童青少年患者的年龄特点，把对症治疗与预防性干预有机结合起来，这样才能取得更好的效果。

【学习重点】

1. 了解注意缺陷与多动障碍、品行障碍、适应障碍的含义与临床表现。
2. 掌握注意缺陷与多动障碍、品行障碍、适应障碍的诊断要点及干预策略。

【重要术语】

注意缺陷与多动障碍　品行障碍　适应障碍　网络成瘾

第一节　注意缺陷与多动障碍

注意缺陷与多动障碍又被称为儿童多动症，是一组同时具有注意缺陷和活动过度或冲动的行为障碍。初发期一般在 7 岁之前，高峰发病年龄为 8—10 岁。根据美国心理学会 2000 年的统计，注意缺陷与多动障碍的发病率为 3%—5%，男女比例约从 2∶1 至 9∶1。国内各地区的调查结果尚不一致。从北京、上海等地的调查结果来看，患病率在 3%—13%之间，男童的患病率明显高于女童。

一、临床表现

注意缺陷与多动障碍的主要临床特征有以下几项。

（一）注意力难以集中

患儿注意力涣散，集中注意的时间短暂，极易因环境影响而分散注意力。上课时不能专心听讲，东张西望，心不在焉，或凝神发呆，因而对老师的讲解和布置的作业听不清楚，做作业时常遗漏、出错，而且拖拖拉拉，边做边玩，随便涂改，粗心大意。症状较重的患儿对任何活动都不能集中注意，较轻的患儿对于感兴趣的活动能在较短时间内集中注意。

（二）活动过度

活动过度大多开始于幼儿早期，有的甚至在婴儿期就已格外兴奋好动。如未能走路就爱攀爬，能走路后更是好跑动，或爬高爬低，不能静坐。稍大后，无论是玩玩具或是看图书，都坚持不了多久，书和玩具特别容易被弄坏。患儿时常翻箱倒柜，把房间弄得乱七八糟。

进小学后，患儿在课堂上总是坐不安稳，如摇椅转身，离位走动，骚扰旁人；或小动作不停，如涂画书本，玩弄文具，咬指甲，弄纽扣；或叫喊，讲话，哼小调，影响课堂秩序。教师对此反应强烈，患儿常受到教师的责备和惩罚。患儿放学后则到处乱跑，活动不停，想干什么就马上干；凡见到的东西都要摸一下，爱挑逗，常与同伴争吵打骂；好插嘴和干扰大人的活动，也令大人厌烦。但少数患儿无明显的多动倾向，甚至少动呆滞，而以其他症状突出，这种情况要格外引起注意。

（三）冲动任性

由于情绪不稳定，缺乏克制力，患儿往往表现得幼稚、任性。他们的欲望满足需要十分强烈，对一些不愉快的刺激反应过分，有些儿童甚至掷物伤人，哭闹喊叫，脾气暴躁，冲动行事，不顾危险和后果，甚至发生严重事故。

（四）学习困难

注意缺陷与多动障碍儿童大都智力正常或接近正常，有的智力水平还较高。但是，由于注意力不集中，好动贪玩，他们听课和做作业的质量很差，给学习带来许多困难，学习成绩欠佳。如经教师或父母严格督促，可有一时好转。有些患儿存在某种认知功能障碍（如临摹图画、阅读、拼音及书写困难）；有些患儿存有视觉运动功能障碍（如左右分不清，将6读成9，把b看成d）或空间定位障碍（如文字倒读、写反字等）；还有些患儿伴有发音障碍、口吃、言语表达能力差、词汇贫乏、抽象综合能力欠缺等问题。另外，患儿往往不认真思考便急于发表意见，因而认识肤浅且欠完整，这也是造成他们学习困难的原因之一。

（五）品行不端

注意缺陷与多动障碍儿童常伴有多种品行问题，如缺乏礼貌、不讲谦让、违反课堂纪律、说谎、惹是生非、欺侮弱小、偷窃、逃学等。

（六）神经系统存在某些功能性失调

患儿在接球、独脚跳或伸手取杯子、扣衣纽扣、系鞋带时，动作较笨拙。在做游戏、写字或画图时，也可看出精细动作不协调。

大约50%的患儿在进行指指、指鼻和翻手试验时出现共济失调；或一手拇指接触其他手指时，另一手出现连带运动。有的患儿存在两点辨别觉和图形觉障碍，两侧肌腱反射不等。但这些异常体征轻微且不恒定，故称之为“软体征”。

在脑电图方面，50%—60%的患儿脑电图有轻度或中度异常，而正常对照组脑电图异常率仅为10%—15%。

通过智力测验、注意测验、视听认知检查、本德尔格式塔测验，还可以发现患儿在视觉—运动和注意等方面存在神经心理学缺陷。

二、诊断鉴别

《中国精神障碍分类与诊断标准第3版》（CCMD-3）提出的注意缺陷与多动障碍的诊断标准如下。

（一）症状标准

1. 注意障碍，至少有下列四项：

（1）学习时容易分心，听见任何外界声音都要去探望；

（2）上课很不专心听讲，常东张西望或发呆；

（3）做作业拖拉，边做边玩，作业又脏又乱，常少做或做错；

（4）不注意细节，在做作业或其他活动中常常出现粗心大意的错误；

（5）丢失或特别不爱惜东西（如常把衣服、书本等弄得很脏很乱）；

（6）难以始终遵守指令，完成家庭作业或家务劳动等；

（7）做事难于持久，常常一件事没做完，又去干别的事；

（8）与他说话时，常常心不在焉，似听非听；

（9）在日常活动中常常丢三落四。

2. 多动，至少有下列四项：

（1）需要静坐的场合难于静坐或在座位上扭来扭去；

（2）上课时常做小动作，或玩东西，或与同学讲悄悄话；

（3）话多，好插嘴，别人问话未完就抢着回答；

（4）十分喧闹，不能安静地玩耍；

（5）难以遵守集体活动的秩序和纪律，如游戏时抢着上场，不能等待；

（6）干扰他人的活动；

（7）好与小朋友打斗，易与同学发生纠纷，不受同伴欢迎；

（8）容易兴奋和冲动，有一些过火的行为；

（9）在不适当的场合奔跑或登高爬梯，好冒险，易出事故。

（二）严重标准

对社会功能（如学业成绩、人际关系等）产生不良影响。

（三）病程标准

起病于七岁前（多在三岁左右），符合症状标准和严重标准至少已六个月。

（四）排除标准

排除精神发育迟滞、广泛发育障碍、情绪障碍。除上述诊断标准外，还需注意鉴别以下情况：

第一，与活泼好动的正常儿童的区别。正常顽皮的儿童也常有多动等表现，但在严肃场合或看有兴趣的影视节目时则可控制；而注意缺陷与多动障碍儿童在严肃场合或看有兴趣的影视节目时，不能控制或仅能控制很短时间。正常儿童较易接受管教，即使有不良行为也较易改正；注意缺陷与多动障碍儿童在态度上虽然能接受批评，但总是“明知故犯”。

第二，与品行障碍的区别。品行障碍与环境、教育因素有明显关系，以持久的反常性格和与社会不相适应的行为障碍为主要特点。这类儿童在态度上往往与社会规范格格不入，对自己的问题缺乏认识。缺陷与多动障碍儿童虽然也有品行障碍的表现，但程度较轻，并能意识到“不好”，有克服的愿望。

第三，与抽动障碍的区别。此障碍的特点是不自主的动作增多，行为刻板，表现为眼肌、面肌或手足不自主地、重复而快速地抽动，或伴有秽语、爆发性喉音及损伤性动作。注意缺陷与多动障碍儿童虽动作增多，但多为较协调的自主性动作，如翻弄东西、到处走动等。当然，也有一些注意缺陷与多动障碍儿童会并发抽动症状。

三、成因分析

（一）生物因素

家谱调查、双胞胎研究等发现，遗传因素对注意缺陷与多动障碍的影响较为直接。例如，巴克利（Barkley，1998）的研究表明，在注意缺陷与多动障碍儿童中，10%—35%的近亲也患有同种障碍，其兄弟姐妹患此种障碍的风险为32%；若父母患有此种障碍，其子女患同种障碍的风险则高达75%。

围产期感染、外伤等引起的轻度脑损伤，神经递质系统功能紊乱引起的交感神经异常兴奋状态，脑部发育不足引起的大脑抑制作用减弱，脑血流及脑内糖代谢变化引起的脑功能及代谢异常等，这些神经系统损伤因素对注意缺陷与多动障碍也有一定的影响。

（二）心理因素

聋、盲等感觉障碍，情绪上的恐惧状态，以及某些人格缺陷，都与注意缺陷与多动障碍的形成与发展有关（M. Roos，1976）。

（三）教养因素

父母性情急躁，教育方法不一致，是导致儿童精神紧张的重要因素，与注意缺陷与多动障碍的发生及加重有关。学校的学业负担过重、教师教育方式及处理问题不当等，可导致注意缺陷与多动障碍的发生，或加重注意缺陷与多动障碍的症状。

（四）环境因素

经济贫困、住房拥挤、父母离异、家庭功能紊乱等，均可构成注意缺陷与多动障碍的诱因；慢性铅中毒、微量元素缺乏等环境因素，也可能与注意缺陷与多动障碍的发生有关，但尚缺乏足够的证据。

四、心理治疗或干预对策

症状较重的注意缺陷与多动障碍，大多采用中枢兴奋剂、抗抑郁药物等进行治疗；症状较轻的注意缺陷与多动障碍，主要采用心理治疗或饮食调控策略加以干预。

（一）认知治疗

使用自我监察、自我指导、自我奖励等自我分析与控制技术，对于提高患儿的自知力和自我控制力具有积极意义。如要求患儿不断地给自己提出忠告与指令，可有效地增强患儿控制情绪冲动的能力。

使用言语暗示和视觉意象技术，也有助于患儿的注意集中与行为控制。例如，指导患儿反复陈述“集中注意听老师讲课非常重要，课余时间适当休息也非常重要”，可帮助那些易受暗示的患儿提高注意的集中度并控制过多的活动；指导患儿把自己想象成一个动作缓慢、正在泥沼中打滚的河马，同样可起到控制过多活动的作用。

（二）行为治疗

将阳性强化法与消退法结合起来，对治疗注意缺陷与多动障碍儿童的行为障碍具有明显效果。即在患儿出现适宜的行为时（如遵守课堂纪律），需马上给予奖励，以便及时强化和巩固适宜的行为；在患儿出现不适宜的行为时（如放学回家不认真做作业），则对其加以漠视或给予某种“惩罚”（不许看电视或游玩），这样就会减少患儿的不适宜行为。

（三）支持性治疗

主要内容包括：指导教师和家长以关爱的态度对待患儿，帮助患儿树立康复的信心；努力创设轻松的课堂气氛和愉悦的交往条件，减轻患儿的自卑、忧虑、孤僻和反抗心理；尽可能将患儿安排在靠前的座位，以有利于患儿的注意集中和教师的提醒督促；对患儿微小的进步也应及时给予鼓励，这样有助于增强患儿的进取意识；合理安排作息时间，注意动静结合，松紧适度，使患儿养成良好的学习习惯和生活习惯。

（四）饮食调控策略

近来有研究发现，限制西红柿、苹果、橘子、人工调味品等甲醛水杨酸类食品的摄入，对注意缺陷与多动障碍具有一定疗效。因此，在药物治疗、心理治疗的同时，应当对患儿辅以饮食方面的适当调节与控制。

第二节 品行障碍

品行障碍是指儿童少年在品德上反复出现、持续存在并对外界构成不良影响或严重影响的行为障碍。

临床上通常将品行障碍划分为反社会性品行障碍和对立违抗性品行障碍两种亚型。前者在触犯他人权利或违法乱纪方面程度较重，多见于少年；后者以不服从、违抗或挑衅性行为为主要特征，多见于10岁以下儿童。

近年来儿童少年的品行障碍有增加趋势，城市高于农村，男生多于女生。品行障碍的高峰年龄在13岁左右。

一、临床表现

（一）行为特征

1. 持续表现出违反社会规范的行为，损害他人权益。说谎、偷窃、外逃、破坏公物、攻击行为是其常见形态。

2. 寻求刺激，崇尚暴力，行为冲动。

3. 人际关系紧张，行为孤僻。

4. 学业不良。

5. 活动过度。

（二）心理特征

1. 认知扭曲，试图将其反社会行为合理化。

2. 感情淡漠，缺乏内疚感、羞耻感、懊悔感。

3. 学习兴趣薄弱，贪图享乐。

4. 不考虑个人的行为后果。

5. 不愿意接受他人的帮助。

二、诊断鉴别

（一）反社会性品行障碍

《中国精神障碍分类与诊断标准第3版》（CCMD-3）提出的反社会性品行障碍的诊断标准如下。

1. 症状标准

（1）至少有下列三项：

①经常说谎（不是为了逃避惩罚）；

②经常暴怒，好发脾气；

③常怨恨他人，怀恨在心，或心存报复；

④常拒绝或不理睬成人的要求或规定，长期严重的不服从；

⑤常因自己的过失或不当行为而责怪他人；

⑥常与成人争吵，常与父母或老师对抗；
⑦经常故意干扰别人。
（2）至少有下列两项：
①在小学时期就经常逃学（一学期达三次以上）；
②擅自离家出走或逃跑至少两次（不包括为避免责打或性虐待而出走）；
③不顾父母的禁令，常在外过夜（开始于13岁前）；
④参与社会上的不良团伙，一起干坏事；
⑤故意损坏他人财产或公共财物；
⑥常虐待动物；
⑦常挑起或参与斗殴（不包括兄弟姐妹打架）；
⑧反复欺负他人（包括采用打骂、折磨、骚扰及长期威胁等手段）。
（3）至少有下列一项：
①多次在家中或在外面偷窃贵重物品或大量钱财；
②勒索或抢劫他人钱财，或入室抢劫；
③强迫与他人发生性关系，或有猥亵行为；
④对他人进行躯体虐待（如捆绑、刀割、针刺、烧烫等）；
⑤持凶器（如刀、棍棒、砖、碎瓶子等）故意伤害他人；
⑥故意纵火。

（4）必须同时符合以上第（1）、（2）、（3）项标准。

2. 严重标准

日常生活和社会功能（如社交、学习或职业功能）明显受损。

3. 病程标准

符合症状标准和严重标准至少已六个月。

4. 排除标准

排除反社会性人格障碍、躁狂发作、抑郁发作、广泛发育障碍，或注意缺陷与多动障碍等。

（二）对立违抗性品行障碍

《中国精神障碍分类与诊断标准第3版》（CCMD-3）提出的对立违抗性品行障碍的诊断标准如下。

1. 症状标准

（1）至少有下列三项：
①经常说谎（不是为了逃避惩罚）；
②经常暴怒，好发脾气；
③常怨恨他人，怀恨在心，或心存报复；
④常拒绝或不理睬成人的要求或规定，长期严重的不服从；

⑤常因自己的过失或不当行为而责怪他人；

⑥常与成人争吵，常与父母或老师对抗；

⑦经常故意干扰别人。

（2）肯定没有下列任何一项：

①多次在家中或在外面偷窃贵重物品或大量钱财；

②勒索或抢劫他人钱财，或入室抢劫；

③强迫与他人发生性关系，或有猥亵行为；

④对他人进行躯体虐待（如捆绑、刀割、针刺、烧烫等）；

⑤持凶器（如刀、棍棒、砖、碎瓶子等）故意伤害他人；

⑥故意纵火。

2. 严重标准

上述症状已形成适应不良，并与发育水平明显不一致。

3. 病程标准

符合症状标准和严重标准至少已六个月。

4. 排除标准

排除反社会性品行障碍、反社会性人格障碍、躁狂发作、抑郁发作、广泛发育障碍，或注意缺陷与多动障碍等。

三、成因分析

（一）生物因素

遗传等生物因素究竟对品行障碍有何影响，目前的研究结果尚不明确。研究显示，某些遗传性疾病（如性染色体异常）可能会引起暴力行为；雄性激素分泌过多，中枢神经系统内的5-羟色胺量降低，以及轻度的脑功能异常，可能与攻击行为有关。但也有研究发现，遗传对儿童青少年的品行障碍几乎没有影响。

（二）心理因素

认知存在缺陷，性格不良，道德意识的发展出现扭曲，容易引起品行障碍。对不良行为的效仿，逃避惩罚的恐惧心理，对父母或其他成人的偏爱不满，物质欲望强烈，情绪容易冲动，这些心理因素也有可能引发品行障碍。

（三）教养因素

父母的养育方式过于严厉或放纵，父母的教育态度不一致，父母本身存有道德缺陷，学校教育中存在的失误，对儿童少年品行障碍的形成均有一定影响。

（四）环境因素

家庭结构不完整，被同伴或集体拒绝，与不良同伴交往过密，社区的教育设施落后，社区的治安环境恶化，整个社会在就业、社会公平和道德导向方面存在偏差，都可成为儿童少年品行障碍的直接或潜在诱发因素。

四、心理治疗或干预对策

品行障碍的矫治是一项系统工程。一方面，需要针对儿童少年品行障碍的不同表现与形成原因，按照差异化的原则进行对症矫治；另一方面，也需要调动各方面的力量，运用多种手段进行综合干预。

（一）认知治疗

认知治疗的核心是向具有品行障碍的儿童少年提供某些认知调控策略，以帮助他们在情绪冲动时保持冷静，进而减少攻击行为。具体的认知调控训练包括自我陈述训练、归因训练、思维方法训练等。以思维方法训练为例，可引导患儿学会多角度思维、分段思维、以原因为重点的思维、以结果为重点的思维等不同的思维方法，这对于提高患儿的认知调控能力具有积极作用。

（二）行为治疗

行为治疗通常采用积极强化与惩罚相结合的方法。积极强化对于增加良好行为的出现频度具有显著疗效，惩罚手段则有助于减少不良行为的出现频度。

积极强化的具体程序包括：确定靶行为及奖赏方式（物质奖励或精神鼓励）；在适宜行为出现后马上予以奖赏（阳性强化）；当原有靶行为症状明显减轻时，增加新的靶行为，进入下一轮治疗。

在品行障碍矫治中使用的惩罚手段主要包括消退技术和矫枉过正技术。消退技术的核心是在患儿的不良行为出现时，以故意不理睬的方式对待患儿，以促使患儿的不良行为逐步减少。矫枉过正技术包括恢复原状性矫枉过正和阳性实践性矫枉过正。前者要求患儿亲自动手，消除因个人的不良行为对环境造成的消极影响，并要求将环境安排得比原来更好；后者适用于不良行为未对环境造成明显的消极影响、无需采取恢复措施的情况，如要求喜欢趴在课桌上的患儿身体坐正，而且端坐的时间越来越长。

（三）父母管理训练

父母管理训练（parental management training，简称 PMT）的基本假定是：纠正患儿的不良行为，首先要从纠正父母的不良教养方式开始。

帕特森（Patterson）等人总结了多年来进行父母管理训练的经验，认为在父母管理训练中必须遵循以下操作原则、程序或要求：1. 治疗对象。治疗师通常不直接与患儿接触，而是把治疗对象指向患儿的父母或对患儿教养负主要责任的家庭成员。2. 训练内容。引导父母或其他教养人把患儿的不良行为按严重程度依次排列；启发父母或其他教养人认清不良教养方式与患儿行为问题之间的关系；向父母或其他教养人传授科学的养育方式；向父母或其他教养人讲解行为矫正的基本原理；要求父母或其他教养人在家庭中对患儿进行行为矫正。3. 注意事项。家长须每周到治疗机构接受一次训练，每次两小时；家长每天均应记录对患儿进行行为矫正的具体过程及其效果；家长应按照从轻到重的顺序依次矫正患儿的不良行为；治疗师可采用角色扮演的方式与家长共同体验矫正中遇到的问题，并一起商讨改进策略。

追踪研究表明，父母管理训练不仅明显改善了亲子关系，而且也大大减少了患儿的不良行为。

（四）多系统治疗

多系统治疗（multi-systemic treatment，简称 MST）的范围包括患儿、同伴、家庭、学校和社区。治疗中使用认知调整、行为矫正、家庭干预、合作训练、案例管理等多种技术，试图以“此时此地”为中心，调动患儿、同伴、家长、教师和社区管理者的积极性，共同为矫正患儿的不良行为创造良好的条件。多系统治疗是在家庭治疗的基础上发展起来的，有可能发展成为综合性干预的主导性技术。

第三节　适应障碍

适应障碍是在一定的应激源影响下，由于个体的身心素质不良所导致的社会适应功能性障碍。

适应障碍的患病率尚无精确的统计数据。一般多见于门诊咨询的患者，成人患者中女性较多，儿童青少年患者中性别差异不明显。

一、临床表现

一般是在环境改变、突发事件等应激条件下，个体不能应对新情况而表现出多方面的不适。具体表现是。

（一）以情绪失调为主的适应障碍

有的患者紧张不安、心烦意乱，有的患者情绪低落、悲观沮丧，也有的患者焦虑与抑郁情绪并存，或具有其他情绪失调。

（二）以活力下降为主的适应障碍

患者感到学习能力下降，活动效率明显不如从前。

（三）以社会退缩为主的适应障碍

患者不愿意参加社交活动，常独居于寝室，或躲在僻静处独自活动。

（四）以品行不端为主的适应障碍

常见的品行问题包括说谎、逃学、打架斗殴、破坏公物、酗酒、吸毒、过早开始性生活等。

（五）以躯体不适为主的适应障碍

患者常自诉有恶心、呕吐、便秘、腹泻、食欲不振、腰背疼痛等症状，但检查未发现躯体存在特定的疾病。

二、诊断鉴别

《中国精神障碍分类与诊断标准第 3 版》（CCMD-3）提出的适应障碍的诊断标准如下。

（一）症状标准

1. 有明显的生活事件为诱因，尤其是生活环境或社会地位的改变。

2. 有理由推断生活事件和人格基础对导致精神障碍均起着重要的作用。

3. 以抑郁、焦虑、害怕等情感症状为主，并至少有下列一项：

（1）适应不良的行为障碍，如退缩、不注意卫生、生活无规律等；

（2）生理功能障碍，如睡眠不好、食欲不振等。

4. 存在见于情感性精神障碍（不包括妄想和幻觉）、神经症、应激障碍、躯体形式障碍或品行障碍的各种症状，但不符合上述障碍的诊断标准。

（二）严重标准

社会功能受损。

（三）病程标准

精神障碍开始于心理社会刺激（但不是灾难性的或异乎寻常的）发生后一个月内，符合症状标准至少已一个月。应激因素消除后，症状持续一般不超过六个月。

（四）排除标准

排除情感性精神障碍、应激障碍、神经症、躯体形式障碍，以及品行障碍等。

三、成因分析

（一）生物因素

个体的遗传素质脆弱，特别是在处于较强的应激状态时，机体的免疫机能下降，综合协调功能削弱，有可能使患者体验到多种不适的躯体症状。

（二）心理因素

某些性格缺陷，如敏感多疑、固执怯懦，对适应障碍具有直接或潜在的影响；缺乏应对能力，也是形成适应障碍不可忽略的心理因素。

（三）教养因素

父母对子女期望过高，父母的养育方式不一致，学校在入学适应和升学就业指导方面缺乏针对性，或者给学生带来的压力过大，都有可能引发适应障碍。

（四）环境因素

生活环境变迁、家庭结构改变、经济状况恶化、人际关系紧张、亲朋好友亡故等生活事件的刺激，是适应障碍的重要诱因。

四、心理治疗或干预对策

适应障碍的心理治疗或干预可采取支持性治疗、应激的预防训练、短程动力治疗、T 小组治疗等多种方式。

（一）支持性治疗

支持性治疗的重点是帮助患者强化社会支持网络，使患者充分感受到新环境的温暖，消除患者对新环境的恐惧情绪和其他消极心理状态。支持性治疗是各种心理障碍治疗的基础。在轻微适应障碍的治疗中，其治疗效果比较理想。

（二）应激预防训练

应激预防训练（stress inoculation training，简称 SIT）是把认知评估与行为矫正有机结合起来，共同对适应障碍进行干预的一种方法。其实施步骤是：1. 引导患者明确认知评估在应激过程中的重要意义；2. 帮助患者熟悉并学会应用某一应对技能（如情绪控制）；3. 创设情境对患者的认知评估与应对技能进行检验；4. 鼓励患者将所学到的认知评估与应对技能灵活运用到日常生活中去。应激预防训练的整合性特点，使其在适应障碍的干预中具有广阔的应用前景。

（三）短程动力治疗

对适应障碍的短程动力治疗应当注意以下几个问题：1. 把治疗目标集中于适应障碍的突出表现；2. 妥善处理患者的不配合甚至抵触现象；3. 通过反复疏导增加患者康复的信心；4. 积极运用心理补偿的原则引导患者；5. 针对焦点问题适度挖掘早期创伤性经验的根源。由于短程动力治疗的理论基础来源于弗洛伊德的精神分析学说，所以其治疗程序虽做了简化压缩，但与其他治疗方式相比，仍然存在着费时费力且疗效不够确定等局限。

（四）T 小组治疗

T 小组（training group）治疗发端于人本主义学派的团体治疗思想，在应用于适应障碍的治疗中作了适当改进。其治疗目标是：运用团体动力学原理，帮助患者更好地认识自己、了解自己；充分挖掘患者的潜能，提高患者应对新环境和解决适应问题的技巧。具体治疗程序包括相互熟悉、彼此认同、正视问题、分享经验、促进迁移等。症状较轻的适应障碍经过一周或几周的 T 小组治疗，通常能获得明显改善。

第四节　网络成瘾

网络成瘾也叫网络成瘾综合征（Internet addiction disorder，简称 IAD），这一概念是由美国精神病学家格登博格（I. Goldberg）于 1994 年率先提出来的。按照格登博格的说法，他最初提出这一概念仅仅是想开个玩笑，谁知这一问题很快便引起了精神病学家和临床心理学家的广泛关注①。在临床领域，网络成瘾也被称为病理性网络使用（pathological Internet use，简称 PIU），通常是指以虚拟信息为成瘾媒介，在网络使用中失去自控能力，从而引发生理、心理、社会功能受损的一种过度行为。

一、青少年网络成瘾的社会背景

根据美国心理学家格林菲尔德（D. Greenfield）对 1.6 万人的网上调查，发现约有 6%的网络用户认为自己患有“网络成瘾症”，10%的网络用户承认自己存在“网络滥用”现象。“网络成瘾”与“网络滥用”的区别在于：前者使个人的生活发生了显著的消极变化，甚至造成责任感丧失，经济拮据；后者则仅仅对个人的生活带来一定的冲击。

在我国，由于网络的迅速普及，对新生事物极为敏感的青少年有不少人痴迷于网络而不能自拔。中国互联网络信息中心的统计显示，截至 2006 年年底，我国的网络用户已经达到 1.37 亿，其中 25 岁以下的网民超过三分之一。而中国青少年网络协会发布的《中国青少年网瘾报告（2005）》则显示，目前我国的网瘾青少年占青少年网民的 13.2%。

据此可以得出一个基本的判断：网络成瘾已逐步演变为一个严重的社会问题，必须引起学校、家庭和社会的高度重视。

二、青少年网络成瘾的具体危害

（一）对生理健康的危害

网络成瘾对生理健康的危害主要表现在：导致一系列不良生理反应，如头昏脑胀、双手颤抖、食欲下降、体重减轻等；削弱人的视觉功能，使视敏度下降，出现眼痛、怕光、暗适应能力降低等症状，甚至有可能发生暴盲；引起腕关节综合症，造成背部扭伤、腰椎变形，影响青少年骨骼系统的正常发育；使得自主神经系统功能紊乱，体内激素分泌失调，降低机体的免疫力，诱发紧张性头痛和心血管疾病，严重时还会危及生命。

（二）对心理健康的危害

1. 影响抽象逻辑思维健康发展

网络信息通常集文字、声音、图像、动画于一体，生动形象地展示在网络使用者面前。这种信息的呈现方式，虽然有助于激发人们的信息获取兴趣，但也常常使人们习惯于形象思维，限制了人的抽象逻辑思维能力的发展。对青少年而

① 程乐华．网络心理行为公开报告［M］．广州：广东经济出版社，2002：255.

言，他们的思维正处于抽象逻辑思维发展的关键时期。如果长期依赖于网络的多媒体信息进行形象思维，对其抽象逻辑思维发展的消极影响将更加明显。

2. 削弱青少年学生的意志品质

网络成瘾的青少年将大量时间消耗在网吧或其他上网场所，有时甚至通宵达旦。他们无法控制自己的上网冲动，久而久之，就会使其意志品质不断弱化，从而为其学习与成长带来一系列的问题。例如，课堂听讲时注意力分散，不愿意学习揭示本质与规律的理论知识，间接兴趣的发展受到影响，参与集体活动的动机有所削弱，等等。

3. 加剧青少年自我同一性危机

按照埃里克森的心理社会性发展理论，青少年期是自我同一性发展的重要阶段，这一时期容易出现自我角色的混乱。网络的虚拟特点可进一步加剧这种混乱。许多网络成瘾的青少年满足于虚拟世界的自我伪装和各种角色的随意扮演，这样就会减弱甚至丧失自我现实感，混淆虚拟与现实的界限，从而为他们解决青少年期的心理冲突带来更大的困难。

4. 诱发程度不同的人格缺陷

由于现实生活中的压力很大，使得一部分网络成瘾的青少年躲避到虚拟的网络空间，宣泄内心冲突，寻求暂时性的解脱。这种消极的应对方式，可导致他们的心理适应能力降低，自我调节功能失衡，最终出现人格的变异，形成孤独、逃避、冷漠、多疑、自私、委靡、神经质等人格缺陷。

5. 突破某些青少年的道德防线

在网络文化中不可避免地存在着一些垃圾信息，如暴力渲染、色情诱惑甚至反社会宣传等。那些道德辨别力弱的网络成瘾青少年，在好奇心和情绪冲动的影响下，往往很容易受到垃圾信息的吸引，不知不觉地落入暴力、色情或反社会的虚拟陷阱，这对于青少年道德品质的健康发展无疑构成极大的挑战。

（三）对社会生活的危害

长时间沉迷于虚拟世界，会潜移默化地改变青少年对现实世界的看法和态度，使他们的人生观、价值观发生摇摆，或者偏离社会的主流倾向，以致于出现信任危机，导致社会适应困难及人际关系恶化。西方学者的研究发现，网络成瘾者中有53%的人存在较为严重的家庭问题。国内传媒披露的实例也证明，有些网络成瘾的青少年在现实生活中遇到挫折之后，一蹶不振，万念俱灰，于是产生了轻生的意愿并付之行动；还有些网络成瘾的青少年在现实生活中遇到挫折之后，铤而走险，伺机报复，结果走上违法犯罪的道路。

三、网络成瘾的影响因素

鉴于网络成瘾是一种伴随现代信息社会发展而形成的不良生活习惯或过

度行为方式，因此，对其影响因素的探讨主要集中在个体心理因素和社会环境因素方面。

（一）个体心理因素

1. 青少年期的心理特点

好奇心强、自我保护意识弱作为青少年期的一个显著特点，对青少年上网成瘾具有直接影响。青少年喜欢标新立异，追求富有刺激和挑战性的新生事物，但他们同时又缺乏丰富的生活阅历和自我保护的意识。在这种情况下，许多青少年学生成为网上时尚的盲目崇拜者、网上冲浪的过度消费者和网上诈骗的天真受害者，有些青少年网民更是经受不住时尚、游乐、金钱等方面的诱惑，而成为网络成瘾的“高危人群”。

青少年期特别是青年初期的闭锁性特点，对网络成瘾也有一定影响。随着抽象逻辑思维的发展，青少年开始深入思考人生与社会中遇到的重大问题。他们雄心勃勃，试图和成人一样对社会弊端进行揭露批判；他们意气风发，渴求自己的人生抱负能在现实生活的大舞台上一鸣惊人。然而，由于青少年思维的偏激性、片面性等弱点，他们的激扬文字与满腔抱负往往会受到社会的冷落，这样就大大挫伤了青少年参与现实生活的积极性，迫使其思考的形式越来越趋于内隐。网络的虚拟化特征恰恰满足了青少年内隐思考的需要，一些青少年的网络成瘾行为也正借此而生。

青少年期的性意识觉醒、性知识探索和异性交往的需要，对网络成瘾影响深刻。青少年的性生理发育、性心理发展已逐渐接近成人的水平，但目前我国的性教育状况还远远不能满足青少年的需要，这样就导致众多青少年依靠网络来自发地获取性生理、性心理等方面的知识，并积极利用网络来满足个人的异性交往需要。正是由于以上的年龄背景和性教育背景，有些警惕性不高而探索欲很强的青少年，因受色情网站或色情化电子邮件的挑逗而深陷其中，结果发展成为色情网络文化的受害者。

2. 特殊的人格特征

西方学者的研究发现，网络成瘾者大多具有某些特殊的人格特征。例如，杨（1998）的研究显示，低自尊、经常被他人拒绝与否定、对生活感到不满足者，最容易出现网络成瘾。卡内基·梅隆大学和匹兹堡大学的研究则指出，网络成瘾者往往具有下列人格特点：喜欢独处，敏感，警觉，不服从社会规范。国内的研究也得到相似的结论。如朱美慧（2000）的研究证实，自尊感越低的人，其强迫性使用网络的反应就越高；自我控制能力越差，网络使用的时数就越长。还有研究指出，制作个人主页、建立交互式网站等形式大大强化了青少年的自我形象，但却程度不同地影响了其自我同一性的发展，由此导致青少年自我中心倾向加剧，对互联网产生心理依赖并最终形成网瘾。

（二）社会环境因素

1. 网络的自身特性

网络自身所具有的通讯、互动、求知、娱乐等多样化功能，以及海量信息、方便快捷、匿名安全、自由随意等诸多特性，是吸引青少年网络成瘾的重要外部因素。杨（1996，1998）的研究发现，网络成瘾者通常将大部分时间用在聊天室（35%）和游戏娱乐（28%）上，而非成瘾者则把55%的时间用在接收电子邮件和万维网信息搜寻上。莫拉汗-马丁和舒马赫（Morahan-Martin & Schumacher，1997，2000）的研究得到类似的结果。他们的研究结论是，网络成瘾者较常通过网络来认识新朋友、寻求情感支持、与兴趣相投者聊天、玩在线互动游戏。国内学者周倩（1999，2000）的研究则指出，网络成瘾者比非成瘾者把较多的时间用在BBS、E-mail、万维网和网络游戏上。在所有预测网络成瘾的变量中，网络使用的乐趣感是网络成瘾的最佳预测项目①。

2. 网络的使用时间

在西方学者（K. Scherer，1997）的研究中，98%的网络成瘾用户表示，他们实际的上网时间往往会超过自己希望上网的时间，因此网络使用的时间管理是研究网络成瘾不可忽略的因素。国内张国富、周二强等人（2006）对1 712名青少年的测量研究也发现，青少年网络成瘾与上网时间之间存在显著的正相关，即上网的时间越长，网络成瘾的可能性也就越大②。

3. 人口统计学变量

已有研究发现，人口统计指标中的性别、年龄、职业等变量对网络成瘾具有一定的影响。《中国青少年网瘾数据报告（2005）》显示，男性青少年上网成瘾的比例（17.07%）约比女性青少年（10.04%）高7%；初中生和职高生的网瘾现象最令人担忧，13岁至17岁的青少年网络成瘾的比例最高③。但西方学者在20世纪90年代末的研究则指出，40多岁的中年家庭主妇较男性以及其他年龄段的网络使用者，更容易出现网络成瘾；39%的网络成瘾者为非技术工种的“白领”④。上述研究结果的不一致，说明这方面的研究还需要继续深入。

4. 家庭教养的偏差

李冬霞（2007）的研究发现，网络成瘾的青少年与非网络成瘾的青少年的父母教养方式在惩罚严厉、过分干涉、过分保护、拒绝否认等方面存在显著差异，

---

① 丁海燕. 网络成瘾研究述评［J］. 大学时代，2006（4）：42-44.

② 张国富，周二强，刘栋，连军胜，余志中. 青少年网络成瘾的影响因素［J］. 新乡医学院学报，2006，23（1）：50-52.

③ 中国青少年网络协会. 中国青少年网瘾数据报告(2005)［R/OL］.［2005-11-23］. http：//theory. people. com. cn/GB/49157/49166/3882411. html.

④ 华莱士. 互联网心理学［M］. 谢影，苟建新，译. 北京：中国轻工业出版社，2001：199.

说明青少年的网络成瘾与父母不良的教养方式密切相关①。也有研究指出，如果家长一味在物质上满足孩子的要求，而忽视他们成长过程中的心理问题，放任自流，也会使青少年把上网作为一种心理慰藉和情绪发泄的手段。上述研究结果提示，家庭教养的偏差对青少年网络成瘾具有不可忽视的影响。

5. 学校教育的缺失

我国的学校教育正处在从应试教育向素质教育的转轨过程中。新的素质教育评价体系尚未全面建立，不少学校还在继续延用传统的应试教育模式，单纯以分数高低作为衡量学生优劣的标准；有些学校则把心理健康教育特别是心理咨询机构的建设挂在嘴上，形同虚设，学生缺乏心灵沟通和情感宣泄的场所。在这种情况下，如果学生的学习成绩不够理想，又缺乏其他特长展现的机会，很难在班级或学校找到自己的位置，这种不断累积的挫折体验和寻觅新的归属感的需要，就会迫使他们通过网络向“同病相怜者”倾诉。一旦获得成功，则一发不可收拾。

6. 社区管理的漏洞

市场经济为我国互联网的快速发展提供了制度上的保证，但网络经营场所的运作与管理却相对滞后。不少经营者把网吧设在学校附近，甚至提供全天候服务；有些不法经营者则昧着良心，私下向学生提供网上赌博或网络色情服务。虽然有关的社区管理机构也定期进行突击检查，但缺乏长效管理机制，因而使得网吧经营者依然有机可乘，这样就给那些迷恋网络的青少年学生提供了上网的便利条件。

四、青少年网络成瘾的预防与干预

（一）引导青少年正确认识网络文化的利弊得失

互联网的迅速发展使得人类社会进入了一个崭新的时代——信息化社会。网络以其亦真亦幻的虚拟空间，信息资源的快速共享，引人入胜的互动情境，展示了美好的数字化乐园，极大地满足了人们的学习、娱乐需要和社会化的需求。网络文化对于喜欢追星捧月、个性张扬的青少年来说，更是具有诸多“挡不住的诱惑”。然而，网络文化的影响既有积极的一面，也有消极的一面，它是一把双刃剑。因此，既要看到网络使青少年的知识领域大大扩展、为青少年提供了新的人际交流方式、向青少年展示了新的生活娱乐空间等积极影响，也要看到网络中的不良信息易使辨别力低的青少年受到伤害、在一定程度上弱化青少年的现实交际能力、过度迷恋网络还有可能导致网络成瘾等消极影响。只有采用这种辩证的观点，向青少年实事求是地宣传网络文化的利弊得失，因势利导，才能从根本上提

① 李冬霞．青少年网络成瘾倾向与父母教养方式的关系研究［J］．南京医科大学学报（社会科学版），2007，7（2）：138-141．

高青少年对网络文化的正确认识，形成良好的网络使用素养，这也是对青少年的网络成瘾进行预防的治本之策。

(二) 加强对青少年上网的科学管理与制度保障

2001 年 4 月，国家信息产业部、公安部等部门已联合推出了《互联网上网服务营业场所管理办法》，明确规定：网吧与中小学的直线距离不得少于 200 米，网吧不得在国家法定节假日的每天 8 时至 21 时以外的时间向未成年人开放；14 岁以下的未成年人上网必须有监护人陪同，等等。这一文件的出台，必将有助于规范网吧的经营行为与经营秩序，为青少年提供良好的社会环境和网络环境。在学校住宿生的网络管理中，要控制学生的上网时间，晚间熄灯后不再提供网络服务；对那些吸引学生到网吧包夜的违规行为，要提高警惕，严加防范。此外，要大力开展“绿色网络文化”等创建活动，积极鼓励网络运营商为青少年提供健康向上的网络信息，坚决打击依靠暴力渲染、色情诱惑、网上赌博、网上诈骗等非法手段谋取暴力的网络犯罪活动。这样，才能使上网时间的科学管理与网络内容提供的严格治理有机结合起来，从而为青少年上网创造出良好的制度条件。

(三) 积极利用网络手段满足青少年的正常心理需要

一些学校和社区文化管理机构的实践表明，在校园网和社区文化网站开办适合青少年特点的网络服务栏目，如网络科普服务、阳光娱乐服务、互动创意服务、文明交友服务、合理维权服务，特别是大力兴办以排忧解惑为主要特征的即时心理服务（如“心灵驿站”、心理咨询等），对满足青少年的正常心理需要具有重要帮助。对此，应当不断总结这方面的经验，使青少年喜闻乐见的公益性服务逐步走向成熟与完善。此外，对校园 BBS、QQ 群、博客或播客等个人主页的建设也要加以适当引导，以防不良信息对青少年上网群体的袭扰。目前，网络流行的流氓软件与垃圾邮件问题已经引起网络监管机构的高度重视，一些全国性的权威网络媒体也在积极建立反流氓软件联盟或反垃圾邮件联盟，这些旨在净化网络环境、用先进文化占领青少年网络阵地的建设性举措，对维护青少年的健康成长、满足青少年的合理网络需求、预防网络成瘾，必将起到积极的作用。

(四) 动员家长共同参与青少年网络成瘾的防治工作

前已述及，青少年的网络成瘾往往与家长的专制型教养方式或放任自流有关。有鉴于此，动员广大家长共同参与青少年网络成瘾的防治工作就显得十分必要。要鼓励家长采用民主、平等的方式与子女交流，尊重子女的人格，涉及子女的事尽量使用商量的口吻；要引导家长对子女形成适度的期望值，不要提出过高的要求，以防挫伤子女的上进心和积极情绪；要敦促家长以正面教育为主，大力实施赏识教育，多给子女以表扬和鼓励，耐心倾听子女的感受，努力成为打开子女心扉的知心朋友；要指导家长跟上时代的步伐，主动学习现代信息技术方面的知识，掌握网络使用的规则与技巧，以培养与子女沟通的共同语言，引导子女健康上网；要提示家长定期与学校保持联系，了解自己的孩子每天在做什么、想什么，以便和学校形成合力，构建家庭与学校防范网络成瘾的保障体系。

（五）采用整合性策略矫正青少年的网络成瘾行为

对于已经形成网络成瘾的青少年来说，其矫正干预必须采用整合性的策略，即把认知调整、情绪疏导、态度与行为改变有机结合起来，实施个人、家庭、学校与社区的联合干预。

个人网络成瘾的干预重点是充分认识网络成瘾对自身学习与健康成长的危害，制定合理的上网计划，督促网络成瘾者逐渐减少一次性上网的时间，直至控制在可接受的范围。在这一过程中，交替使用物理性厌恶刺激、想象性厌恶刺激，可明显降低网络成瘾者的上网欲望；灵活运用替代强化、延迟满足等手段，可适当减少网络成瘾者一次性上网的时间及上网的频率；有机穿插兴趣转移、文体活动陶冶等方法，则可对网络成瘾者的习惯性兴奋中心起到一定的抑制作用。

家庭、学校与社区的干预重点是提供强有力的社会支持及社会监督，为网络成瘾青少年的行为矫正创造良好的生态环境。

【建议参考资料】

1. 李雪荣．现代儿童精神医学［M］．长沙：湖南科学技术出版社，1994.
2. 杨权．心理障碍诊治指南［M］．成都：四川科学技术出版社，2002.

【问题与思考】

1. 什么是特殊障碍？
2. 儿童青少年期常见的特殊障碍有哪些以及各自的概念是什么？
3. 儿童青少年期常见特殊障碍的临床表现与诊断要点有哪些？
4. 如何针对网络成瘾做好预防与干预工作？

第十二章　校园危机干预

【本章提要】

校园危机干预以处在心理危机状态的当事学生为主要对象，此外还需对与当事学生有关的人员进行必要的干预。校园危机干预通常包括心理危机评估、制定干预方案、实施干预方案、终止与追踪四个步骤。

平衡模式、认知模式和心理社会转变模式是国外常见的危机干预理论模式；学校三级危机干预模式则是一种系统取向的本土化理论模式，已经在我国的灾难应对实践中显现出创新价值。该干预模式所应采取的主要技术包括：与当事人建立良好的关系；向当事人提供准确的信息；鼓励当事人充分表达内心的感受；帮助当事人改变不合理的认知方式；给予当事人完成心愿的机会；引导当事人积极面向未来。

自杀是个体自愿或蓄意采取某种手段结束自己生命的行为。青少年自杀受多种因素影响。校园自杀预防的主要策略是：建立健全自杀预防的相关网络及必要的制度；把生命教育融入心理健康教育和校园文化建设；做好高危人群重点对象的监控与追踪工作。校园自杀的干预要点是：掌握当事学生背景资料；确保当事学生人身安全；给予当事学生情感支持；引导当事学生理性应对；做好追踪或“后干预”处置。

【学习重点】

1. 明确危机、心理危机、危机干预的概念。
2. 掌握危机干预的理论模式与主要技术。
3. 了解自杀预防与干预的基本原理。

【重要术语】

危机　心理危机　危机干预　危机干预模式　危机干预技术　自杀预防　自杀干预

第一节　危机干预概述

一、危机与心理危机的区别及联系

危机（crisis）与心理危机（psychological crisis）是两个不同的概念，二者既有区别，又有联系。

（一）危机的含义

在英语中，crisis 一词是指“疾病或生活中的转折点；困难或危险时刻。”①《现代汉语词典》对危机的释义是：1. 指危险的根由，如危机四伏；2. 严重困难的关头，如经济危机，人才危机②。

综上可见，无论在现代英语语境还是在现代汉语语境中，危机均指客观存在的危险、困境及其转折点。

（二）心理危机的界定

什么是心理危机？迄今为止，学者们的分歧依然较大，尚无一个广为接受的定义。吉利兰和詹姆斯（Gilliland & James）曾列举了六个心理危机的定义，并以此为基础，提出了自己对心理危机这一概念的理解。在吉利兰和詹姆斯的阐述中，所用的术语是“危机”而非“心理危机”，但他们阐述的对象实际上是“心理危机”。

下面摘录吉利兰和詹姆斯引用的六个心理危机定义中的两个定义。

危机是当人们面对重要生活目标的阻碍时产生的一种状态。这里的阻碍，是指在一定时间内，使用常规的解决方法不能解决的问题。危机是一段时间的解体和混乱，在此期间可能有过多次失败的解决问题的尝试。

危机是一种解体状态，在这种状态中，人们遭受重要生活目标的挫折，或其生活周期和应付刺激的方法受到严重的破坏。它指的是个人因这种破坏所产生的害怕、震惊、悲伤的感觉，而不是破坏本身。

吉利兰和詹姆斯对心理危机的理解是：“危机是一种认识，当事人认为某一事件或境遇是个人的资源或应付机制所无法解决的困难。除非及时缓解，否则危机会导致情感、认知和行为方面的功能失调。”③

我们认为，无论是吉利兰和詹姆斯引用的心理危机定义还是他们自己对心理危机的界定，都把客观存在的危机事件和一个人面临危机事件时所引发的心理状态明确区分开来，这一点必须给予充分肯定。但上述界定仍然存在一些问题。以吉利兰和詹姆斯对心理危机的理解为例，他们仅仅把心理危机看做是当事人对危机事件的一种认识，这种理解显然是片面的。

中国学者季建林、赵静波对心理危机的理解比前述西方学者的理解更为全面。他们的界定是：“所谓危机就是指个体面临突然或重大生活境遇（如亲人死

---

① COWIE A P. Oxford Keys English Dictionary［M］. Oxford：Oxford University Press，1980：89.

② 中国社会科学院语言研究所词典编辑室．现代汉语词典（修订本）［M］．北京：商务印书馆，1996：1305.

③ 吉利兰，詹姆斯．危机干预策略（上册）［M］．肖水源，译．北京：中国轻工业出版社，2000：4.

亡、婚姻破裂或天灾人祸等）时，既不能回避，又无法用通常解决问题的方法来解决时所出现的心理失衡状态。”①

在我们看来，季建林、赵静波对心理危机的界定比较符合中国文化背景，但他们仍把界定的对象称为“危机”而不是“心理危机”，这样就很容易给初学者带来理解上的歧义，因而不能不说是一种遗憾。

根据以上分析，我们认为，对心理危机的界定关键是要把客观存在的危机事件和个体面对危机事件所出现的独特心理反应准确区分开来，这样才能把握心理危机的本质。所以我们对心理危机的界定是：心理危机是个体面对客观存在的危险、困境或转折点所表现出来的无力应对和心理失衡状态。

（三）危机与心理危机的联系

前已述及，危机是客观存在的危险、困境或转折点，心理危机是个体对客观存在的危险、困境或转折点的不良心理反应。由此可以看出，危机是心理危机产生的必要条件，但二者之间并不存在必然的因果联系。因为心理素质良好的个体在危机面前完全可以临危不惧、处乱不惊，只有那些心理素质脆弱特别是缺乏应对能力的人才会在危机面前不知所措、心理失衡。这一点对理解危机与心理危机的内在联系至关重要。

二、心理危机的特点

心理危机具有以下三个特点：

第一，心理危机的诱发因素复杂多样。毫无疑问，突然或重大的显性危机事件对当事人的心灵震撼最为直接，但那些慢性乃至隐性的危机事件对当事人的心理影响也不可忽略，例如文化污染、慢性疾病、价值困惑也有可能引发心理危机。在这里，是将价值困惑作为一种客观存在的隐性危机事件来看待的。

第二，心理危机的形成遵循一定的规律。在支持资源减少、应激事件增加、个体应对能力不足的情况下，更容易出现心理危机。

第三，心理危机的表现存在个体差异性。由于每个人的心理素质有其特定的形成背景，因而在面对危机事件时，已有经验、人格特质等诸多因素导致当事人的心理危机反应差别很大，这样就对心理危机的干预工作提出了个性化的要求。

三、心理危机的分类

根据不同的标准，可对心理危机进行分类。

按照危机事件的来源，可把心理危机分为外源性危机和内源性危机。前者

---

① 季建林，赵静波．自杀预防与危机干预［M］．上海：华东师范大学出版社，2007：249.

是指由外在的危机事件所引发的心理危机；后者是指由内在的身心因素所引发的心理危机。

按照心理危机的性质，可把心理危机分为发展性危机、境遇性危机和存在性危机。发展性危机是指在个体成长过程中由不同年龄阶段身心发展的特定矛盾所引发的心理危机。境遇性危机是指由无法控制或预测的突发性事件所引发的心理危机。存在性危机是指由人生目的、价值追求等重大困惑所引发的心理危机。

四、心理危机的表现

（一）心理危机的一般反应

个体在经历心理危机时，通常会出现以下几个方面的反应：

1. 生理反应，如失眠、做噩梦、头晕、心跳加快、易疲倦、有窒息感、消化不良、偏头痛等。

2. 认知反应，如注意分散、消极回忆、否认现实、过分自责、丧失信任、悲观绝望等。

3. 情绪反应，如震惊、愤怒、恐惧、焦虑、抑郁、失落感、无助感、孤独感等。

4. 行为反应，如退缩、逃避、敌对、适应不良等。

（二）心理危机的变化历程

个体心理危机的变化历程一般经过四个阶段：

1. 冲击期。心理危机发生初期，个体往往震惊、恐慌，思维混乱，少数人甚至会出现意识不清。

2. 防御期。个体力求恢复由危机事件引起的心理失衡，但由于缺乏应对能力，往往过多地采用消极的自我防御机制。

3. 适应期。此时当事人开始正视现实，接受现实，积极寻求各种内外部资源，努力争取解决存在的问题，焦虑开始减轻，自信心明显加强，社会功能逐步恢复。

4. 危机后期。多数人在心理和行为上变得成熟，获得新的、积极的应对技能，但也有少部分人出现人格改变或其他精神障碍，严重者甚至自杀。

五、创伤后应激障碍

创伤后应激障碍（post-traumatic stress disorder，简称 PTSD）是“由异乎寻常的威胁性或灾难性心理创伤，导致延迟出现和长期持续的精神障碍。”①

---

① 宋华淼，张鹏．军人心理疏导理论与方法［M］．西安：第四军医大学出版社，2003：256-258.

《中国精神障碍分类与诊断标准第 3 版》（CCMD-3）提出的创伤后应激障碍的诊断标准如下。

（一）症状标准

1. 遭受对每个人来说都是异乎寻常的创伤性事件或处境（如天灾人祸）。

2. 反复重现创伤性体验（病理性重现），并至少有下列一项：

（1）不由自主地回想受打击的经历；

（2）反复出现有创伤性内容的噩梦；

（3）反复发生错觉、幻觉；

（4）反复发生触景生情的精神痛苦，如目睹死者遗物、旧地重游，或周年日等情况下会感到异常痛苦和产生明显的生理反应，如心悸、出汗、面色苍白等。

3. 持续的警觉性增高，至少有下列一项：

（1）入睡困难或睡眠不深；

（2）易激惹；

（3）集中注意困难；

（4）过分地担惊受怕。

4. 对与刺激相似或有关的情境的回避，至少有下列两项：

（1）极力不想有关创伤性经历的人与事；

（2）避免参加能引起痛苦回忆的活动，或避免到会引起痛苦回忆的地方；

（3）不愿与人交往，对亲人变得冷淡；

（4）兴趣爱好范围变窄，但对与创伤经历无关的某些活动仍有兴趣；

（5）选择性遗忘；

（6）对未来失去希望和信心。

（二）严重标准

社会功能受损。

（三）病程标准

精神障碍延迟发生（即在遭受创伤后数日至数月后，罕见延迟半年以上才发生），符合症状标准至少已三个月。

（四）排除标准

排除情感性精神障碍、其他应激障碍、神经症、躯体形式障碍等。

六、危机干预的含义与目的

危机干预（crisis intervention）在不同的学科存在不同的解释。例如在精神病学领域，危机干预被界定为“从心理上解决迫在眉睫的危机，使症状得到立即缓解和持久的消失，使心理功能恢复到危机前水平，并获得新的应付技能，以预防将来心理危机的发生。”①《心理学大词典》对危机干预的解释是“对处在心理危机下的个体及其家庭应采取的明确有效的措施。”② 从学校心理咨询的视角来看，我们认为可对危机干预作如下界定：危机干预是对处于心理危机状态的当事学生及有关人员提供有效支持和帮助的过程。

危机干预的主要目的是：第一，帮助当事学生减轻心理压力，防止当事学生出现自杀现象或伤及他人；第二，帮助当事学生所在的家庭、学校或其他机构，构建有效的社会支持系统；第三，帮助当事学生及有关人员提高应对能力，力求使当事学生的心理状态恢复到危机前的水平。

七、校园危机干预的对象

校园危机干预以处在心理危机状态的当事学生为主要对象，此外还需对与当事学生有关的人员进行必要的干预。这些有关人员包括：与当事学生关系最密切的人，如当事学生的同桌、最要好的朋友、家长、关系最密切的教师等；与当事学生关系较密切的人，如所在班级的同学、亲戚、任课教师等；与当事学生关系一般的其他人，如所在学校的非任课教师、所在班级之外的同学等。

八、校园危机干预的网络结构

为了有效地应对校园心理危机，需要成立学校危机干预网络。该网络应由学校的负责人（书记、校长或指定分管学生工作的其他校级领导）牵头，教师代表（当事学生的班主任）、学生代表（当事学生所在班级的干部）、家长代表（当事学生的直系亲属）、社区代表（学校或当事学生来源地所在社区的工作人员）、危机干预专业人员（专兼职心理咨询人员）共同参与。

学校负责人的主要职责是：协调各部门的工作，组织讨论确定危机干预计划，回应媒体的采访与有关部门的调查，及时与上级教育主管部门进行沟通等。

教师代表的主要职责是：及时向学校领导及其他教师传递当事学生信息，协助学校领导召集有关的教师会议，对班级心理辅导活动课的实施过程与实际效果进行督促检查。

学生代表的主要职责是：给予当事学生或当事学生最密切的同学情感支持，及时向教师汇报当事学生所在班级的异常情况。

家长代表的主要职责是：给予当事学生及家庭有关成员情感支持，及时解答当事学生家长提出的问题。

---

① 陈学诗．现代精神疾病治疗学［M］．济南：山东科学技术出版社，1997：408.

② 朱智贤．心理学大词典［M］．北京：北京师范大学出版社，1989：698.

社区代表的主要职责是：及时向社区机构通报当事学生的信息，尽可能提供与危机事件有关的社区支持资源。

危机干预专业人员的主要职责是：运用个别咨询、团体咨询及其他干预理论与技术，向当事学生或与当事学生关系密切的人提供帮助，并协助学校领导，对教师代表、学生代表、家长代表、社区代表的工作进行指导。

九、校园危机干预的一般步骤

校园危机干预通常包括心理危机评估、制定干预方案、实施干预方案、终止与追踪四个步骤。

（一）心理危机评估

校园危机干预的第一步是对处于心理危机状态的当事学生进行科学评估。评估的主要内容包括：心理危机的直接诱因；心理危机的间接诱因；当事学生的应对能力；当事学生的求助需求；当事学生的现实感受；当事学生的支持资源。如认为有必要对与当事学生有关的人员进行干预，也需要对这些相关人员的现实心理状况进行评估。

（二）制定干预方案

干预方案的内容包括干预目标、干预手段、干预程序等。使当事学生恢复到危机前的心理稳定或平衡状态，是危机干预的基本目标，也是危机干预与一般心理咨询或心理治疗的根本区别。干预手段需视当事学生的具体情况灵活确定，一般提倡多种方法与技术互补，以便构成整合性的支持平台。干预程序即干预的实施顺序与时间控制，需由干预人员与当事学生共同商定。如认为有必要对与当事学生有关的人员进行干预，则需针对这些相关人员的现实心理状况，制定辅助性的干预方案。

（三）实施干预方案

这是危机干预的中心环节。在具体实施过程中，要密切关注当事学生与其他相关人员的心理变化，特别要重视当事学生危机转折点（transcrisis points）的变化情况，以便根据干预对象的心理变化适时调整干预方案，尽可能满足干预效果最优化的要求。

（四）终止与追踪

在当事学生恢复到危机前的心理水平，以及辅助性干预达到预期目标时，即应宣布干预结束。终止干预有时会遇到当事学生的情感依赖现象，这时可将当事学生转入一般性的心理咨询程序，并对其后来表现进行追踪，这样不仅有助于巩固危机干预的成效，也有利于危机干预工作与日常心理咨询工作的衔接。

第二节　危机干预的模式与技术

危机干预的理论模式及其具体操作技术，对危机干预实践具有重要的指导意义。

一、危机干预的理论模式

国外常见的危机干预理论模式主要包括平衡模式（equilibrium model）、认知模式（cognitive model）和心理社会转变模式（psychsocial transition model）。浙江师范大学李伟健在2006年超强台风“桑美”登陆地区实际采用并从理论上加以概括的学校三级危机干预模式，则是一种立足于本土化实践的系统取向干预模式。

（一）平衡模式

平衡模式的确切表述应为平衡/失衡模式。平衡模式把心理危机视为危机事件引发的暂时性心理失衡（特别是情绪失衡），危机干预的目的就在于帮助当事人重新获得心理危机前的平衡状态。因此，平衡模式是危机干预的基本模式，主要适用于心理危机起始阶段的干预。

（二）认知模式

认知模式将心理危机视为对危机事件和围绕危机事件的境遇的错误思维，试图通过改变当事人的非理性和自我否定等思维方式，帮助其获得对心理危机的自我控制能力。认知模式适合于心理危机稳定下来并接近危机前平衡状态的求助者。

（三）心理社会转变模式

心理社会转变模式把心理危机视为遗传与环境影响的产物，主张运用多种方法，帮助当事人选择恰当的应对方式，获得有效的社会支持和环境资源，以便实现对个人生活的自主控制。心理社会转变模式同样适合于心理危机稳定下来并接近危机前平衡状态的求助者。

（四）学校三级危机干预模式

2006年8月，超强台风“桑美”登陆我国浙江省苍南县和福建省福鼎市，给两地造成总计400余人死亡的重大损失。得知这一消息后，浙江师范大学心理研究所李伟健等人深入灾区现场开展了灾后危机干预工作，并提出了系统取向的学校三级危机干预模式（见表12-1）。

表 12-1　学校三级危机干预模式

干预层级	干预内容	执行者
初级干预	张贴生命警语	学校相关行政部门
	举办危机干预普及性知识讲座	心理咨询室
	编制灾后心理危机干预手册，分发给师生、家长等	心理咨询室
	班级心理辅导（如生命教育）	专兼职心理辅导教师
	协助转送班级特殊个案	全校教师
	朋辈咨询	学生心理社团
	灾后学生心理状况调查，建立心理档案	心理咨询室
	作文教学，以灾难为题，将所思所想写出来，优秀作品在全校公布展览	语文教师
	各种形式的悼念活动	心理咨询室、学校行政部门
	鼓励创建相似经历的自助团体	学生处
	向师生、家长等推荐灾后心理调适相关资料	心理咨询室
次级干预	个别咨询	专职心理辅导教师
	班级哀伤辅导	专兼职心理辅导教师
	创伤者团体咨询（包括学生、家长、教师）	专职心理辅导教师
	作好鉴别和诊断，严重者转介给专业精神疾病治疗机构	专兼职心理辅导教师
三级干预	邀请精神科医生驻校鉴别与转介	校行政部门
	提供精神卫生服务相关信息	心理咨询室

学校三级危机干预模式具有两个鲜明特征：

1. 全面性

具体体现在干预对象和干预措施上。从学校三级危机干预的对象看，包括了教师、学生、学生家长等不同人群；从学校三级危机干预的措施看，既有普及性的危机干预知识宣传和教师培训，也有针对特定创伤群体的个别咨询、团体咨询和班级哀伤辅导等干预形式，既有对严重创伤群体进行的干预，也有对轻微创伤群体进行的干预。

2. 持续性

一般性的心理危机常持续 6—8 周，但重大危机事件造成的心理创伤往往会持续数月甚至数年。针对台风重大灾难而提出的学校三级危机干预模式，充分考虑到受害群体心理创伤的持续性，因而其危机干预也同时具备了分阶段、分批次、有效追踪等持续性特征。

从我国已有的危机干预实践看，由于受灾群体对危机干预的接受程度、专业人员的投入程度、受灾群体的地区分布状况等因素制约，还难以做到全面、持续的危机干预。运用系统取向的学校三级危机干预模式，首次尝试在一个县辖区内建立学校三级危机干预体系，是我国危机处置实践上的创新，对我国在危机处置管理工作中纳入心理危机干预提供了一个可供参考的样例。

学校三级危机干预模式强调动员不同类型学校的教师、学生参与到危机干预之中，承担不同要求的干预工作，充分发挥广大教师和学生在危机干预中的主体作用，力求达到全员参与、全员干预、全员受益的目的，这对今后由灾难引发的创伤性心理危机干预工作具有重要的指导意义。

基于学校三级危机干预模式开展的危机干预工作，受到了中央电视台、新华社、中国新闻社、光明日报社、浙江电视台等众多媒体的关注，特别是中央电视台《走近科学》栏目组拍摄的《灾后心魔》专题片于2006年12月10日播出后，表明学校三级危机干预模式已经受到国内权威媒体的充分肯定。

二、危机干预的主要技术

危机干预的具体技术很多。这里重点介绍依据学校三级危机干预模式，在遭遇突发的重大自然灾害后，危机干预人员对当事人进行帮助所应采取的主要技术。

（一）与当事人建立良好的关系

危机干预与一般的心理咨询不同，它要求干预人员迅速与当事人建立信任、合作的良好关系。而经历危机后的个体往往对陌生人持抵触情绪，所以在危机干预中，应优先考虑安排与当事人关系密切的人来实施干预，如班主任、心理咨询教师、朋辈咨询员等。如果上述人员因能力所限难以独立开展干预工作，则可邀请校外专业人员进行指导，这对于与当事人迅速建立良好的关系具有重要意义。

（二）向当事人提供准确的信息

在危机干预时，运用权威部门发布的准确信息，可有效地降低当事人的焦虑、恐慌情绪。因此，危机干预人员要密切关注权威部门的信息发布，并随时监控有关流言的传播情况，及时向当事人传递权威部门的可靠信息，不断澄清有关流言，这种做法本身就蕴涵着减轻压力、提供支持的功能。

（三）鼓励当事人充分表达内心的感受

受到重大灾难的打击，当事人往往会获得震惊、恐慌、噩梦等诸多创伤性异常体验。对此，干预人员要不断创造机会，鼓励当事人表达内心的真实感受。如果遇到当事人年龄较小或不善表达等情况，则可利用游戏、绘画、写作、角色扮演等手段，或者通过自我暴露等方式，对当事人进行启发和引导。

（四）帮助当事人改变不合理的认知方式

在重大灾难面前，不少当事人的理性思维受到强烈冲击，非理性或不合理的认知方式占据主导地位。例如，有的当事人会对亲人的死亡过分自责，有的当事人可把亲人的死亡视为苦难的解脱，年龄较小的当事人则可能陷入死而复生的幻想。针对上述情况，干预人员要善于运用解释、澄清、自我说服等技巧，帮助当事人认清自己当前思维的不合理性，逐步恢复面对现实的理性思考能力。

（五）给予当事人完成心愿的机会

面对亲人离去，当事人通常都会产生帮助死者完成心愿的心理需求。适时满足当事人的这一心理需求，有助于当事人的情绪稳定和痛苦解脱。干预人员可通过想象技术帮助当事人完成心愿，或者通过制作纪念物、给死者写信、角色扮演等形式，表达对死者的哀悼，排解当事人的内心痛苦。

（六）引导当事人积极面向未来

对于心态逐步稳定的当事人，干预人员要积极引导其面向未来，认真思考生存的意义，努力化悲痛为力量，用更加充实的人生实践去祭奠和回报死者的亲情。对于运用个别干预技术成效不明显的当事人，则需采用综合干预技术，在家庭、学校、社区构建有效的社会支持网络，继续对当事人提供帮助。

第三节　自杀的预防与干预

据报道，1990 年全球自杀死亡人数为 140 万，占该年总死亡人数的 1.6%。在世界卫生组织（WHO）1999 年在北京召开的精神卫生高层研讨会上，卫生部首次对外公布的中国年自杀率为十万分之二十二点二①。由于竞争加剧、就业压力增大、人际关系复杂、独生子女心理比较脆弱等多种因素的影响，近年来校园自杀事件呈上升趋势。因此，积极预防校园自杀现象，有效地进行校园自杀行为干预，已经成为学校危机干预工作的重要组成部分。

一、自杀的定义与分类

自杀是个体自愿或蓄意采取某种手段结束自己生命的行为。

鉴于自杀是一种复杂的社会现象，因而对自杀的研究涉及法学、社会学、伦理学、精神病学、心理学和哲学等诸多领域。

肖水源等人根据自杀的客观后果和心理动因，将自杀划分为五种类型②：

1. 自杀死亡，指个体采取了结束自己生命的行动，并导致死亡。
2. 自杀未遂，指个体采取了结束自己生命的行动，但未致死亡。
3. 自杀准备，指个体采取了自杀的准备，但未采取导致死亡的行动。

---

① 季建林，赵静波．自杀预防与危机干预［M］．上海：华东师范大学出版社，2007：13.

② 肖水源，周亮，徐慧兰：危机干预与自杀预防（二）［J］．临床精神医学杂志，2005，15（5）：298-299.

4. 自杀计划，指个体有了自杀的明确计划，但尚未进行准备，也没有采取任何导致死亡的行动。

5. 自杀意念，指个体有了自杀的念头，但还没有形成自杀计划，也没有准备，更没有实际的自杀行动。

二、自杀的影响因素

（一）生物因素

自杀与遗传因素具有一定的关系。同卵双生子自杀的一致率高于异卵双生子，自杀寄养子的血缘双亲自杀风险显著高于无自杀寄养子对照的血缘双亲；有自杀史的家庭会显著提高家庭内成员的自杀风险（Qin et al，2002）；脑脊液中5-羟色氨（5-HT）的代谢异常，可增加自杀的危险性（Mann，2003）。自杀也与大脑额叶的脑电波变化有关（Ashton et al，1994）。

（二）心理因素

思维僵化固执、情绪容易冲动、意志品质薄弱、应对能力欠缺的人，自杀的风险较大。低自尊、过于敏感、易接受暗示等人格特质，也与自杀有一定的关系。幻觉、妄想等精神病性症状是精神健康诸因素中导致自杀的最主要原因，其次是焦虑、抑郁情绪①。

（三）家庭因素

不良的家庭教养方式、父母离异、再婚家庭、童年期经历虐待、亲人亡故、家庭成员中存在自杀或暴力倾向等家庭因素，对青少年自杀具有深刻影响。

（四）学校教育因素

升学与就业压力过大，正常的异性交往受到压抑，校园人际关系紧张，校园暴力得不到有效控制等学校教育因素，也有可能成为青少年自杀的诱发因素。

（五）社会环境因素

灾难应对迟滞、贫富差距扩大、社会风气不正、网络文化污染、治安状况混乱等环境因素，可成为青少年自杀的直接或潜在应激源；极端化的宗教势力影响特别是邪教勾引，则有可能导致集体性的自杀事件。

三、自杀危险因素分级评估

临床领域的危机干预通常把自杀的危险因素分为精神障碍—医学、心理学—社会学和人口学三个层级进行评估，简称三级评估。下面是自杀危险因素三级评

---

① 尤晓莉，纪芳，张立亮．精神疾病患者自杀行为的相关因素分析［J］．四川精神卫生，2004，17（2）：120-121.

估的标准①：

（一）一级自杀危险因素

1. 严重精神障碍（抑郁症、精神分裂症、药物滥用）、共病焦虑或人格障碍、严重躯体疾病、绝望感、失眠、合并焦虑；

2. 既往自杀未遂（企图）；

3. 交谈中流露出想死/自杀的观念（直接或间接）；

4. 家庭成员中有自杀死亡者（生物学或社会学“遗传”）；

5. 5-羟色胺系统调节异常，低胆固醇，抑郁症期间 DST 异常（地塞米松抑制试验）。

（二）二级自杀危险因素

1. 童年期负性生活事件（分离、失去父母等）；

2. 隔离、独居；

3. 失业；

4. 严重的急性负性生活事件；

5. 吸烟。

（三）三级自杀危险因素

1. 男性；

2. 青少年和青年男性，老年（男女）；

3. 易感季节或周期（春季/初夏、经前期等）；

4. 少数群体（自杀者亲属、灾难受害者、双性恋、同性恋倾向者等）。

四、自杀评估的常用工具

在自杀评估中，经常使用的测量工具包括：自杀态度问卷（QSA）；自杀可能性量表（SPS）；自杀观念问卷——初级（SIQ-J）；自杀行为谱量表（SSBS）；贝克绝望量表（BHS）；重复危险性量表（RRS）。

五、自杀的预兆判断

在现实生活中，人们不能有效阻止自杀行为的一个重要原因就是没有及时发现自杀的预兆。研究表明，60%—80%的自杀者在自杀前都直接或间接地提到想死的问题，而且大多数自杀者的自杀企图并不是想无端地毁掉自己，而是试图用自杀行为来示警，以期引起周围人的关注②。因此，准确判断自杀的预兆，在自杀预防与干预中具有重要意义。

---

① 季建林，赵静波．自杀预防与危机干预［M］．上海：华东师范大学出版社，2007：75.

② 郑日昌．自杀的心理因素及预防［J］．中国心理卫生杂志，1987，(6)．

自杀的预兆主要表现在以下三个方面。

（一）当事人的近期表现明显反常

如当事人平时爱说爱笑，近期突然沉默寡言；当事人平时注重打扮，近期突然邋邋遢遢；当事人平时食欲很好，近期突然胃口很差；当事人平时不沾烟酒，近期突然抽烟酗酒；当事人平时学习成绩稳定，近期突然学习成绩下降。

（二）当事人频现与死有关的言行

如经常自言自语“人死后是什么样子”；冷不防问身边的人“如果我哪天不在了，你会想起我吗”；多次对人诉说“我觉得活着太累了”；将自己珍爱的东西慷慨送人；主动与以前的“对手”表示友好。

（三）当事人开始为自杀进行准备

如通过网络等多种渠道查找自杀的方式；搜寻或购置自杀所需要的工具；撰写遗言；离家出走。

六、校园自杀的预防策略

自杀预防是一项艰苦复杂的工作。芬兰、荷兰等发达国家在 20 世纪 80 年代先后开展了自杀预防的理论研究和实践探索，初步构建起国家自杀预防规划体系①。我国的自杀预防工作起步较晚，尤其是校园自杀预防工作尚未形成长效化的规章制度和运行机制，因而亟需加强和改善。

（一）建立健全自杀预防的相关网络及必要的制度

自杀预防既是深化心理健康教育的重要举措，也是推进平安校园、和谐校园建设的时代要求。教育主管部门，特别是学校的主要负责同志，必须高度重视自杀预防工作，切实把这项工作纳入学校心理健康教育的议事日程，努力建设全方位、立体式的自杀预防与干预网络；要切实抓好专兼职心理咨询人员的业务培训，使其掌握自杀预防与干预的基本原理和基本技能；要建立学校有关部门的联席会诊与督导制度，密切研究和监控校园心理危机的发展态势；对因心理危机而引发的自杀事件或自杀未遂行为，要立案调查，存档通报，切实引起各方面的高度关注，并积极做好有关善后工作，以防类似事件再次发生。

（二）把生命教育融入心理健康教育和校园文化建设

在心理健康教育中要通过学科渗透、活动渗透、管理渗透等多种渠道，引导学生认识生命的价值，启发学生珍惜生命；在对学生的个别咨询、团体咨询以及对家长与其他成人的咨询工作中，应把生命教育作为其中的一项重要内容，对学生进行适当的点拨和警示，对家长与其他成人进行必要的宣传和指导。

营造良好的校园文化，对于帮助学生感受生活的乐趣、提高生活的质量、更

---

① 翟书涛 . 21 世纪自杀和自杀预防研究展望［J］. 健康心理学杂志，2000，8（1）：5-6.

加珍惜生命具有重要意义。因此，应不断充实学校的课余文化生活，积极开展文体竞赛、休闲娱乐、人际沟通等适合儿童青少年特点的各类活动，尽可能满足学生的求知欲望和社会化兴趣，将儿童青少年的过剩精力有效引导到健康向上的校园文化活动中去。

（三）做好高危人群重点对象的监控与追踪工作

对于通过心理健康筛查所发现的具有自杀倾向的学生，以及曾患有精神障碍目前正处于稳定期或康复期的学生，要作为高危人群中的重点对象进行监控与追踪。不仅在心理档案的专业管理中要将其作为重点对象，而且在与班主任、任课教师、学生家长和其他成人的沟通中也要将其作为重点对象加以提醒，以便形成防范自杀的社会支持网络和快速处置干预系统。

七、校园自杀的干预要点

从校园危机干预的角度来看，对于具有自杀意念的当事学生提供有效的咨询帮助，是校园危机干预工作的重点。其干预要点有以下几项。

（一）掌握当事学生背景资料

如家庭状况、既往病史、学业成绩、人际关系、兴趣爱好、品行表现、有无精神障碍或自杀未遂经历等。由于自杀干预具有紧急性的特点，因而要求干预者在最短的时间内，通过心理档案或其他途径搜集和掌握当事学生的相关信息。

（二）确保当事学生人身安全

确保当事学生的人身安全是自杀干预的核心任务。通过评估当事学生的自杀危险程度和所处环境的安全状况，干预人员应果断作出监护或抢救的决定，必要时应协同公安、医疗等机构的人员共同参与。

（三）给予当事学生情感支持

干预人员要运用倾听、共情等技术，找准当事学生感兴趣的话题，使之充分感受助人者的温暖，并尽可能宣泄心中的苦闷；不要对当事学生的经历与感受进行评价，也要防止使用空洞或“善意”的字眼进行劝慰，如“多看看光明面，世界是美好的”，“千万不能跳楼，这样会让大家伤心的”，等等。须知，运用倾听、共情等技术本身，就有很强的情感支持作用。

（四）引导当事学生理性应对

具有自杀意念的学生内心往往存在很多矛盾，思维混乱，不知所措。针对这种情况，向其提供多种应对方式，对于帮助当事学生理性选择、有效应对具有重要意义。可供当事学生理性选择的应对方式包括：与最亲密的人交流；回忆过去的美好时光；通过放松训练减轻压力；从事自己最喜欢的活动；等等。

（五）做好追踪或“后干预”处置

一次干预并不能长久地防止当事学生自杀，因此持续追踪非常重要。追踪中要作好有关记录，特别要加强监护网络的信息传递；一旦发现危险预兆，便应迅速启动应急机制进行新的干预。

即使采取了上述干预措施，个别当事学生仍难免自杀身亡。当遇到干预无效的个案时，需采取“心理尸检”（psychological autopsy）技术对自杀者进行详细的心理史剖析。这种心理史剖析又被称为“后干预”技术。“后干预”处置不仅可积累预防自杀的经验和教训，而且还可帮助自杀未遂者减轻内疚与不安。

【建议参考资料】

1. 吉利兰，詹姆斯．危机干预策略（上、下册）［M］．肖水源，等，译．北京：中国轻工业出版社，2000.

2. 季建林，赵静波．自杀预防与危机干预［M］．上海：华东师范大学出版社，2007.

【问题与思考】

1. 怎样理解危机、心理危机、危机干预的不同含义？
2. 学校三级危机干预模式具有哪些特征？
3. 校园自杀的预防策略有哪些？
4. 如何针对不同类型学校实际建立校园心理危机预警机制？

图书在版编目(CIP)数据

学校心理咨询／陈永胜，郑日昌主编. －北京：开明出版社，2012.10（2020.11 重印）
（新世纪心理与心理健康教育文库）
ISBN 978－7－5131－0222－3
Ⅰ.①学… Ⅱ.①陈… ②郑… Ⅲ.①学生－心理咨询 Ⅳ.①G479

中国版本图书馆 CIP 数据核字(2011)第 119679 号

责任编辑：范英　陈璘彬　王桢　王拓

书　名：学校心理咨询
出品人：焦向英
出　版：开明出版社
（北京海淀区西三环北路 25 号 邮编 100089）
经　销：全国新华书店
印　刷：天津行知印刷有限公司
开　本：700×1000 1/16
印　张：14.25
字　数：254 千字
版　次：2012 年 10 月 北京第 1 版
印　次：2020 年 11 月 第 3 次印刷
定　价：37.00 元

印刷、装订质量问题，出版社负责调换货　联系电话：(010)88817647